Baedeker

Allianz Reiseführer

Usedom

www.baedeker.com

Verlag Karl Baedeker

TOP-REISEZIELE ★★

Als zweitgrößte deutsche Insel hat Usedom eine Menge zu bieten. Die Hauptattraktion ist zweifelsohne der 40 km lange Strand. Doch auch die Seebäder mit ihrer Bäderarchitektur und die abwechslungsreichen Landschaften des Hinterlandes sind einzigartig schöne Usedom-Ziele. Wir sagen Ihnen, was Sie auf jeden Fall gesehen haben sollten.

1 ★★ Ahlbeck
Ahlbeck ist das jüngste der großen Seebäder der Insel. Die 1898 erbaute Seebrücke ist wiederum die älteste, original erhaltene auf Usedom. ► **Seite 100**

2 ★★ Bansin
Der Ort mit der schönen Bäderarchitektur ist förmlich von Wasser umzingelt, denn neben der Ostsee befinden sich gleich drei Binnenseen in unmittelbarer Nähe.
► **Seite 112**

3 ★★ Gnitz
Die abwechslungsreichen Landschaftsformationen der Halbinsel werden gekrönt von der herrlichen Gegend an der Südspitze mit großartigen Ausblicken auf das Achterwasser. ► **Seite 127**

4 ★★ Heringsdorf
Das »Nizza der Ostsee« war einst das Ziel des Adels und der Künstler. Mittlerweile ist die mondäne Atmosphäre wieder in die heimliche Hauptstadt der Insel zurückgekehrt. ► **Seite 132**

5 ★★ Koserow
Von Koserow geht noch immer eher der Charme des Fischerdorfs als der eines Seebads aus. Das wusste schon der Maler Otto Niemeyer-Holstein zu schätzen, der sich hier niederließ. ► **Seite 154**

Hinterland
Einfach nur Natur im Lieper Winkel

6 ★★ Lieper Winkel
Die stillen Dörfer zwischen Achterwasser und Peenestrom können zwar nicht mit unmittelbarer Strandnähe dienen, punkten dafür mit Abgeschiedenheit und einem einmaligen Naturerlebnis. ► **Seite 161**

7 ★★ Peenemünde
Auf dem ehemaligen militärischen Sperrgebiet ist heute eine vielfältige Museumslandschaft zu finden, deren Highlight das Informationszentrum zur Geschichte der Raketenforschung ist. ► **Seite 175**

8 ★★ Wolgast
Die St.-Petri-Kirche aus dem 14. Jh., das Runge-Museum oder der Museumshafen sind Gründe, weshalb sich ein Ausflug in die sympathische Kleinstadt auf dem Festland lohnt. ► **Seite 205**

Kaiserbäder
Hotels wie das Bansiner Strandhotel Atlantic säumen die 8,5 km lange Promenade, die die drei »Kaiserbäder« Ahlbeck, Bansin und Heringsdorf verbindet.

DIE BESTEN BAEDEKER-TIPPS

Von allen Baedeker-Tipps in diesem Buch haben wir hier die interessantesten für Sie zusammengestellt. Erleben und genießen Sie die schönsten Seiten der Sonneninsel Usedom!

! Seeadler in Sicht!
Wir verraten, wo Sie die besten Chancen haben, die seltenen, majestätischen Vögel zu Gesicht zu bekommen. ▸ **Seite 20**

Seeadler
Ca. 20 Brutpaare leben auf Usedom.

! Auf Richters Spuren
Hans Werner Richter, Schriftsteller und Begründer der »Gruppe 47« stammt von der Insel, die sich auch in seinen Werken wiederfindet. ▸ **Seite 49**

! Achtung: Brücke
Weil Usedom eine echte Insel ist, sollte man bei der Anreise mit dem Auto einiges beachten. ▸ **Seite 52**

! Jede Menge Tipps
Ein kleiner Verlag gibt eine hübsche gemalte Inselkarte mit nützlichen Tipps für (Rad-)Wanderer heraus. ▸ **Seite 66**

! Wie die alten Fischer
Vom Hafen der Stadt Usedom startet ein ganz besonderer Segeltörn. ▸ **Seite 70**

! Köstlicher Käse
Tief im Hinterland verbirgt sich eine Schaukäserei, in der man die Käseherstellung verfolgen kann. ▸ **Seite 72**

! Wie alt bin ich wirklich?
Die Vital-Expertise bringt Wahrheiten über die eigene körperliche Fitness ans Licht. ▸ **Seite 83**

! Verkehr als Erlebnis
Die Insel kann man auch mit einem ungewöhnlichen Verkehrsmittel kennen lernen. ▸ **Seite 83**

! In unbekannte Ecken
Die »Insel-Safari« führt auf einem Tagesausflug über Wege und in Gegenden, die der Normal-Tourist niemals zu Gesicht bekommt. ▸ **Seite 91**

! Schöner baden
Gerade in den Seebädern sind die Strände sehr bevölkert. Wir wissen, wo weniger los ist. ▸ **Seite 104**

! Über Sieben Seen …
In der Usedomer Schweiz gibt es einen Aussichtspunkt, an dem man den Blick über sieben Seen schweifen lassen kann. ▸ **Seite 122**

Strandkörbe
können auch mitgenommen werden …

! Alles vom Strauß
Den größten Laufvogel der Welt findet man nicht nur in Afrika, sondern auch in Pudagla und Dargen! ▸ **Seite 137**

! Einen Korb holen
In Heringsdorf kann man das passende Souvenir zum Strandurlaub kaufen. ▸ **Seite 137**

! Kalter Kult
Die »Eis-Villa Stein« ist Generationen von Urlaubern ein Begriff. ▸ **Seite 140**

! Bernstein für Anfänger und Fans
Im Bernstein-Basar kann man das wertvolle Strandgut bestaunen und bekommt Tipps für die Suche. ▸ **Seite 148**

! 180° Sonnenuntergang
Das Sommercafé ist eine der besten Adressen, um einen Sonnenuntergang zu beobachten. ▸ **Seite 164**

! Legendärer Kuchen
Fast alle Usedomer sind sich einig: Hier gibt es den besten Kuchen der Insel. ▸ **Seite 205**

! Künstlerleben
Zu dieser Ferienwohnung gehört das echte Atelier eines echten Künstlers. ▸ **Seite 211**

Einsamer Strand gesucht?
Wir haben da eine Idee.

Sie brauchen Ideen für einen Urlaub mit Kindern bei schlechtem Wetter?
► **Seite 63**

HINTERGRUND

10 **Sonneninsel der Ostsee**
14 **Fakten**
15 Naturraum
21 Bevölkerung · Politik · Wirtschaft
24 **Geschichte**
25 Frühzeit
26 Unruhige Zeiten
28 Urlaubsinsel Usedom
30 Volkserholung und Militärs
31 Ein Staat organisiert den Urlaub
33 Usedom nach der Wende
34 **Kunst und Kultur**
35 Architektur
38 *Special: Künstlerinsel*
40 Literatur und Film
42 **Berühmte Persönlichkeiten**

Preiskategorien

Hotels
Luxus: ab 100 €
Komfortabel: 75 – 100 €
Günstig: bis 75 €
Zwei Personen im Doppelzimmer während der Hauptsaison

Restaurants
Fein & teuer: ab 15 €
Erschwinglich: 10 – 15 €
Preiswert: bis 10 €
Für ein Hauptgericht

PRAKTISCHE INFORMATIONEN

52 Anreise · Vor der Reise
54 Auskunft
54 Badeurlaub
55 Mit Behinderung unterwegs
56 Essen und Trinken
58 *Special: Silber des Meeres*
60 Feiertage, Feste und Events
63 Gesundheit
63 Mit Kindern unterwegs
65 Kino · Theater
66 Literaturempfehlungen
67 Post · Telekommunikation
68 Preise und Vergünstigungen
69 Reisezeit
70 Schiffstouren · Wassersport
72 Shopping
74 Übernachten
79 Urlaub aktiv
82 Verkehr
84 Wellness

Die Seebrücken sind schon allein eine Attraktion. Doch in Zinnowitz wartet eine besondere Überraschung.
▸ **Seite 216**

TOUREN

90 Unterwegs auf Usedom
92 Tour 1: Auf dem Festland
94 Tour 2: Nach Polen
96 Tour 3: Im Hinterland

REISEZIELE VON A bis Z

100 Ahlbeck
105 Anklam
108 *3 D: Lilienthals Gleiter*
112 Bansin
119 *Special: Ein New Yorker auf Usedom?*
120 Benz
123 Dargen
124 Freest
127 Gnitz
132 Heringsdorf
138 *Special: »Badewanne Berlins«*
142 Kamminke
146 Karlshagen
148 Kölpinsee · Loddin
152 Korswandt
154 Koserow
160 Lassan
161 Lieper Winkel
166 Mellenthin
168 Misdroy
171 Morgenitz
173 Neppermin
175 Peenemünde
179 *Special: Raketenrausch*
186 Swinemünde
193 Trassenheide
197 Ückeritz
199 Usedom (Stadt)
202 *3 D: Eisenbahnhubbrücke Karnin*
205 Wolgast
210 Zempin
212 *Special: Atlantis der Ostsee*
214 Zinnowitz

218 Register
221 Bildnachweis
221 Verzeichnis der Karten und grafischen Darstellungen
222 Impressum
223 atmosfair

nachdenken • klimabewusst reisen
atmosfair

Hintergrund

WIE ENTSTAND DIE INSEL? WER INITIIERTE DEN TOURISMUS? UND WAS IST BÄDERARCHITEKTUR? DIE FOLGENDEN SEITEN LIEFERN WISSENSWERTES ÜBER DIE »SONNENINSEL« IN DER OSTSEE.

SONNENINSEL IN DER OSTSEE

Mit über 1900 Sonnenstunden im Jahr ist Usedom bundesdeutsche Spitze. Kein Wunder also, dass es bereits Mitte des 19. Jahrhunderts die ersten »Sommerfrischler« auf die zweitgrößte deutsche Insel zog.

Diese hatte bis dahin seit ihrer Entstehung in der Eiszeit ein ruhiges Dasein geführt. Auch wenn sich Pommernherzöge, Schweden oder Preußen um den Besitz der Insel stritten, Weltgeschichte wurde hier nicht geschrieben; die Bewohner gingen ihrem Handwerk als Fischer oder Bauern nach. Es ist das besondere Glück Usedoms, dass man diese Zeit noch nachvollziehen kann. Wer sich in die abgeschiedenen Ortschaften an Achterwasser und Oderhaff begibt, findet hier eine wunderbare dörfliche Stille vor, die den lärmgeplagten Städter kurz glauben lassen mag, dass das Auto noch nicht erfunden sei. In den idyllischen Landschaften auf dem Gnitz, im Lieper Winkel oder in der Usedomer Schweiz kann man Natur und Einsamkeit selbst während der Hauptsaison genießen.

Fischerinsel
Die Fischerei war einst der Haupterwerb.

Weiße Villen an weißen Stränden

Doch die Pioniere unter den Urlaubern kamen nicht wegen der ländlichen Idylle nach Usedom. Vielmehr waren für sie die herrlichen Ostseestrände, die sich über 40 km entlang der Nordseite der Insel erstrecken, die Attraktion. Vor allem die Berliner zog und zieht es aufgrund der räumlichen Nähe nach Usedom, so dass dieses bald den Spitznamen »Badewanne Berlins« führte. Und sie kamen alle. Ob reiche Bankiers und Industrielle oder der Kaiser höchstpersönlich: Wer es sich leisten konnte, baute sich in den Seebädern sein Sommerdomizil. In einem verspielten architektonischen Stilmix, der so genannten Bäderarchitektur, entstanden prächtige weiße Villen, die vom Wohlstand ihrer Erbauer kündeten. Noch heute findet man in Ahlbeck, Bansin, Heringsdorf oder Zinnowitz schöne geschlossene Gebäudeensembles, die nach Jahren der Vernachlässigung zu DDR-Zeiten nun wieder in ihrem ursprünglichen Glanz erstrahlen. Auch die Seebrücken, die in der Vergangenheit entweder Wind und Wasser oder dem Zahn der Zeit zum Opfer fielen, wurden

Wunderbarer Strand
Der über 40 km lange, herrliche Sandstrand wurde vom Tourismus als erstes entdeckt und ist bis heute das größte Kapital der Insel.

Stilles Hinterland
Wer Ruhe und Natur pur sucht, wird im Hinterland der Insel fündig. Zu dessen Schönheiten fühlten sich auch Künstler wie Lyonel Feininger hingezogen.

Spannende Museen
Das HTI arbeitet die zwiespältige Geschichte der Peenemünder Raketenforscher auf.

Gut schlafen

Usedom bietet Unterkünfte für jeden Geldbeutel und jeden Anspruch. In der Heringsdorfer Villa Augusta ist ein gelungener Urlaub garantiert.

Gut essen

Fisch steht natürlich auf jeder Speisekarte. Wenn Brian Seifert vom Kulm-Eck diesen zubereitet, wird daraus, wie bei diesem Zander, eine kulinarische Entdeckungsreise.

Gut feiern

Jede Menge Veranstaltungen lassen Langeweile gar nicht erst aufkommen. Übrigens: Bei einer Beach-Party auf Usedom ist der Strand garantiert echt.

restauriert oder neu aufgebaut, so dass die Seebäder Usedoms, neben dem Meer, zu den wichtigsten Attraktionen der Insel zählen. Ein Bummel entlang der Promenade oder eine Kaffeepause auf der Seebrücke gehört quasi zum Standardprogramm eines Usedombesuchs.

Geschichte besichtigen

Ganz anders als der weiße Glanz des Bäderbooms sind die Spuren, die Krieg und Militär zurückgelassen haben und die mittlerweile ebenfalls zu den Sehenswürdigkeiten Usedoms gehören. Welch wichtige strategische Bedeutung der Insel schon immer zukam, kann man an den eindrucksvollen Festungsanlagen um Swinemünde sehen, die auf die Preußenzeit zurückgehen. In und um Peenemünde sind die Reste der einstigen Raketenversuchsanstalt zu finden. Hier legten die Wissenschaftler um Wernher von Braun nicht nur den Grundstein für die heutige Raumfahrt, sondern schufen zugleich mit der V2 eine tödliche Waffe, die im Zweiten Weltkrieg mehrfach zum Einsatz kam. Die Ausstellung im HTI arbeitet dieses düstere Kapitel auf überzeugende Weise auf. Weitere Museen, darunter die »Phaenomenta«, machen Peenemünde zu einem empfehlenswerten Ziel, nicht nur bei schlechtem Wetter.

Seebrücken
Die Brücken sind die Attraktion eines jeden Seebades.

Wellness für alle

Dass ein Urlaub auf Usedom nicht nur im Sommer seine Qualitäten hat, dafür sorgen auch die beiden Thermen, die Badespaß bei jedem Wetter garantieren. Und egal zu welcher Jahreszeit, wenn man es sich einmal richtig gut gehen lassen möchte, ist Usedom die richtige Adresse. Die Gastgeber der Insel haben den Wellnesstrend frühzeitig erkannt und viel in diesen Bereich investiert. Mittlerweile gibt es auf Usedom allein 17 zertifizierte Wellnesshotels, die Anwendungen mit Heringsdorfer Jodsole oder Rügener Schlemmkreide anbieten. Auch die Thalassotherapie kann ihre heilsamen Qualitäten nur in Meernähe entfalten. Die Ostsee sorgt für ein mildes Reizklima, das die Insel jedem ihrer Besucher »schenkt«. Auch wer sich den Urlaub in den meist teuren Feriendomizilen in der »ersten Reihe« zum Meer nicht leisten kann, findet auf der Insel genügend Alternativen, sei es auf einem der zahlreichen Campingplätze oder in einer günstigen Ferienwohnung im Hinterland. Angebote gibt es genug – und auch mit Sonnenschein geizt die Insel bekanntermaßen nicht.

Fakten

Warum gibt es auf Usedom Steine aus Skandinavien? Wie kommt die Artenvielfalt der Fische zu Stande? Wann wurde Usedom Naturpark? Und wer sind eigentlich die Pommern?

Naturraum

Eiszeitseen und Moränenhügel

Usedom ist ein Produkt der letzten Eiszeit und damit aus erdgeschichtlicher Sicht mit 10 000 Jahren relativ jung. Gigantische Gletscher schoben von Skandinavien aus Gesteinsmassen zusammen, Mergelhügel und Moränen bildeten sich heraus. Nach dem Schmelzen des Eises entstand nicht nur die Ostsee, sondern es wurden auch zahlreiche Binnenseen, Moore, Salzwiesen, Kliffe sowie Hügel aus Kies und Sand geschaffen. Imposante Hinterlassenschaften der Eiszeit sind auch die großen **Findlinge**. Das vordringende Eis transportierte Felsbrocken während der Eiszeit aus Skandinavien über weite Entfernungen. Dabei wurden die riesigen Steine abgeschliffen und bekamen ihre charakteristischen runden und ovalen Formen. Als das Eis schmolz, blieben sie an Ort und Stelle liegen. Beeindruckende Beispiele sind auf Usedom der Sagenstein am Ostufer des Schmollensees oder der Teufelsstein am Achterwasserufer bei Pudagla. Wissenswertes über diese steinernen Zeugen vermittelt der Gesteinsgarten in Neu-Pudagla (► Ückeritz). Auf der Halbinsel Gnitz blieben nicht nur Findlinge, sondern auch einige Hünengräber erhalten.

? WUSSTEN SIE SCHON ...?

- Die Entstehung der Inseln Usedom und Wolin geht der Sage nach auf einen Wutausbruch des Germanengottes Wotan zurück. Eine riesige Schlange soll versucht haben, die Ostsee auszutrinken. Als Wotan dies sah, schleuderte er wutentbrannt zwei gigantische Steine auf den Kopf des Untiers. Die Steine blieben am Ostseestrand liegen und wurden zu den Inseln Usedom und Wolin. Der wellenartig gebogene Körper der toten Schlange wurde zur Oder, deren Kopf zum Oderhaff.

Küsten

Die heutige Küstenform entstand über mehrere Jahrtausende nach der Eiszeit und ist Resultat gleichbleibender Strömungsverhältnisse: Zwischen den höher gelegenen Inselkernen lagerte die Strömung Schlick und Sand ab – so entstand der für eine Ausgleichsküste typische flache und breite Sandstrand. Die Ostseeküste Usedoms weist eine nur leicht geschwungene Küstenlinie auf. Da die Ostsee keinen Gezeitenwechsel zwischen Ebbe und Flut kennt, sind die Strände nicht so flach und breit wie an der Nordsee.
Begünstigt durch die dauerhaften küstenparallelen Strömungen trennten die Ablagerungen nach und nach ehemalige Meeresbuchten von der Ostsee ab. Die buchtenreiche Boddenlandschaft des Achterwassers entstand, ebenso zahlreiche Binnenseen, einige – wie der Kölpinsee oder der Schloonsee – liegen nur wenige Meter hinter den Dünen. In unmittelbarer Nähe zu den Inselkernen findet man beeindruckende Steilküsten wie rund um den Streckelsberg oder Kliffe, wie bei Stubbenfelde. Den nordwestlichen, vorwiegend flachen Teil

← Paradies für Seeadler: 80% ihres Bestandes in Deutschland lebt auf Usedom. Dieser hier wurde verletzt aufgefunden und gesund gepflegt.

Zahlen und Fakten Usedom

Lage
- 54° nördl. Breite und 14° östl. Länge
- Zweitgrößte und östlichste deutsche Ostseeinsel

Verwaltung
- Bundesland (deutscher Teil): Mecklenburg-Vorpommern (seit 1990)
- Landkreis (deutscher Teil): Ostvorpommern

Fläche
- 445 km², davon 91 km² in Polen
- 30% sind bewaldet (Bundesdurchschnitt: 20%)

Einwohnerzahl
- 31 500 Deutsche; 45 000 Polen

Natur
- 200 km Küstenlinie; davon 40 km Sandstrand am Meer
- 13 Binnenseen

Tourismus
- 10 Orte mit Seebad-Status
- 1,25 Mio. Übernachtungsgäste (2008)
- Herkunft der Urlauber: Berlin und Brandenburg (30%), Sachsen (17%), NRW (8%)
- 150 km Radwege

Höchste Erhebungen
- Golm: 69 m
- Zierowberg: 60 m
- Kückelsberg: 58 m
- Streckelsberg: 56 m

Sonnenscheinstunden:
- 1906 Stunden (zum Vergleich: Freiburg im Breisgau hat ca. 1800 Stunden)

Usedoms prägen Küstenwälder und feuchte Moorwiesen. Südöstlich der Schmalstelle bei Koserow sind Sanddünen sowie zahlreiche Binnenseen in einer hügeligen Moränenlandschaft charakteristisch. Ausgedehnte Mischwälder und Moorgebiete, wie rund um Thurbruch und den 59 m hohen Golm, sind nur im Süden anzutreffen.

Boddenlandschaft

Oderhaff und Achterwasser, Peenestrom und Swine bilden eine einzigartige Boddenlandschaft. Das Süßwasser von Oder und Peene mischt sich mit dem Salzwasser der Ostsee, Ursache für eine große Artenvielfalt der Fische. Die ständigen Ablagerungen der Oder und anderer Zuflüsse führten zu der ungewöhnlich stark ausgelappten Form der Binnenküste. Die Inseln, Halbinseln, Salzwiesen und Buchten bieten Lebensraum für viele seltene Tiere.

Naturschutz

Der einzigartige Naturraum ist Hauptkapital und Hauptsorge der Usedomer. Usedom wie auch die Nachbarinsel Wolin sind Naturparks, in denen einzelne Gebiete gesondert als Naturschutzgebiete ausgewiesen sind. So stehen z. B. die Flachgewässer und Salzwiesen des Peenemünder Hakens, die Kliffranddüne des Streckelsbergs, die eiszeitliche Landschaft von Thurbruch und Gothensee oder die Vogelschutzgebiete der Inseln Werder und Böhmke unter besonderem Schutz. Der **Nationalpark** auf der Nachbarinsel Wolin besteht seit 1960 und umfasst beinahe 5000 ha. Es wurden besondere Naturschutzgebiete u. a. für Orchideen und seltene Sumpfblaubeeren sowie ein Reservat für Wisente geschaffen.

Die Ostsee ist eine ständige Gefahr für Usedom, vor allem im Winterhalbjahr, wenn Sturmfluten und Eis der Insel stark zusetzen. Jährlich tragen die Stürme mehrere Meter Küste ab und verursachen immer wieder große Schäden an den Seebrücken. **Küstenschutz** hat auf Usedom hohen Stellenwert. Noch 1872 durchbrach eine Sturmflut die Insel an ihrer schmalsten Stelle zwischen Koserow und Zempin und zerstörte den Ort Damerow vollständig. Mit Bunen und Dünenbefestigung wird versucht, der Landabtragung Einhalt zu gebieten, doch erst 1995 trug ein Sturmhochwasser in nur zwei Tagen bei Ahlbeck 6 m und bei Ückeritz 8 m Land ab. In so genannten **Eiswintern**, wie 1996, kann bei lang anhaltenden Minusgraden und starkem Wind das Eis am Strand bis zu 3 m hoch aufgetürmt werden. Vor der zerstörerischen Gewalt des Eises sind weder die Seebrücken noch die Küstenschutzbauten sicher.

Die Küste unterhalb des Streckelsbergs bei Koserow ist besonders gefährdet.

Pflanzen und Tiere

Naturnaher Lebensraum

Die Pflanzen- und Tierwelt Usedoms ist beeinflusst durch die außergewöhnliche Lage zwischen Ostsee und Oderhaff und durch die Abgeschiedenheit von Inseln, Buchten und Binnenseen. Wegen des Fehlens großer Industriebetriebe konnten sich ganze Landstriche mit naturnahem Lebensraum für Pflanzen und Tiere erhalten. Bereits 1966 wurden große Teile der Insel als Landschaftsschutzgebiet deklariert. 1999 wurde Usedom schließlich zum **Naturpark**, der 36 000 ha Land- und 27 000 ha Wasserfläche am Achterwasser, Peenestrom und Kleinen Haff umfasst. Im Naturpark sind 14 Naturschutzgebiete mit 4000 ha Fläche besonders geschützt. In abgeschiedenen Gebieten oder geschützten Bereichen schufen Naturschützer außerdem Reservate für verschiedene vom Aussterben bedrohte Tier- und Pflanzenarten. Alle Besucher sollten deshalb den besonderen Schutzstatus der Insel respektieren und sich entsprechend verhalten. Wer mehr über den einzigartigen Naturraum Usedoms erfahren oder an einer geführten Tour teilnehmen möchte, wendet sich an das Naturschutzzentrum in der Stadt ►Usedom.

Feuchtgebiete

Einzigartig ist die Flora der Feuchtgebiete Usedoms. Salzwiesen, Schilf- und Flachwasserbereiche rund um das Achterwasser und den Peenemünder Haken haben Biotope erhalten, die sensible Ökosysteme mit aufeinander abgestimmten Pflanzen- und Tierarten beheimaten. Auf der Halbinsel Gnitz, die mit Steilufern am Weißen Berg, Salzwiesen, Dünen, Strand und Kiesbänken viele unterschiedliche Landschaftsformen auf kleinem Raum vereinigt, kann man Hügel mit Magerwiesen und Sumpfgebiete mit typischen Pflanzen wie Sumpfläusekraut oder Knabenkraut entdecken.

Dünen

Nur wenige Pflanzen gedeihen auf den nährstoffarmen und trockenen Sandböden der Dünen, vertragen die salzige Seeluft und halten den starken Winden und frostigen Wintertemperaturen in Seenähe stand. Die Dünenvegetation erweist sich als die sensibelste und zugleich erfolgreichste Art des Küstenschutzes. Denn intakte Dünen sind der wirksamste Schutz vor einer massiven Landabtragung bei Sturmfluten. Besonders hilfreich bei der Dünenbefestigung sind die Sandsegge mit bis zu 10 m langen Wurzeln sowie Strandhafer und Strandroggen mit etwa 40 m Wurzellänge. Die Dünen bieten aber auch Lebensraum für andere seltene Pflanzen, weshalb sie nur auf den ausgewiesen Wegen durchquert werden dürfen.

Moore

Die allmähliche Verlandung eiszeitlicher Binnenseen erzeugte typische Beispiele für eine Moorvegetation. Am Wockninsee bei Ückeritz schlossen wachsende Schilfgürtel Flachmoorzonen ein. Bei niedrigem Nährstoffgehalt des Torfbodens ist neben den harmlosen Heidekraut-Arten, Sumpfveilchen oder der Moosbeere auch der Fleisch fressende Sonnentau heimisch. Ein besonderes Highlight stellt der

Die Dünenvegetation ist so spärlich wie sensibel.

Mümmelkensee nordwestlich von Bansin dar. Namensgeber dieses schon fast völlig verlandeten Moorsees sind die im Volksmund Mummeln genannten See- oder Teichrosen, die hier zahlreich blühen. Ein Naturlehrpfad führt zu verschiedenen Arten des Fleisch fressenden Sonnnentaus. In einer großen Senke an der polnischen Grenze liegt das Naturschutzgebiet **Zerninsee**. Seit fast 70 Jahren liegt dieser ehemalige eiszeitliche Gletschersee unberührt. Hier konnten sich außergewöhnlich viele verschiedene Pflanzenarten ansiedeln, die heute den Lebensraum für seltene Vogelarten bilden. Bizarre Moorvegetation findet sich im großflächigen Niedermoor des **Thurbruchs** zwischen Gothensee und Achterwasser mit seinem von Weiden, Erlen und Birken umstandenen Moorwald. Achtung: Abseits der Wege besteht in Moorgebieten **Lebensgefahr**, denn der Boden ist nur von einer dünnen Vegetationsschicht bedeckt.

An den »Bergen«

Unmittelbar an der polnischen Grenze liegt der fast 60 m hohe **Golm** (► Kaminke), ein Naturschutzgebiet mit einzigartigen Pflanzen. Obwohl hier während des Zweiten Weltkriegs Befestigungsanlagen gebaut wurden, konnte sich der Baumbestand des alten **Rotbuchenwaldes** erhalten, der im Frühjahr und im Herbst ein prächtiges Farbenspiel präsentiert. Zwischen Baumriesen und Betonresten gedeihen Goldrute, Glockenblume oder Zaunwicke.
Auch die mit 60 m höchste Erhebung Usedoms, der **Streckelsberg**, weist einen alten Rotbuchenbestand auf. Neben der beeindruckenden Steilküste locken im Sommer seltene Orchideenarten, Vogelnestwurz oder das Rote Waldvögelein, die Besucher an. Die zarten Frühjahrsblümchen, für die der lichte Wald optimale Bedingungen bietet, bedecken den Waldboden mit gelben und blauen Blütenpolstern.

Vögel Am weitesten verbreitet sind **Möwen**, unter denen sich leicht die kleinere Lachmöwe mit ihrem charakteristischen schwarzen Kopf und die große Seemöwe mit ihrem grauhellbräunlichen Gefieder ausmachen lassen. Die Fluss-Seeschwalbe wird aufgrund ihrer möwenartigen Gefiederfärbung oft als Möwe bezeichnet, weist aber eine flachere und langgestrecktere Körperform auf. Von ausgesprochener Vielfalt sind auch die auf Usedom vorkommenden **Entenarten**, wie Schnatter-, Pfeif- oder Eisente. Vor allem an den Binnenseen konnten sich auch Arten behaupten, die Moore und Sümpfe bevorzugen. Im Sommer sind dort Hauben- und Zwergtaucher ebenso anzutreffen wie das Grünfüßige Teichhuhn oder das Tüpfelsumpfhuhn.
Rebhühner und Fasane lassen sich selbst in der Nähe der Bundesstraßen sehen. In den ausgedehnten Waldgebieten sind Wiedehopf, Kiebitz sowie Große und Kleine Rohrdommeln anzutreffen.
Die beeindruckenden schwarzen **Kormorane** haben am Peenemünder Haken ein ideales Rückzugsgebiet gefunden. Hier nisten sie auf Schiffswracks und in strandnahen Bäumen, die durch den giftigen Kot der Vögel jedoch alle abgestorben sind. Gerade an der Mündung des Peenestroms finden sie jenen Fischreichtum, den sie zum Leben brauchen. Deshalb sind sie bei den Fischern ebenso unbeliebt wie die **Kraniche und Reiher**, die gleichfalls auf Usedom anzutreffen sind. Ebenfalls ein Fischfresser ist der kleine Eisvogel, der aufgrund seines bunten Federkleids gut zu erkennen ist.
Die 42 regelmäßig besetzten **Storchennester** begründen Usedoms Ruf als Storcheninsel. Vor allem im Storchendorf Gothen ist es durch Privatinitiative gelungen, mehrere Storchenpaare anzusiedeln. Die Lage abseits größerer Straßen und des geschäftigen Heringsdorfs sichert den Tieren ruhige Nistplätze mit ausreichender Nahrung durch den Gothensee.
Greifvögel wie Falken oder Habichtarten kann man auf Usedom leicht finden. Dagegen ist der **Seeadler** ein seltener Vogel. Ungefähr 20 Brutpaare sowie einige Einzelgänger leben auf der Insel; das entspricht 80% ihres Gesamtbestandes in Deutschland!

> ! *Baedeker* TIPP
>
> **Seeadler in Sicht!**
>
> Gute Chancen, die beeindruckenden Vögel zu Gesicht zu bekommen, hat man am Usedomer See bei der Stadt Usedom sowie an den Gewässern rund um Peenemünde.

Vogelschutzgebiete ► Neben den Usedom nordwestlich vorgelagerten kleinen Inseln Ruden und Greifswalder Oie, sind vor allem die Insel Görmitz, die Halbinsel Gnitz und der Große Wotig Vogelschutzgebiete. Allein auf dem Großen Wotig leben rund 170 verschiedene Vogelarten, darunter auch vom Aussterben bedrohte Arten, wie der Sandregenpfeifer oder der Austernfischer. Der Leuchtturm auf der Greifswalder Oie scheint auch für Zugvögel ein Orientierungspunkt zu sein, denn im Frühjahr und Herbst machen hier unzählige Schwärme Station. An der Südspitze der Halbinsel Gnitz rund um den Weißen Berg haben seltene Uferschwalben ihre Bruthöhlen in die Steilküste gebaut.

Fische

Die Ostsee ist beinahe ein Binnengewässer und nur an zwei schmalen Stellen mit der Nordsee verbunden. Das ökologische Gleichgewicht dieses abgeriegelten und relativ kleinen Meeres war im 20. Jh. nachhaltig gestört, was sich besonders negativ auf die Wasserqualität und den Fischreichtum auswirkte. Früher war Usedom berühmt für **Heringe** – der Name Heringsdorf kommt nicht von ungefähr – heute liefern die einheimischen Gewässer nur einen Bruchteil der auf Usedom konsumierten Heringe (►Baedeker Special S. 58). Dennoch gehen sie den Usedomer Fischern immer noch am häufigsten ins Netz. Besonders sensibel reagieren die Boddengewässer, wie das Oderhaff, auf Überdüngung und Verschmutzung durch Abwässer. Auch Aal, Barsch und Lachs, eigentlich Süßwasserfische gehören zu den typischen, wenn auch inzwischen seltenen heimischen Fischarten. Im Peenestrom und Achterwasser mischen sich Süß- und Salzwasser, bevorzugte Laichgründe liegen hier in geschützten Gewässern. Die Binnenseen sind beliebte Anglertreffpunkte, locken sie doch mit Hecht, Zander und Plötze.

Wassertiere

Der Gothensee ist Schutzgebiet für die seltenen **Fischotter**. Besucher werden die scheuen Tiere kaum zu Gesicht bekommen. Der allmählich verlandende Wockninsee ist Heimat einer anderen vom Aussterben bedrohten Tierart: Die **Sumpfschildkröte** findet hier noch die von ihr zum Leben benötigten Feuchtgebiete.
Eine besondere Attraktion an der Ostseeküste sind **Kegelrobben und Seehunde**, die jedoch nur gelegentlich zu sehen sind. Nur selten werden Schweinswale gesichtet, sorgen dann aber für großes Aufsehen.

Weitere Tiere

Der Thurbruch gilt mit seiner Artenvielfalt als Paradies für alle Schmetterlingsliebhaber. In den ausgedehnten Wäldern sind Rot- und Damwild beheimatet; nicht umsonst war Usedom bevorzugtes Jagdrevier der Pommern-Herzöge wie auch späterer Politgrößen.

Bevölkerung · Politik · Wirtschaft

Pommern

Usedom gehört zum Bundesland Mecklenburg-Vorpommern. Fragt man jedoch die Einheimischen, haben sie mit Mecklenburgern so wenig gemein wie etwa mit Saarländern. Die Pommern fühlen sich als eigenes Völkchen. Sie gelten als **bodenständig und gemütlich** – böse Zungen deuten dies als langsam. Tatsächlich war Pommern ein abgelegener Landstrich, vor allem aus der Sicht der Herrschenden in Berlin oder Stockholm. Früh schon wurde das Land in Vor- und Hinterpommern geteilt, die Oder bildete damals wie heute die Grenze. Gemeinsam blieb den Pommern beiderseits dieser Grenze der landwirtschaftlich geprägte Charakter ihres Landes. Pommern ist und bleibt ein eher dünn besiedeltes Land.

? WUSSTEN SIE SCHON ...?

- Folgende Geschichte zum Namen der Insel wird gern kolportiert: Bei einer Versammlung zur Namensfindung herrschte Ratlosigkeit. Schließlich einigte man sich darauf, dass das nächste gesprochene Wort der Inselnamen sei. Nach endlosem Schweigen wurde es jemandem zu bunt und er rief: »Oh, so dumm...«. Sprachhistorischen Forschungen zufolge ist der Name jedoch dem slawischen Wort »Uznam« für »Mündung« entlehnt.

Die **Bevölkerung** Usedoms bestand vor dem Zweiten Weltkrieg fast ausschließlich aus einheimischen Familien. In Folge des Krieges wandelte sich die Bevölkerungsstruktur, viele flohen vor der Roten Armee und kehrten nicht zurück. Dafür wurden Flüchtlinge aus dem Osten vorläufig einquartiert, von denen sich einige niederließen. Zu DDR-Zeiten siedelten sich vor allem Künstler gerne auf Usedom an, die Jugend zog es aber der Arbeit wegen häufig aufs Festland. Seit der Wende unterscheidet man zwischen Alt- und Neu-Usedomern: Neben einigen »Heimkehrern« kamen Idealisten und Investoren. Seit der Osterweiterung der EU wird auch die deutschpolnische Grenze immer durchlässiger; so gibt es u. a. in den Gymnasien gemeinsamen Sprachunterricht.

Wirtschaft

Pommern war immer schon ein relativ armes Land und Landwirtschaft vielerorts die einzige Erwerbsquelle. Auch auf Usedom prägten große Gutshöfe oder Forste die Wirtschaft, deren Besitzer die Erträge kontrollierten; so war z. B. das Angeln in den Binnenseen streng verboten. Erst durch den Ausbau Swinemündes zur Garnisonsstadt kamen durch die hier stationierten Militärs neue, wenn auch zunächst bescheidene Verdienstmöglichkeiten nach Usedom.
Als gegen Mitte des 19. Jh.s der Bäderboom einsetzte, wurde der Tourismus zum Hauptwirtschaftsfaktor und ist es bis heute geblieben. Die Wolgaster Peenewerft und die durch den streng geschützten Naturraum beschränkte Landwirtschaft spielen lediglich eine untergeordnete Rolle. Während die **Arbeitslosigkeit** im Kreis Ostvorpommern deutschlandweit im Jahresdurchschnitt zu den höchsten zählt, werden während der Saison Arbeitskräfte gesucht. Hotellerie und Gastronomie beschäftigen in dieser Zeit auch viele Arbeitskräfte aus dem nahen Polen.

Tourismus

Jedes Jahr kommen mehr Urlauber auf die Insel. Im Jahr 2005 registrierte man 7,6 Mio. Übernachtungen. Auf der Insel wird kontinuierlich in die touristische Infrastruktur investiert. In den Nachwendejahren stand die Modernisierung im Vordergrund. Dies betraf die Quartiere wie die Ortschaften. Die Seebrücken wurden saniert, Promenaden neu gestaltet, Ortskerne verkehrsberuhigt und zu Flaniermeilen umgebaut. Mit dem Neubau der Wolgaster Brücke, dem Ausbau der Usedomer Bäderbahn und der Sanierung des Straßennetzes wurde die notwendige verkehrstechnische Infrastruktur geschaffen. Die Bemühungen der jüngsten Zeit gehen dahin, den **ganzjährigen Tourismus** zu fördern. Neben wetterunabhängigen Freizeitangeboten,

wie den beiden Thermen, setzen viele Anbieter auf den anhaltenden Wellnesstrend, so dass das Angebot auf diesem Sektor quantitativ wie qualitativ überzeugt. Auch neue Attraktionen entstehen, wie die im Juli 2006 eröffnete Tauchglocke an der Zinnowitzer Seebrücke.
Um das Tourismusmarketing zu optimieren, bewerben einige Orte ihre Angebote gemeinsam. Den Anfang machten Ahlbeck, Heringsdorf und Bansin, die seit 2003 unter dem verheißungsvollen Label **»Drei Kaiserbäder«** oder auch nur »Kaiserbäder« firmieren. Die vier Bäder der Inselmitte zogen nach: Zempin, Koserow, Loddin und Ückeritz nennen sich nun die **»Bernsteinbäder«**. Beides sind jedoch Fantasiebegriffe der Marketingabteilungen ohne historische Bezüge.

Fischerei

Die Usedomer Fischer haben das Glück, seit jeher über drei ausgezeichnete Fischgründe zu verfügen: die Ostsee, das Achterwasser und das Haff sowie die Binnenseen. Die traditionelle Fischerei als Lebensunterhalt führt heute allerdings ein Schattendasein. Auch wenn frischer Fisch bei Einheimischen wie Touristen sehr beliebt ist, fahren nur noch wenige Fischer regelmäßig aus. Eine Fisch verarbeitende Industrie existiert auf Usedom nicht. Der Umwelt- und Naturschutz ist auch für die Fischerei zum begrenzenden Faktor geworden, nachdem der Fischbestand in der Ostsee wegen starker Verschmutzung und Überfischung in der Vergangenheit spürbar zurückgegangen war. So stammt nur ein Teil der Fische auf Usedoms Speisekarten aus heimischen Gewässern.

Die Fischerei hat heute eher eine romantische Funktion als wirtschaftliche Bedeutung.

Geschichte

Wie brachte es Usedom während der Bronzezeit zum Status eines Handelszentrums? Wer waren die Einwanderer, Eroberer und Herrscher im Pommernland? Und wann brach auf der Insel der lukrative Bäderboom aus? Erfahren Sie mehr über die Geschichte Usedoms von ihren Anfängen bis heute.

Frühzeit

70 000–45 000 v. Chr.	Erste Besiedlung in der Mittelsteinzeit
4. Jh.	Abwandern der Germanen

Eis und Stein

Nachdem in der jüngsten Eiszeit die Insel geformt wurde, kamen in der mittleren Steinzeit die ersten Bewohner. Die frühesten Hinweise menschlicher Existenz fanden sich in der Nähe von Morgenitz und Usedom, größere Siedlungen entstanden aber wohl erst in der Jungsteinzeit. Angehörige der so genannten Trichterbecherkultur trieben zwischen dem 4. und 2. Jh. v. Chr. Ackerbau und Viehzucht. Einige ihrer imposanten Megalithgräber blieben erhalten und geben bis heute Rätsel auf.

Bronze und Bernstein

Die strategisch günstige Lage an der Odermündung ermöglichte den Bewohnern Usedoms schon während der Bronzezeit weit reichende Handelsbeziehungen und brachte ihnen Ansehen und Wohlstand. Zeichen dafür sind das bei Zinnowitz entdeckte prunkvolle bronzene Pferdegeschirr sowie Reste einer Burganlage aus dem 1. Jh. v. Chr., die man in Kamminke freilegte.

Die **Römer** bezeichneten die Stämme, die damals die Gegend besiedelten, als Goten. Die Oder und ihre Mündung war sorgfältig auf allen Karten verzeichnet. Kein Wunder, denn der begehrte Bernstein führte zu einem regen Handel mit dem gesamten römischen Imperium. Die reichen Usedomer Funde wurden über die Bernsteinstraße vor allem in die Mittelmeerländer transportiert, von dort kamen im Gegenzug Waren aller Art in den Norden. Relikte aus Italien, Spanien, Griechenland und Nordafrika sind nachweisbar. Nach und nach setzten sich jedoch die germanischen Stämme gegen die Römer durch und nahmen das Land im Osten bis zur Zeit der Völkerwanderung in Besitz.

Megalithgrab bei Lütow (Gnitz)

← Ein Gedenkstein an der Heringsdorfer Promenade erinnert an den ersten »hohen Besuch« im Jahr 1820.

Unruhige Zeiten

7. Jh.	Besiedlung durch slawische Stämme
946	Erwähnung als slawischer Hauptort
1128	Gewaltsame Christianisierung
1298	Der Ort Usedom erhält Stadtrecht.
1648	Usedom fällt den Schweden zu.
ab 1720	Die Insel gehört zum Königreich Preußen.

Slawen Ab dem 7. Jh. n. Chr. besiedelten aus dem Osten kommende slawische Stämme das Land. Sie beherrschten bis zum 13. Jh. das gesamte Gebiet zwischen Oder und Elbe. Der Stamm der Liutizen installierte in den Landstrichen an der Odermündung eine frühdemokratische Form der Selbstverwaltung. Den Inseln Usedom und Wolin mit den dortigen Siedlungen kam große strategische Bedeutung zu, vor allem Wolin entwickelte sich zum bedeutendsten **Handelszentrum** im südlichen Ostseeraum. Noch heute erinnern zahlreiche Reste von Burgwällen sowie Ortsnamen, die auf -ow, -in oder -itz enden, an die slawische Zeit. Um die Wende des ersten Jahrtausends setzten große Umwälzungen ein, als sich Wikinger, Dänen, Polen und Deutsche um den Landstrich an der Odermündung stritten.

Die Lieper Kirche stammt aus der Zeit der Christianisierung.

Vom Westen ausgehend breitete sich das Christentum nach Osten aus, auch auf Usedom: Ein 5 m hohes Granitkreuz auf dem Schlossberg Usedoms erinnert an den 10. Juni 1128, als der Bamberger Bischof Otto die slawischen Bewohner christianisierte. Bis ins 13. Jh. dauerte die allmähliche Vertreibung der Slawen. **Klostergründungen** zogen deutsche Einwanderer nach. Es kamen Händler und Handwerker aus Niedersachsen und Westfalen, die die Wälder rodeten und Ackerbau betrieben. Den größten Landbesitz besaß das 1155 zunächst in Grobe gegründete und 1309 nach Pudagla verlegte reiche und mächtige Prämonstratenserkloster.

Pommern Seit der Christianisierung gehörte Usedom zum Gebiet der Pommernherzöge, doch erst mit Bogislaw IV. gewann diese Tatsache praktische Bedeutung. Das Haus Pommern teilte sich in zwei Linien,

Usedom lag im Herrschaftsbereich der Linie Pommern-Wolgast. Zunächst erhielt 1282 die Residenzstadt Wolgast Lübisches Recht, 1298 auch die Stadt Usedom.
Ein schwieriges Bündnis verband Pommern mit Dänemark, das Schutz gewährte, aber auch Ansprüche erhob, wodurch der von der **Hanse** beherrschte Ostseehandel stark eingeschränkt wurde. 1478 sorgte der starke Pommernherzog Bogislaw X. für Frieden, dem eine wirtschaftliche Blütezeit folgte. 1535 traf eine andere einschneidende Veränderung Usedom: Die Reformation führte zur Auflösung des Kirchenbesitzes und traf auch das Kloster in Pudagla, das bisherige Machtzentrum der Insel. Der Adel gewann zwar an Einfluss, konnte das Machtvakuum jedoch nicht wirklich ausfüllen. Mit der schwachen Regentschaft des Stettiner Pommernherzogs Bogislaw XIV. geriet auch Usedom in die Wirren des Dreißigjährigen Krieges.

Schweden

»Pommernland ist abgebrannt« – diese Zeile aus dem bekannten Kinderlied beschreibt den Zustand des Landes am Ende des verheerenden Dreißigjährigen Krieges. Nachdem kaiserliche Truppen das Land geplündert und verwüstet hatten, erschien der Schwedenkönig Gustav II. Adolf geradezu als Retter, als er am 6. Juni 1630 bei Peenemünde landete und Sicherheit ins Land brachte. Obwohl der Brandenburgische Kurfürst versuchte, aus der Konkursmasse der 1637 ausgestorbenen Linie der Pommernherzöge Kapital zu schlagen, wurde ihm im Zuge des Westfälischen Friedens nur der Teil östlich der Oder zugesprochen. Pommern wurde in Vor- und Hinterpommern aufgeteilt. Die pommersche Herzogswürde ging zusammen mit **Vorpommern**, das neben der Stadt Stettin auch die Inseln Usedom und Wolin umfasste, an das Königreich Schweden.
Neben dem strategisch wichtigen Landbesitz war jedoch die politische Tragweite dieses Schrittes von besonderer Bedeutung: Schweden erhielt mit dem Herzogstitel auch Sitz und Stimme im deutschen Reichstag. So blieb die **Zweiteilung Pommerns** in den folgenden Jahrhunderten ein Unruheherd, der die europäische Politik mitbestimmte. Im Jahre 1675 gewann der brandenburgische Große Kurfürst eine entscheidende Schlacht gegen die Schweden. Um ausgewogene Machtverhältnisse zu behalten, verweigerte Frankreich jedoch die geforderte Abtretung Vorpommerns, was eine Schwächung Schwedens bedeutet hätte. Ein Vierteljahrhundert später sah Brandenburg nach dem Tod des Schwedenkönigs erneut seine Chance. Im Nordischen Krieg fielen 1711 sächsische, russische und polnische Truppen in Usedom ein. Brandenburg im Verbund mit Preußen kaufte nach der Niederlage Schwedens beim **Stockholmer Frieden** 1720 für 2 Mio. Taler die Inseln Usedom und Wolin sowie das übrige Land Vorpommerns bis zur Peenemündung.

Preußen

Nach den Verwüstungen und Zerstörungen der vergangenen Kriege brachte die preußische Herrschaft Ruhe ins Land. Friedrich Wilhelm I. etablierte ein straffes Verwaltungssystem und kurbelte die

Ulrichshorst ist ein typisch preußisches Siedlungsdorf.

Wirtschaft an. Die größten Bemühungen galten der Schaffung landwirtschaftlich nutzbarer Flächen, wozu Wälder gerodet und durch aufwändige Entwässerungsmaßnahmen Sümpfe trockengelegt wurden. Handel und Verkehr gewannen an Bedeutung. So rückte bald auch die Swine als Nadelöhr zwischen Oder und Ostsee ins Blickfeld. Fast hundert Jahre dauerte der Ausbau der Region zu einer leistungsfähigen Wasserstraße, bei dem Untiefen beseitigt und die dauernde Versandung gestoppt wurden. Im Jahre 1765 erhielt Swinemünde Stadtrechte, es folgte der Aufstieg zum bedeutenden **Ostseehafen Preußens** und zur prosperierenden Garnisonsstadt.
Rückschläge brachten der Siebenjährige Krieg sowie die Truppen Napoleons: Wieder waren Einquartierungen, Plünderungen und Zerstörungen an der Tagesordnung. 1815 beim Wiener Kongress wurde die Zugehörigkeit Vorpommerns zu Preußen endgültig bestätigt. Langsam kamen auch längst überfällige sozioökonomische Reformen in Schwung. Besonders in den landwirtschaftlich strukturierten Gebieten besaßen Junker die Ländereien und die Macht. Zahlreiche Bauern flohen vor Hunger und Hoffnungslosigkeit von der Insel Richtung Amerika. Erst die Umverteilung des landwirtschaftlichen Besitzes, so z. B. 1824 die Aufhebung der Domäne Pudagla, verschaffte vielen Bauern kleine, eigene Felder. Neben Swinemünde erlebte nun auch Wolgast einen Aufschwung als Hafen- und Handelsstadt.

Urlaubsinsel Usedom

1822	Swinemünde gründet seine Seebadeanstalt.
1875	Eröffnung der Bahnlinie Berlin – Swinemünde

Bäderboom Was in England schon länger zum guten Ton gehörte, kam in Deutschland erst allmählich in Mode: Die Sommerfrische an der See und die damit einhergehende Entwicklung der Seebäder. Auf Usedom baute 1820 der Forstmeister Bernhard von Bülow bei Heringsdorf mit dem legendären »Weißen Schloss« das erste Logierhaus. Als 1820 der preußische König Friedrich Wilhelm III. von Bülow besuchte, lobte er die Ruhe des Ortes. Was den Hoheiten gefiel, war sofort »en vogue«. 1822 wurde in Swinemünde die erste Seebadeanstalt gegründet und 1824 erlebte die Stadt ihre erste Feriensaison. Auch in Heringsdorf wurde investiert: Der damaligen Badesitte entsprechend baute man Badestege, ein Warmbadehaus sowie mehrere herrschaftliche Gästehäuser. Bald überstieg im Sommer die Zahl der Gäste die der Einheimischen um ein Vielfaches.

Von Swinemünde aus entdeckten Adel, Militär und Hochfinanz auf ihren Ausflügen auch das idyllische Hinterland. Als wirtschaftlichen Coup des Industriellen Hugo Delbrück kann man die Gründung der **Aktiengesellschaft Seebad Heringsdorf** bezeichnen: Ihm gelang es binnen weniger Jahre, weite Küstenstreifen aufzukaufen, moderne Gästehäuser zu bauen, Strände und Badeanstalten für den Badebetrieb einzurichten und ein mondänes Publikum anzulocken. Neben dem Kaiserhaus zog es vor allem Adelige nach Heringsdorf. Vom Bäderboom profitierten bald auch die Nachbarorte Bansin und Ahlbeck. Spätestens mit dem Bau der Eisenbahnlinie von Berlin nach Swinemünde 1875 wurde Usedom zur bevorzugten Erholungsinsel der Berliner und Stettiner; weitere Seebäder wie Zinnowitz und Koserow entstanden. Zunehmend kamen auch Bürgerliche als Sommergäste. Neben den Nobelorten Heringsdorf und Bansin avancierte Ahlbeck zum populären Familienbad. Swinemünde baute um 1900 in Strandnähe einen eigenen Stadtteil, Swinemünde-Bad genannt, mit modernen Bade- und Kureinrichtungen. Die Beliebtheit der Urlaubsorte hielt auch während des Ersten Weltkriegs an und überstand sogar die Weltwirtschaftskrise relativ unbeschadet. Großen Anteil daran hatte der 1921 gegründete »Verband Pommerscher Ostseebäder der Inseln Usedom-Wolin«, der mit **modernem »Marketing«** national und international die Werbetrommel rührte. Usedom galt bis in die 1920er-Jahre hinein als »Badewanne Berlins« (► Baedeker Special S. 138). Die Liste prominenter Gäste umfasste zu dieser Zeit die Größen aus Politik, Wirtschaft, Kunst und Kultur: UfA-Stars wie Lilian Harvey und Willy Fritsch zog es ebenso nach Usedom wie die Schriftsteller Heinrich und Thomas Mann, Kurt Tucholsky, Maxim Gorki und viele andere.

Alle kamen nach Usedom, 1923 auch Hans Albers mit der Sängerin Claire Dux.

Volkserholung und Militärs

1933	Eröffnung der Eisenbahnhubbrücke bei Kamin
1936	Einrichtung der Heeresversuchsanstalt Peenemünde
3. März 1942	Erster erfolgreicher Start einer A4-Rakete (V2) in Peenemünde
1943 – 1945	Bombardierungen durch Alliierte

»Staatstourismus« »Fern bleibt der Itz von Zinnowitz« – lautete nur eine der Parolen, die 1933 nach der Machtergreifung Adolf Hitlers auf Usedom populär waren. In Anzeigen warb man mit »rein deutschen« Häusern oder »christlichen« Seebädern und zeigte damit deutlich, dass jüdische Gäste unerwünscht waren. Gerade kleinere Orte wie Bansin versuchten sich durch die deutschnationale Haltung vom mondänen Heringsdorf abzuheben, dem bis dahin bevorzugten Ort der Linksintellektuellen und jüdischen Großbürger. Es dauerte nicht lange, bis auch auf Usedom der Besitz jüdischer Bürger enteignet wurde, darunter viele der schönsten Villen und Hotels. Davon profitierten neben den Nazigrößen und -organisationen auch Privatunternehmer. Die NS-Propaganda machte Usedom zu der deutschen Badeinsel und Organisationen wie »Kraft durch Freude« nutzten sie für Urlaubsaufenthalte sowie Erholungsfahrten für Kinder und Jugendliche.

Militärs Bald entdeckten auch die Militärs Usedoms strategisch günstige Lage. Die vorhandenen Stützpunkte in Swinemünde wurden erweitert, **Heer, Luftwaffe und Marine** bezogen Stellung. In Swinemünde wurden eine Flak- und Marineschule eingerichtet sowie Hafen und Werft ausgebaut, im Hinterland wurden Fliegerstützpunkte und Munitionslager eingerichtet und an der Küste schwere Artillerie stationiert. Anfangs relativ unbeachtet blieb die Einrichtung der Heeresversuchsanstalt Peenemünde, wo ab 1935 Raketenforschung betrieben wurde (► Baedeker Special S. 179). Die NS-Führung erträumte sich als Resultat der Peenemünder Forschung die **Wunderwaffe V2**. Der gesamte Nordwesten Usedoms wurde daraufhin ab Zempin zum Sperrgebiet deklariert und die Bewohner wurden zwangsumgesiedelt. Neben zahlreichen militärischen Anlagen entstanden Kraftwerke, Abschuss-

Reste der Raketenanlagen im Wald bei Zempin

rampen, Verteidigungsanlagen, Siedlungen für die Forscher und Angestellten sowie Lager für die Zwangsarbeiter. Im Jahre 1942 bombardierten die Briten erstmals das Versuchsgelände. Während der Nordwesten Usedoms immer größere Bedeutung als »kriegswichtige« Anlage erhielt, ging nur wenige Kilometer östlich der Badebetrieb auf dem Rest der Insel bis 1944 – wenn auch eingeschränkt – weiter.

Kriegsende

Mit der großen Flüchtlingswelle, die die zurückweichende Ostfront vor sich herschob, wurde Swinemünde Hauptanlaufstelle für Flüchtlinge aus dem Osten. Auch die Krankenhäuser der Stadt waren seit 1944 durch verwundete Soldaten überbelegt. Zur Katastrophe kam es am 12. März 1945, als amerikanische Flugzeuge die überfüllte Stadt bombardierten. Nach Schätzungen verloren in dieser Nacht mehr als 20 000 Menschen ihr Leben. Im April eroberte die Rote Armee das vorpommersche Festland und Rügen, aber auf Usedom kämpften letzte Wehrmachtsposten weiter, bis die Rote Armee am 4. Mai auch die Inseln Usedom und Wolin besetzte.

Ein Staat organisiert den Urlaub

1945	Teilung der Insel in den deutschen und polnischen Teil
ab 1952	Der staatlich organisierte Urlaub auf Usedom beginnt.

»Stunde Null«

Zur »Stunde Null« war Usedom nahezu unzerstört, doch hoffnungslos überfüllt: In Ahlbeck mit ursprünglich 3000 Einwohnern hielten sich z. B. im Mai 1945 10 000 Menschen, hauptsächlich Flüchtlinge, auf. Die Rote Armee beanspruchte neben den militärischen Anlagen und Häfen vor allem die Transportmittel sowie die schönsten Hotels und Villen. Die Potsdamer Konferenz legte am 2. August 1945 die polnische Westgrenze fest, die aus strategischen Gründen die Hafenstädte Stettin und Swinemünde umfasste. Im Oktober übernahm die polnische Verwaltung die entsprechenden Gebiete, deren Grenzverlauf im Ahlbecker Forst aufgrund des für Swinemünde lebensnotwendigen Wasserwerks durch eine Ausbuchtung korrigiert wurde.

»Aktion Rose«

Die ersten Nachkriegsjahre waren für die Usedomer besonders hart. Die Insel hatte durch die Grenzziehung ihr Hinterland verloren, die Verkehrswege waren abgeschnitten. Die Politik der Sowjetischen Besatzungszone nahm sich aber bald »der deutschen Hungerinsel« an. Den Umschwung brachten ab 1952 erneut die Gäste, die – diesmal staatlich organisiert – auf Usedom Ruhe und Erholung suchten.
Erste Hotels wurden, teils unter neuem Namen, zu FDGB-Ferienheimen umfunktioniert. Die Kapazitäten konnten der Nachfrage aber nicht genügen. Am Morgen des 9. Februar 1953 startete die »Aktion

Rose« mit massiven Hausdurchsuchungen und einer großen Verhaftungswelle. Diese Maßnahme zielte darauf ab, Scheingründe für die **Enteignung** möglichst vieler Häuser zu finden, die dann in die Hand staatlicher Organe übergingen, so dass diesen 1954 bereits Urlaubsplätze für 250 000 Menschen zur Verfügung standen.

Ferienschecks

Der staatlich organisierte Urlaub war fester Bestandteil der DDR-Wirtschafts- und Sozialpolitik. Eine große Rolle spielten die heiß begehrten Ferienschecks, die man für gute Arbeitsleistungen erhielt. Damit konnten die Familien für einen Spottpreis 14 Tage Urlaub in einem der Ferienheime machen. Zinnowitz wurde beispielsweise zum Seebad der Bergleute deklariert, aber auch andernorts entstanden **Betriebsferienhäuser**. Außerdem richtete man zahlreiche Ferienlager und -heime für Kinder und Jugendliche ein. Die Bettenkapazität blieb aber der begrenzende Faktor, so dass vom FDGB auch so genannte Außenbetten in Privathäusern finanziert wurden. Ein weiteres Problem stellte unter den Bedingungen der Planwirtschaft die Verpflegung einiger tausend Gäste dar. In Ahlbeck entstand als zentrale Verpflegungsstelle das **Haus der Erholung** (HDE, heute ein Kino), in dem 900 Urlauber dreimal täglich ihre Mahlzeiten einnehmen konnten. Und der FDGB sorgte natürlich auch für das Unterhaltungsprogramm.

Zusätzlich zu den organisierten Urlaubern strömten seit 1954 jährlich unzählige **Camper** auf die Insel. Die DDR wurde geradezu von einem Campingboom erfasst, so entstand z. B. östlich von Ückeritz ein Campingplatz mit 16 000 Plätzen, der in seinen Ausmaßen auch heute noch beeindruckend ist. Insgesamt gab es zwölf Campingplätze auf Usedom, auf denen sich auch die **FKK-Anhänger** trafen. Obwohl zunächst streng verboten, etablierte sich der FKK-Trend schnell und

Dieses Stück Fassade in der Heringsdorfer Delbrückstraße erinnert an die Nutzung des Hauses zu DDR-Zeiten.

wurde durch die Ausschilderung separater Bereiche offiziell akzeptiert. Für viele Ostdeutsche ist Usedom immer noch der schönste Urlaubsort und mit zahlreichen Erinnerungen verbunden.

Usedom nach der Wende

1989	Der Grenzübergang zu Polen wird geöffnet.
1995	Heringsdorf bekommt eine Seebrücke. Die Seebäderschiffe verkehren wieder auf der Ostsee.
2004	EU-Beitritt Polens

Heimkehrer und Investoren

Auch Heringsdorf und Wolgast waren 1989 Schauplätze friedlicher Demonstrationen, die letztlich zum Ende der DDR führten. Noch im selben Jahr wurde der Grenzübergang bei Ahlbeck geöffnet. Mit der Aufbruchstimmung kamen bald auch die ersten »Westler« und die Usedomer mussten eine Welle von Investoren über sich ergehen lassen, die überall günstige Objekte suchten oder ehemaliges Eigentum beanspruchten. Goldgräberstimmung kam auf und so manches Haus und manch schicke Villa wechselten den Besitzer.
Am sichtbarsten wurde der **Bauboom** durch den Neubau der Seebrücke in Heringsdorf, die 1995 eingeweiht wurde. Im selben Jahr nahm auch die Bäderlinie ihren Betrieb wieder auf; ein Jahr später schuf man mit der runderneuerten Usedomer Bäderbahn die notwendige verkehrstechnische Infrastruktur. In dieser Zeit wurden gleichzeitig fast alle Häuser modernisiert. Dabei waren sich die meisten Investoren und Hausbesitzer bewusst, dass der Stil der Bäderarchitektur sowie die idyllischen Dorfhäuser neben der Natur das Hauptkapital Usedoms sind. Auf diese Weise wurden Bausünden größtenteils vermieden. Seit Beginn des neuen Jahrtausends steht der Usedomer Tourismus zunehmend im Zeichen des **Wellnesstrends**. So konnten im Jahr 2004 17 Hotels mit einem entsprechenden Qualitätssiegel ausgezeichent werden.

Auf gute Nachbarschaft

Der EU-Beitritt Polens im Mai 2004 brachte für die gesamte Insel weitreichende Veränderungen mit sich. Die beliebten »Butterfahrten« fielen als Urlaubsattraktion auf einen Schlag aus und Orte wie Kamminke, in denen einst die Schiffe zum billigen Einkaufen starteten, sind wieder friedliche Fischerdörfer. Gleichzeitig ist die Grenze von beide Seiten viel durchlässiger geworden. Auch wenn nicht zusammenwachsen kann, was nicht mehr zusammengehört: Durch die Annäherung der beiden Nachbarländer, die sich in zahlreichen Projekten, aber auch in der Selbstverständlichkeit des kleinen Grenzverkehrs ausdrückt, ist die Teilung der Insel heute weit weniger einschneidend und behindernd wie vor dem EU-Beitritt.

Kunst und Kultur

Usedom ist geprägt durch Kirchen in Backsteingotik, reetgedeckte Häuser und die mondäne Bäderarchitektur. Doch wie sind diese Bauformen entstanden und wer waren die Auftraggeber? Und was machte die Insel bei Künstlern so beliebt?

Architektur

Wenig Mondänes

Die Architektur auf Usedom hat vorwiegend dörflichen oder kleinstädtischen Charakter. Nur Swinemünde besaß als Hafen- und Garnisonsstadt entsprechende Stadt- und Bürgerhäuser sowie größere Repräsentations- und Nutzbauten. Die nach den Zerstörungen des Zweiten Weltkriegs in manchen Orten entstandenen Wohnblocks und Zweckbauten wirken schlicht und wenig attraktiv. Im Gegensatz dazu steht der Eindruck der unzerstörten Orte, wie ihn Usedom-Stadt oder die Seebäder bieten. Die abgelegene Lage der Insel hatte zur Folge, dass bis zum 19. Jh. nur wenige repräsentative Herrschaftshäuser entstanden. Von den Schlössern der Pommernherzöge sind nur in Pudagla noch Reste erhalten. In Mellenthin und Stolpe finden sich hübsche kleine Adelsschlösser, deren Restaurierung kontinuierlich voranschreitet.

Kirchen

Im Mittelalter wurde in Nordeuropa vor allem mit Backstein gebaut. Kirchen und Klöster, aber auch Stadtbefestigungen und Bürgerhäuser wurden aus diesem Material gefertigt. Im Gegensatz zu den prunkvollen und reich verzierten Häusern und Kirchen der Hansestädte Lübeck, Stralsund oder Danzig war die Usedomer **Backsteingotik** wesentlich bescheidener. Schöne Beispiele sind u. a. das Anklamer Tor und die Marienkirche in Usedom. Bei den meisten mittelalterlichen Dorfkirchen, z. B. in Benz, Koserow oder Mellenthin, wurden aus Kostengründen die unteren Teile aus Feldsteinen errichtet. Erst für die mit Arkaden oder Blendbogen verzierten Türme oder Giebel verwandte man dann die eleganteren Backsteine.
Die **Mellenthiner Kirche** ist auch wegen ihrer Innenausstattung hervorzuheben: In schönem Barock sind sowohl Kanzel als auch Empore aus Holz gestaltet und mit farbenfrohen Malereien verziert. Ein kunsthistorisches Juwel sind die mittelalterlichen Wandmalereien im Gewölbe. Die idyllisch gelegene **Dorfkirche in Benz** geriet zu DDR-Zeiten durch die Initiative des Pfarrers zu einer Art inoffiziellem Kulturzentrum: Hans-Werner Richter beschreibt in seiner Erzählung »Bruder Martin« eindrücklich eine Lesung, die er dort hielt.

Reetgedeckte Häuser

Was man andernorts nur noch in Heimatmuseen bestaunen kann, ist auf Usedom noch für viele Häuser und Dörfer typisch. Reetdächer verleihen nicht nur alten urigen Bauernhäusern einen besonderen Charme, sondern werden zunehmend auch für moderne Bauten verwendet. Reet ist der **Ökobaustoff** schlechthin: Das Schilfrohr wächst vor Ort, verfügt über hervorragende Klimaeigenschaften, wirkt stark isolierend und hält zwei Generationen, also deutlich länger als die üblichen Dachziegel. Das Dachdecken selber erfordert

← Die Holländerwindmühle in Benz faszinierte auch Otto Niemeyer-Holstein, der sie kaufte und 1972 renovieren ließ.

! Baedeker TIPP

Schöne Schilfhäuser schauen

Schöne reetgedeckte Häuser findet man vor allem in den Dörfern des Hinterlandes und rund ums Achterwasser, z. B. in Kamminke oder im Lieper Winkel. In den Seebädern sind sie selten; eine schöne Ausnahme ist u. a. das Rolf-Werner-Gedenkatelier in Bansin.

große **Handwerkskunst**, die heute nur noch wenige beherrschen. Zuerst muss das Rohr, das in harten Wintern besonders hohe Qualitäten erreicht, sorgfältig nach Länge und Stärke sortiert werden. Auf den offenen Dachstuhl wird zunächst die »Streulage« aus langen und groben Halmen aufgebracht. Anschließend werden die Bündel einzeln an den Dachlatten befestigt. Für ein normal großes Reetdach müssen auf diese Weise rund 10 000 Reetbündel festgenäht werden. Zum Schluss werden die Bündel geklopft, wodurch das Dach glatt und fest wird. Ein besonders kunstvoller und stabiler Dachfirst sowie das Beschneiden der Kanten geben dem Reetdach den letzten Schliff.

Bäderarchitektur

»Erlaubt ist, was gefällt« – dieses Motto scheint die Bäderarchitektur Usedoms zu charakterisieren. Mit dem neuen Badetrend und dem Bäderboom entstanden im 19. Jh. binnen weniger Jahre ganze Straßenzüge mit schicken Villen und herrschaftlichen Häusern. Das in der englischen Oberschicht weit verbreitete Seebäderwesen hatte auch architektonische Vorbildfunktion. **Mondäne Bäderbauten, Seepromenaden und Musikpavillons** entstanden in den meisten deutschen Badeorten. Da die alten Dorfkerne häufig von der See abgewandt lagen, man jedoch schon damals Seeblick und Strandnähe bevorzugte, reihte sich entlang der Strände bald ein schicker Neubau an den anderen. Auch die **Seebrücken** waren Ausdruck dieses Baubooms, doch von den ursprünglichen Exemplaren ist leider kaum noch etwas erhalten. Die einzig erhaltene Original-Seebrücke in Ahlbeck stellt eher ein bescheidenes Beispiel ihrer Art dar. Dem architektonischen Stilempfinden der Zeit vom 19. Jh. bis zum Ersten Weltkrieg entsprachen hauptsächlich prunkvolle Bauten, die Stilelemente verschiedener Regionen und Zeiten adaptierten. Doch vor allem repräsentativ sollten die meist in strahlendem Weiß gehaltenen Häuser sein. Denn die Bauherren wollten mit ihrer privaten Sommervilla den eigenen Reichtum zum Ausdruck bringen oder mit prachtvollen Sommerhäusern vornehme und zahlungskräftige Gäste anziehen.

Dem damaligen Geschmack entsprach jedoch meist nicht ein Stilgewirr »à la Neuschwanstein«, sondern Anleihen bei einem bestimmten Baustil. Als erster Bau der Usedomer Bäderarchitektur gilt das **»Weiße Schloss«** in Heringsdorf. Ganz im neoklassizistischen Schinkel-Stil gehalten, diente es jahrelang der kaiserlichen Familie als Feriendomizil. Die weißen Säulen und attischen Giebel wurden zum Vorbild für andere Bauten, wie sie heute noch z. B. an der Heringsdorfer Strandpromenade zu sehen sind. Die **»Villa Oechsler«** ist mit einem Giebelmosaik aus feinstem Murano-Glas geschmückt und die **»Villa Oppenheim«** präsentiert sich als Variation einer Palladio-Villa

Heringsdorf kann mit prächtigen Bäderarchitektur-Ensembles aufwarten.

mit großzügiger Außentreppe. Dagegen wirkt die **»Villa Diana«**, in einen schönen Park eingebettet, eher klassizistisch schlicht. Verspielter präsentieren sich die Häuser der Heringsdorfer Delbrückstraße oder an den Promenaden von Ahlbeck und Bansin. Hier sind Balkone, Erker, Türmchen und Säulen in unzähligen Variationen zu sehen, Skulpturen, Ornamente und Schmuckelemente aus Stuck sowie Schmiedeeisen verweisen auf ihre Entstehung in der Gründerzeit. So manche Fassade, mancher Eingang und manche Loggia zeigen Anleihen bei Renaissance oder Gotik, anderswo sieht man reiche Jugendstil-Verzierungen, vor allem bei den bunten Glasfenstern. Eine im Kontrast zu den Prachtbauten eher intimere Form von Bäderarchitektur lässt sich in Ahlbeck zwischen Dünenstraße und Kaiserstraße bewundern. Filigrane Holzkonstruktionen an Balkonen, elegant verglaste Wintergärten oder verspielte Simse und Friese lassen die kleinen Villen viel gemütlicher wirken als so manchen Strandpalast.

◄ Sehnsuchtsarchitektur

Einige Bauherren verwirklichten ihre Reiseträume beim Bau ihres Ferienhauses: Die **»Villa Vineta«** an der Bansiner Promenade präsentiert sich als skandinavisches Holzhaus; die Heringsdorfer Jugendherberge erinnert an den Stil englischer Fachwerkhäuser, manche Konstruktionen zeugen von der Schweiz-Begeisterung ihres Erbauers, andernorts wirkt der Fliesenschmuck fast maurisch. Zwischen Bansin und Ahlbeck kann man kilometerweit entlang schönster Bäderarchitektur spazieren und wird nie müde, neue Details zu entdecken. Den Abschluss dieser Tour bildet mit dem zinnengeschmückten **Hotel Kastel** in Ahlbeck ein »Traumschloss« der Bäderarchitektur.

KÜNSTLERINSEL

Der letzte Wunsch des Malers Otto Niemeyer-Holstein war es, mit dem Blick Richtung Meer begraben zu werden, »zur Ostsee, meiner großen Geliebten, die mich täglich gefordert und nie enttäuscht hat«. Für ihn und viele andere Künstler wurden das Licht und die Farben Usedoms zur Inspiration, die Landschaft und Ruhe zum Ausgangspunkt ihrer Schaffenskraft.

Der berühmteste Maler der Region ist **Caspar David Friedrich** (1774 bis 1840), der die Motive zu seinen inhaltlich dichten Kompositionen zwar vorwiegend auf seiner Heimatinsel Rügen fand, doch auch die Nachbarinsel Usedom bereiste. Auch sein Zeitgenosse **Philipp Otto Runge** (►Berühmte Persönlichkeiten) unternahm von seinem Elternhaus in Wolgast aus zahlreiche Ausflüge nach Usedom, wo er neben Motiven zum Malen auch Inspirationen zur Umsetzung seiner komplexen romantischen Formensprache suchte.

Otto Niemeyer-Holstein

Im 20. Jh. entdeckten einige Künstler die Insel als Domizil: Allen voran fand Otto Niemeyer-Holstein (►Berühmte Persönlichkeiten) auf einer seiner Bootstouren 1932 die Schmalstelle zwischen Zempin und Koserow als sein persönliches Paradies: **Lüttenort**, benannt nach seinem Segelboot »Lütten«. »Hier auf der Insel bleibe ich – für immer«, und so ließ er aus Berlin unter großen Schwierigkeiten einen ausrangierten S-Bahn-Waggon als provisorische Unterkunft herbeischaffen, die »Keimzelle« eines eigenwilligen, über viele Jahre gewachsenen Ensembles aus Wohnhaus, Garten und Atelier. Ab 1938 wurde Lüttenort der ständige Wohnsitz der Familie, die zu dieser Zeit ins Visier der Nazis geriet. Auch heute noch ist der S-Bahn-Wagen Mittelpunkt des Gesamtkunstwerks Lüttenort, das nach dem Tod des Künstlers der Öffentlichkeit zugänglich gemacht und durch den Bau der Neuen Galerie erweitert wurde. Hier sind auch einige Werke des Malers ausgestellt. Besonders stimmungsvoll ist der Garten. Niemeyer-Holstein fand für Pflanzen und Skulpturen befreundeter Künstler genau den richtigen Platz: Je nach Jahres- oder Tageszeit setzt die Natur die Kunst wie in einem Open-Air-Museum ins »rechte Licht«.

Usedomer Künstlergruppe

Otto Niemeyer-Holstein fand bald Kontakt zu anderen Usedomer Künstlern, so zu **Otto Manigk** (1902 – 1972),

Hans Jüchsers (1894 – 1977) Bild »Das Konzert« zeigt Otto Niemeyer-Holstein, Rosa Kühn und Otto Manigk beim gemeinsamen Musizieren.

der seit 1932 seinen zweiten Wohnsitz in Ückeritz hatte, sowie dessen Freund **Herbert Wegehaupt** (1905 bis 1959), der sich ebenfalls in Ückeritz niederließ. Diese drei Maler bildeten den Kern einer losen Künstlergruppe, zu der bald **Karen Schacht** (1900 bis 1988) hinzukam. Die freundschaftlich verbundenen Künstlerfamilien trafen sich zu Atelierbesuchen, Musikabenden oder Malausflügen mit Niemeyer-Holsteins Segelboot. Nach dem Zweiten Weltkrieg traten verschiedene andere Künstler mit der Usedomer Gruppe in Kontakt, so der Wandmaler **Manfred Kandt** (1922 – 1992) mit seiner Frau **Susanne Kandt-Horn** geb. 1914), ebenfalls eine Malerin, 1952 ein Haus in der Nachbarschaft von Otto Manigk bezog. **Rolf Werner**, dessen Atelier in Bansin von seiner Witwe liebevoll erhalten und der Öffentlichkeit zugänglich gemacht wird, kam 1953 nach Usedom und war, obwohl er künstlerisch andere Wege beschritt, mit der Usedomer Gruppe freundschaftlich verbunden. Als Schülerin der Gruppe, vor allem jedoch Otto Niemeyer-Holsteins, kann seit 1952 **Rosa Kühn** (geb. 1928) bezeichnet werden, die sich in Zempin niederließ. Einige Jahre später, 1956, fand **Vera Kopetz** (geb. 1910) bei Otto Niemeyer-Holstein und seinen Malerkollegen Anregung und Ausbildung.

Die Söhne

In der offenen Atmosphäre der Usedomer Künstlerzentren Ückeritz und Lüttenort fand auch die folgende Generation Wege zum kreativen Schaffen. Die Söhne von Otto Manigk und Herbert Wegehaupt, **Oskar Manigk** (geb. 1934) und **Matthias Wegehaupt** (geb. 1938), durch ihre Väter und Niemeyer-Holstein ausgebildet, wurden bedeutende Künstler. Sie bildeten Anlaufstellen für viele jüngere Künstler, die es nach Usedom zog. Als Freunde von Matthias Wegehaupt besuchten beispielsweise auch Wolf Biermann und seine damalige Frau Eva-Maria Hagen die Usedomer Künstler. In den 1970er- und 1980er-Jahren suchten mehrere Künstler auf Usedom – abseits der Politik – Freiräume und Inspiration für ihr Wirken. Die Insel brachte zwar zahlreiche Kunstwerke hervor, doch nur wenige Künstler. Ein Beispiel ist **Sabine Curio** (geb. 1950 in Ahlbeck), die – ähnlich wie Otto Niemeyer-Holstein – in ihren Werken versucht, das einzigartige Licht der Insellandschaft zu thematisieren. Auf Usedom ist nie eine Künstlerkolonie im klassischen Sinn entstanden, allerdings half die Insel zahlreichen Künstlern ihren Weg zu gehen, hier fanden sie **Motive und Inspirationen** – und nicht zuletzt den Austausch mit Kollegen, die auf ihre Weise Ähnliches suchten.

Literatur und Film

Die Bernsteinhexe

Wer hätte das gedacht? Von Usedom ging einer der erfolgreichsten Bestseller und zugleich einer der größten literarischen Skandale des 19. Jh.s aus. »Die Bernsteinhexe« erzählt die Geschichte der Koserower Pfarrerstochter Maria Schweidler, die während des Dreißigjährigen Krieges auf Grund von Missgunst und Intrigen der Hexerei bezichtigt wird und auf dem Scheiterhaufen sterben soll. Diese packende Geschichte im Stil einer alten Chronik sollte laut Vorwort vom Vater der »Bernsteinhexe«, dem Koserower Pfarrer Schweidler, aufgeschrieben worden sein. Sein Amtsnachfolger, Johann Wilhelm Meinhold soll die Niederschrift über 100 Jahre später in einem alten Buch in der Kirche entdeckt haben. Liebe, Tod und Abenteuer – Zutaten, aus denen auch heute noch **Bestseller** gestrickt werden – sowie die vermeintliche Authentizität verhalfen dem Buch schnell zu großem Ruhm. Als Meinhold zugab, dass nicht der Vater, sondern er selbst der Verfasser sei, war der Skandal perfekt. Schimpf und Schande kamen über den Autor, was aber den Verkaufserfolg nicht minderte.

! *Baedeker* TIPP

Prall gefüllt und reich bebildert…

… ist das Lesebuch »Usedom« von Renate Seydel (Ullstein Verlag). Es stimmt mit Unterhaltsamem und Wissenswertem, Amüsantem und Nachdenklichem auf die Insel ein. Märchen und Sagen finden sich hier ebenso wie Porträts berühmter Gäste, Amüsantes zur Entwicklung des Badewesens oder Liebevoll-Ironisches über die Insulaner – Urlaubslektüre im besten Sinne.

Schriftsteller zu Gast

Andere literarische Werke, die in Verbindung mit Usedom stehen, spiegeln jedoch eher das Bild der Urlaubsinsel wider. Einige Schriftsteller – wie Heinrich Mann oder auch sein berühmter Bruder Thomas – verbrachten hier ihre Sommerferien. **Heinrich Mann** berichtet in seinem biografischen Werk »Ein Zeitalter wird besichtigt« von seinen Heringsdorfer Aufenthalten in den Jahren 1923, 1928 und 1929. Legendär ist der Erholungsurlaub **Maxim Gorkis** 1922 in der Villa Irmgard, wo man seine originalgetreu erhaltenen Zimmer besichtigen kann. Das angeschlossene Museum informiert auch über weitere Berühmtheiten, die Usedom besuchten, wie **Victor Klemperer**, der hier einige Sommer verbrachte. Mit brillanter Ironie karikiert **Kurt Tucholsky** in »Saisonbeginn an der Ostsee« das Treiben am Heringsdorfer Strand, das nach seinen Aufenthalten 1920 / 1921 entstand.

Einheimische Autoren

Doch nicht nur Gäste, auch Einheimische trugen zum literarischen Ruhm der Insel bei (► Berühmte Persönlichkeiten). **Hans Werner Richter** beschreibt in seinen Bansiner Geschichten »Blinder Alarm« und »Deutschland, deine Pommern« die Menschen und das Land seiner Kindheit. Ein anderes Buch, der Roman »Spuren im Sand« trägt stark autobiografische Züge. Die in Ahlbeck geborene **Carola**

Stern hat in zwei selbstkritischen Büchern auch ihre Usedomer Kindheit beschrieben. Der berühmteste Autor mit Verbindung zur Insel ist jedoch **Theodor Fontane**, der in seinem autobiografischen Roman »Meine Kinderjahre« seine Swinemünder Zeit verarbeitet.

Usedom als Filmkulisse

Auch in Fontanes **»Effi Briest«** findet Usedom sich wieder; so trägt der Hauptschauplatz Kessin zweifelsfrei die Züge von Swinemünde. Kein Wunder also, dass eine Romanverfilmung der DEFA (Regie: Wolfgang Luderer, DDR 1970) hier gedreht wurde. Die junge Angelica Domröse wandelt hier als Effi Briest durch Wolgaster Gassen und reitet durch die idyllische Insellandschaft zu einem geheimen Rendezvous an der Benzer Windmühle.

Etwa zur selben Zeit entstand auf Usedom unter der Regie von Heiner Carow ein weiterer DEFA-Film, der aber aus politischen Gründen nicht fertig gestellt wurde und für 20 Jahre in den Archiven verschwand. **»Die Russen kommen«** basiert auf der Erzählung »Die Anzeige« des Usedomer Autors Egon Richter und handelt von der Orientierungssuche eines Sechzehnjährigen zwischen Nazi-Ideologie und russischer Gefangenschaft bei Kriegsende.

Wer schon einmal auf Usedom war, der wird in der Schlussszene des Films **»Pappa Ante Portas«** die Ahlbecker Seebrücke erkennen. Loriot, mit bürgerlichem Namen Vicco von Bülow, kam für seinen Film 1991 an die Wirkungsstätte seines Vorfahren, des Forstmeisters Georg von Bülow, der 1820 in Ahlbeck und Heringsdorf den Seebäderbetrieb begründete. Für die Dreharbeiten ließ er damals noch selbst dem Pavillon einen frischen Anstrich verpassen.

? WUSSTEN SIE SCHON ...?

- Das historische Vorbild der Effi Briest war übrigens Elisabeth von Ardenne, die Großmutter des Erfinders Manfred von Ardenne, die Theodor Fontane persönlich kannte.

Berühmte Persönlichkeiten

Usedom ist eine Insel für Einheimische und Feriengäste. Beide Gruppen zeichnen sich aus durch innige Verbindungen. Und so ist das Leben auf der Insel gleichzeitig geprägt durch die berühmten Gäste und diejenigen, die langfristig Einfluss nahmen. Wer zeichnete verantwortlich für die Kultur, das Leben und die Politik?

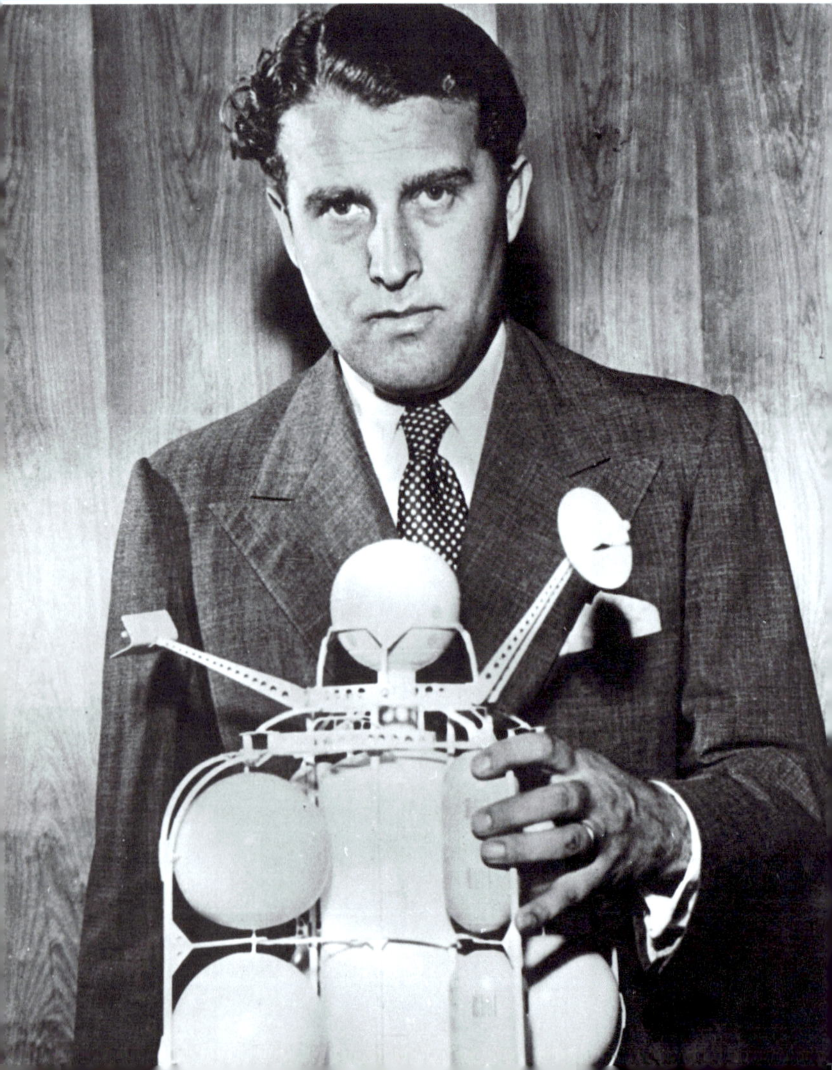

Manfred von Ardenne (1907 – 1997)

Legendärer Erfinder

»Mein Leben für Fortschritt und Forschung« lautet der Titel der Autobiografie eines der größten deutschen Erfinder. Manfred von Ardenne meldete schon im Alter von 15 Jahren sein erstes Patent an, dem noch über 600 weitere folgen sollten: Er hatte die Dreifach-Radioröhre entwickelt, Kernstück des legendären Rundfunkempfängers Loewe-Opta, der sich in rasantem Tempo verkaufte und den Siegeszug des Radios in deutschen Haushalten begründete.

Ardennes Begabung für Physik, Chemie und Mathematik war so überdurchschnittlich, dass er schon nach wenigen Semestern sein Studium an der Berliner Universität aus Langeweile abbrach. Er bildete sich selbstständig weiter und machte bahnbrechende Erfindungen im Bereich der **Radar- und Elektronentechnik**. 1928 gründete er ein eigenes Forschungslabor für Elektronenphysik in Berlin, das er bis 1945 leitete. In dieser Zeit entwickelte er u. a. erste Fernsehröhren und das Elektronenmikroskop, außerdem erarbeitete er Grundlagen des Flugzeugradars und der Atomphysik. Das Naziregime förderte Ardennes Forschungen und erhoffte sich militärisch nutzbare Ergebnisse. 1945 holten ihn die Sowjets in ihren Stab zum Bau der Atombombe. Ardenne verbrachte fast zehn Jahre im Atomforschungszentrum Suchumi und erhielt für die Entwicklung der sowjetischen Bombe gemeinsam mit anderen Forschern 1953 den Stalin-Preis. Das Preisgeld nutzte Ardenne, inzwischen Professor in Dresden, um 1955 ein **eigenes Forschungsinstitut** zu errichten, dessen privater Charakter einzigartig in der DDR war. In Dresden hielt sich hartnäckig das Gerücht, dass Ardenne auch über ein so genanntes Nullkonto verfügt haben soll, von dem er unbegrenzt abheben durfte. In den Folgejahren machte Ardenne wichtige Erfindungen im Bereich der medizinischen Diagnostik und der Krebsbehandlung.

Seit den 1950er-Jahren verbrachte Manfred von Ardenne seinen Urlaub meist in Heringsdorf, wo er sich wieder intensiv der Astronomie widmete und eine **Sternwarte** einrichtete. Sie ist heute als Volkssternwarte »Manfred von Ardenne« jedermann zugänglich. Das Teleskop, ein technisches Meisterwerk des Optikers Schmidt von 1925, ist das einzige seiner Art, das heute noch benutzt wird. Manfred von Ardenne starb am 26. Mai 1997.

Wernher von Braun (1912 – 1977)

Umstrittener Wissenschaftler

Für die einen ist er einer der genialsten Visionäre und Techniker, für die anderen ein Opportunist, der den Missbrauch seiner Forschungen im Dritten Reich zuließ. Wernher von Braun, in Wirsitz (Pommern) geboren, entstammt einem nationalkonservativen aristokratischen Elternhaus. Zunächst war er kein guter Schüler. Doch die

← Aus Feind wird Freund: Nach dem Krieg forscht Wernher von Braun für die Amerikaner weiter und präsentiert 1955 ein Satellitenmodell.

Raumfahrtbegeisterung weckte sein Interesse an den komplizierten Formeln in einem Buch über Raketentechnik. Nun widmete er sich mit aller Energie der Mathematik. Seit 1930 studierte er an der Berliner Technischen Universität, verbrachte aber die meiste Zeit auf dem Raketenflugplatz in Kummersdorf bei Berlin. Hier bastelte er mit den Raketenpionieren Oberth und Nebel, damals noch unter chronischem Geldmangel, an Antriebssystemen und Modellraketen.
Dies änderte sich nach der Machtergreifung Hitlers. Die Militärs versprachen sich von der Raketenforschung hochmoderne Waffen. Bald schon flossen Millionen in den Aufbau einer Versuchsanstalt. Wernher von Braun hatte 1935 das abgelegene Peenemünde (► Baedeker Special S. 179) als geeigneten Ort vorgeschlagen. Nach ersten Erfolgen wurde der erst 25-Jährige 1937 Leiter der Versuchsanstalt. Ab 1943 wurden aus den Peenemünder Raketen die Vergeltungswaffen, die den Krieg entscheiden sollten und bei deren Massenproduktion im Mittelbau-Dora tausende KZ-Häftlinge ihr Leben ließen.
Nach dem Krieg wechselte Wernher von Braun problemlos zur ehemals feindlichen Seite. Mitsamt seinen Forschungsunterlagen, Raketenteilen und vielen Mitarbeitern ging er in die USA. Die Amerikaner waren an der deutschen Raketenforschung stark interessiert und schon im Spätsommer 1945 nahm von Braun mit 126 deutschen Mitarbeitern in Texas die Arbeit wieder auf. 1955 erhielt er die US-Staatsbürgerschaft. Seine Raketen transportierten Satelliten in den Weltraum und wurden Prototypen für die Mittelstreckenraketen. In den 1960er-Jahren war er als NASA-Mitarbeiter maßgeblich an der Entwicklung des Apollo-Programms beteiligt und entwickelte federführend die Saturn-V-Rakete, die die ersten Menschen auf den Mond brachte. Weiter war er an der Raumstation »Skylab« beteiligt, bis er 1977 einem Krebsleiden erlag.

Franka Dietzsch (geb. 1968)

Erfolgreiche Diskuswerferin

Sie ist eine Frau der Extreme: ihr Kampfeswille, ihre Liste an Auszeichnungen, ihre Schuhgröße – alles mehr als außergewöhnlich. Doch nicht nur die äußere Erscheinung der 1,83 m großen blonden Hünin ist beeindruckend, sondern vor allem ihr Durchhaltewille. Als eine Meniskus-Operation anstand, schien ihre Karriere beendet, doch nur wenige Wochen danach meldete sie sich mit beeindruckenden Ergebnissen im Wettkampfgeschehen zurück.
Franka Dietzsch wurde in Wolgast geboren und verbrachte ihre Kindheit auf Usedom. Beim Verein ASG Koserow fand sie ihre erste sportliche Heimat, hier wurde ihr Talent erkannt und gefördert. Mit 18 holte sie sich bei der Junioren-WM die Silbermedaille und gehörte seitdem zu den sportlichen Hoffnungsträgern der DDR. In den 1990er-Jahren stand sie bei fast allen Meisterschaften auf dem Treppchen, wurde 1998 Europa- und 1999 Weltmeisterin. Ihre erste Olympiade bestritt sie 1992 und startete auch bei den folgenden drei Spielen, musste jedoch jedesmal ohne Medaille nach Hause fahren.

Bei der Leichtathletik-Weltmeisterschaft 2005 in Helsinki holte sie überlegen ihren zweiten WM-Titel: Insgesamt vier ihrer fünf Würfe hätten ihr zum Sieg gereicht. 2006 reichte es bei der Europameisterschaft »nur« für den zweiten Platz. Auf Peking 2008, wo sie als Favoritin galt, hatte Dietzsch wegen gesundheitlicher Probleme notgedrungen verzichten müssen.
Nächstes Ziel ist nun die WM 2009 in Berlin – und eine Teilnahme bei den Olympischen Spielen 2012 in London wird ebenfalls angepeilt. Die Ausnahmeathletin lebt in Neubrandenburg, wo sie beim SC Neubrandenburg trainiert und bei der Sparkasse ihrem Beruf als Industriekauffrau nachgeht.

Starke Frau: die Diskuswerferin Franka Dietzsch

Theodor Fontane (1819 – 1898)

Schriftsteller

Fontane gilt als einer der größten deutschen Romanciers. In Brandenburg findet man allerorten Verweise auf seine »Wanderungen durch die Mark Brandenburg« und auch auf Usedom stolpert man hier und dort über den »preußischsten der Realisten«. Kein Wunder, denn Theodor Fontane, in Neuruppin geboren, hat seine Kindheit in Swinemünde verbracht. Im Jahre 1827 kaufte der Vater die dortige Adler-Apotheke und bezog mit seiner Familie das stattliche Haus. Für den ältesten Sohn Theodor, begann eine erlebnisreiche Zeit, die er als 75-Jähriger in »Meine Kinderjahre« liebevoll beschreibt. Mit seinen Schilderungen der Umgebung zwischen Bollwerk und Strand, Torfmoor und Achterwasser, der Feste und der Bewohner der Stadt zeichnet er ein lebendiges Bild der damaligen Zeit.
Die unbeschwerten Kindertage endeten für Theodor 1832, als er zunächst auf das Gymnasium nach Neuruppin und ein Jahr später auf die Gewerbeschule nach Berlin geschickt wurde. Trotz weiter Reisen blieb er der Hauptstadt Preußens bis zu seinem Tod treu. Dort begann er 1836 eine Apothekerlehre, veröffentlichte aber gleichzeitig erste Gedichte in Zeitschriften. 1847 erhielt er die Approbation zum Apotheker, schlug sich jedoch lieber als Publizist durch. Er reiste mehrmals nach England, wo er 1855 bis 1859 als Berichterstatter für deutsche Zeitungen tätig war. Anschließend durchstreifte er die Mark Brandenburg und veröffentlichte seine Landesbeschreibungen in mehreren Bänden. In den Jahren 1870 bis 1890 arbeitete Fontane hauptsächlich als Theaterkritiker für die »Vossische Zeitung«. Erst im

fortgeschrittenen Alter begann er Romane und Erzählungen zu verfassen, darunter »Der Stechlin« oder »Effi Briest«. 1863 kehrte Fontane nochmals an die Schauplätze seiner Kindheit zurück. Jahre später verarbeitete er die alten und neuen Eindrücke in »Effi Briest«: Kessin, der Hauptschauplatz des Romans, trägt deutlich Züge von Swinemünde. Nur wenige Jahre blieben Fontane, um seine literarischen Erfolge zu genießen. Am 20. September 1898 starb er im Alter von 77 Jahren in Berlin.

Otto Niemeyer-Holstein (1896 – 1984)

Maler

Für seine Familie war er schlicht der »Käpten«, für die Usedomer Künstler der Mittelpunkt bei Malausflügen und Gesprächen, für seine Schüler der Mentor, doch er selbst sah sich stets als Suchenden. Ruhe und die zum Malen notwendige Atmosphäre fand der Maler Otto Niemeyer-Holstein auf Usedom. Als begeisterter Segler durchstreifte er die Ostseeküste und die Odermündung und fand am Achterwasser zwischen Koserow und Zempin ein Stück Brachland, das er 1933 kaufte. Hier entstand sein Gesamtkunstwerk »Lüttenort«.

1896 kam Otto Niemeyer als fünftes Kind eines angesehenen Kieler Professors für Völkerrecht auf die Welt. Er besuchte in Kiel die Schule und meldete sich als Abiturient 1914 als Kriegsfreiwilliger. Schon ein Jahr später erlitt er im Trommelfeuer vor Warschau einen psychischen Schock und wurde als Invalide entlassen. In den Schweizer Bergen therapierte er sich selbst durch Zeichnen und Malen. 1918 zog es ihn ins Tessin zur berühmten Künstlerkolonie auf dem **»Mon-**

Niemeyer-Holstein ist auf dem Friedhof in Benz bestattet.

te Verità«, wo er Alexej von Jawlensky und Marianne von Werefkin kennen lernte. 1919 stellte er erstmals eigene Werke aus. 1925 zog er nach Berlin, wurde Schüler von Willy Jaeckel und Arthur Segal, die ihn 1930 mit seinen späteren Malerfreunden Otto Manigk und Herbert Wegehaupt (►Baedeker Special S. 38) bekannt machten.
Der Kern der Usedomer Künstlergruppe fand zwar in Berlin zusammen, Usedom blieb jedoch Ort der Inspiration. Otto Manigk wohnte seit 1932 in Ückeritz und Otto Niemeyer-Holstein ließ 1933 mit einem ausrangierten Berliner S-Bahnwagen seine »Keimzelle« nach Usedom bringen. Nach dem Krieg waren seine Bilder in mehreren Ausstellungen zu sehen, doch 1953 geriet der Künstler zwischen die Fronten des kulturideologischen »Kunststreites« in der DDR. Seitdem lebte der Maler relativ zurückgezogen auf Usedom, seine Werke waren jedoch in zahlreichen Ausstellungen in Ost und West zu sehen. Seit dem 65. Geburtstag wurde er auch offiziell geehrt: Werkschauen, Monografien, ein Professorentitel und der 1974 verliehene Nationalpreis für Kunst zeugen davon. Von dem Preisgeld kaufte Niemeyer-Holstein die Benzer Windmühle, die er restaurieren und darin eine Künstlerwohnung einrichten ließ. Nach seinem Tod am 20. Februar 1984 wurde er auf dem Benzer Friedhof beigesetzt. »Lüttenort soll ein lütter Ort bleiben« lautet sein Vermächtnis.

Philipp Otto Runge (1777 – 1810)

Maler der Romantik

»Die Hülsenbeck'schen Kinder« gehört zu den bekanntesten Gemälden der deutschen Romantik. Wie der drei Jahre jüngere Caspar David Friedrich aus dem benachbarten Greifswald blieb auch der 1777 in Wolgast geborene Philipp Otto Runge seiner Heimat eng verbunden. Sein Elternhaus in der Kronwieckstraße 45, das heute ein Museum beherbergt, seine Eltern und zehn Geschwister bildeten seinen Lebensmittelpunkt. Davon zeugt auch sein Werk, das neben allegorischen Szenen, vor allem eindrückliche Porträts umfasst, unter denen die Kinderbildnisse zu den schönsten der Romantik zählen.

Als Kind litt er unter seiner schwachen Konstitution und musste oft das Haus hüten. So fand er die Zeit, sich im Zeichnen und im Scherenschnitt zu üben. Im Alter von 18 Jahren verließ Runge Wolgast, um in Hamburg in der Handelsfirma seines Bruders Daniel den Beruf des Kaufmanns zu erlernen. Im Kreis der Hamburger Freunde traf Runge Matthias Claudius, Klopstock und den Verleger Perthes. Sein Entschluss, Künstler zu werden, führte ihn 1799 für anderthalb Jahre nach Kopenhagen an die Kunstakademie. Von dort ging er 1801 nach Dresden, wo er im Dichter **Ludwig Tieck** seinen engsten Freund und mit Pauline Bassenge seine spätere Frau fand. 1803 begann Runge mit seinem Hauptwerk, dem vierteiligen Zyklus »Die Zeiten«, mit dem er sich bis zu seinem frühen Tod beschäftigte.

1804 heiratete er Pauline und zog mit ihr nach Hamburg. Dort entstanden auch die Kinderbildnisse des 1805 geborenen Sohnes Sigismund. 1806 verbrachte Runge die stürmischen Zeiten des Napoleonischen Kriegs bei seinen Eltern in Wolgast. Angeregt durch seinen Freund Tieck, schrieb Runge zwei Märchen seiner Heimat in plattdeutscher Fassung nieder: »Vom Fischer un syner Fru« sowie »Von dem Machandelboom«. Beide **Märchen** wurden von den Brüdern Grimm in ihre weltberühmte Sammlung deutscher Kinder- und Hausmärchen aufgenommen. Die unruhigen Jahre 1807 bis 1809 brachten wiederholt Krankheiten sowie die intensive Arbeit an der kunsttheoretischen Schrift »Farbkugel«, die 1810 im Perthes-Verlag erschien und auch Goethes Farbenlehre beeinflusste. Kurze Zeit später erkrankte Runge an Tuberkulose, der er am 2. Dezember 1810 erlag.

Hans Werner Richter (1908 – 1993)

Schriftsteller

Die Werke des Begründers der »Gruppe 47«, des bedeutendsten Literaturzirkels der Nachkriegszeit in der Bundesrepublik, verschwinden allmählich aus dem Buchhandel – Richter wird zu einem Fall für Germanisten. Doch in seinem Heimatort ► Bansin kann man noch auf seinen Spuren wandeln. Im ehemaligen Feuerwehrhaus zeigt ein Museum seine Bücherei, Kunstwerke aus dem Privatbesitz des Autors und das originalgetreu erhaltene Arbeitszimmer.

Am eindrücklichsten geben jedoch die Romane und Erzählungen Auskunft über sein Leben: 1908 kam er als Spross einer vielköpfigen Fischerfamilie bei Bansin auf die Welt. Seine Bansiner Geschichten »Blinder Alarm« berichten liebevoll-ironisch von seiner Kinderwelt und vom Alltag der »kleinen Leute«. Im Alter von 16 Jahren begann Richter in Swinemünde eine Buchhändlerlehre, nach deren Ende er 1928 in Berlin als Buchhändler arbeitete. Seine Jugendzeit beschreibt er in »Spuren im Sand«, das 1953 erschien. In Berlin trat er der KPD bei, aus der er als trotzkistischer Abweichler 1932 ausgeschlossen wurde. 1940 wurde er einberufen und geriet 1943 in amerikanische Kriegsgefangenschaft. Der Roman »Die Geschlagenen« gibt Zeugnis von dieser Zeit. Nach seiner Heimkehr aus den USA 1946 veröffentlichte er gemeinsam mit Alfred Andersch u. a. die Zeitschrift »Der Ruf«. Aus dem Umfeld dieser Zeitschrift entstand die legendäre »Gruppe 47«: Autoren, Kritiker, Verleger und Lektoren diskutierten bei den von Richter initiierten Treffen die sozialen und politischen Aufgaben von Literatur und trugen damit wesentlich zur kulturellen Nachkriegsentwicklung der Bundesrepublik bei. Später gründete er mit seiner Frau einen Reiterhof als Erholungsheim für Kinder, erhielt mehrere Ehrendoktorwürden und verfasste erfolg-

reich Romane, Essays und Kinderbücher.
Seiner Usedomer Heimat blieb er vor allem mit »Deutschland, deine Pommern« treu, doch auch in seinem letzten Buch »Reisen durch meine Zeit« berichtet er von der Insel. Hans Werner Richter verstarb im 1993 in München und liegt auf dem Bansiner Friedhof begraben.

! *Baedeker* TIPP

Auf Richters Spuren

Bei Spaziergängen durch Bansin kann man heute noch auf Menschen und Orte treffen, wie sie der Autor beschrieben hat. Ein Spaziergang könnte auch auf den Friedhof führen, der nahe dem Bahnhof an der B 111 außerhalb des Ortes liegt. Dort findet man rechts in der oberen Hälfte das schlichte Grab Richters.

Carola Stern (1925 – 2006)

Publizistin

Die zwei Leben der Carola Stern lassen sich erst im Alter vereinen – in ihrer Autobiografie »Doppelleben« beschreibt sie ihre persönlichen Um- und Irrwege. Die Ostexpertin der 1970er-Jahre, berüchtigte linke WDR-Journalistin und Mitbegründerin der deutschen Sektion von »Amnesty International« wurde als Erika Assmus 1925 in Ahlbeck geboren. Bald wuchs sie in nationalsozialistische Jugendorganisationen hinein und wurde eine begeisterte Jungmädelführerin, deren Welt mit der Zerstörung der Nachbarstadt Swinemünde zusammenbrach. Wenig später flüchtete sie mit der Mutter vor der Roten Armee, arbeitete dann aber als Bibliothekarin beim sowjetischen Raketenforschungsinstitut im Harz. Später besuchte sie das Lehrerseminar, anschließend die SED-Parteischule und schien auf dem besten Weg zur linientreuen Politfunktionärin. Zu diesem Zeitpunkt hatte sie jedoch schon der amerikanische Geheimdienst angeworben, den sie drei Jahre mit vergleichsweise belanglosen Informationen versorgte und dafür Lebensmittel und Medikamente für ihre kranke Mutter erhielt. Unmittelbar vor der Säuberungswelle von 1951 wechselte sie nach Westberlin, wo ihr die ungewohnten Freiheiten einer Demokratie zunächst schwer fielen.
Bis 1960 dauert die Phase der Orientierung, sie studierte, reiste, schrieb Artikel und Analysen, die unter dem Pseudonym Carola Stern erschienen. Dann arbeitete sie zehn Jahre als politische Lektorin beim Verlag Kiepenheuer & Witsch in Köln, bevor sie zum WDR wechselte. Internationale Menschenrechte, die Ostpolitik der SPD, Entspannungs- und Innenpolitik waren ihre Hauptthemen – sie setzte sich als Frau in der Männerdomäne des politischen Journalismus bald durch. Willy Brandt, Heinrich Böll und Günter Grass zählten zu ihren persönlichen Freunden. Mit 60 zog sie sich aus der Medienwelt zurück und verfasste mit Erfolg biografische Bücher über Dorothea Schlegel, Rahel Varnhagen, Bertolt Brecht und Helene Weigel, Fritzi Massary, über ihren Mann, einen verfolgten Kommunisten, aber auch über sich selbst. Im Januar 2006 verstarb Carola Stern; sie ist auf dem Friedhof von ►Benz beigesetzt.

317

Praktische Informationen

WO GIBT ES DIE SCHÖNSTEN FERIENANLAGEN UND WO DIE BESTEN STRÄNDE? WIE KOMME ICH VON EINEM ORT ZUM ANDEREN? UND WAS SIND DIE KULINARISCHEN SPEZIALITÄTEN DER REGION? LESEN SIE ES NACH, AM BESTEN SCHON VOR DER REISE!

Anreise · Vor der Reise

Mit dem Auto

Die Anreise **aus Richtung Hamburg** ist seit der Fertigstellung der Ostseeautobahn im Dezember 2005 äußerst komfortabel. Man folgt zunächst dem Verlauf der A 20 über Wismar und Rostock. Wer den Inselnorden zum Ziel hat, fährt ab dem Abzweig Gützkow über die B 111 und Wolgast auf die Insel. Sind der Süden und die Kaiserbäder das Ziel, reist man – falls die Verkehrslage nicht davon abrät – ab Abzweig Jarmen auf der B 110 über Anklam.

Urlauber **aus Richtung Berlin** nehmen zunächst die A 11 in Richtung Stettin und wechseln ab dem Dreieck Uckermark auf die A 20. Der Inselnorden wird wie oben beschrieben über die B 111 angefahren. Ist der Süden der Insel das Ziel, verlässt man bei Pasewalk Süd die Autobahn und folgt der B 109 bis hinter Anklam, wo dann die B 110 auf die Insel führt. Auch wenn die vielen Landstraßenkilometer abschrecken mögen: Der wesentlich längere Weg über die Autobahn bringt keinerlei Zeitersparnis.

! *Baedeker* TIPP

Achtung: Brücke

Wer Usedom auf dem Landweg erreichen will, muss über eine der beiden Brücken bei Wolgast oder Zecherin. Diese öffnen sich täglich mehrmals für den Schiffsverkehr, d. h. die Straße muss dann warten. Gerade während der Hochsaison empfiehlt es sich, dies bei der Reiseplanung zu berücksichtigen. Hinter den geöffneten Brückenflügeln staut sich der Verkehr häufig so schnell, dass man anschließend selbst für kurze Strecken über die Insel manchmal Stunden braucht.

Mit der Bahn

Mit der Bahn fährt man, egal aus welcher Richtung man kommt, bis Züssow. Dort steigt man um in die Usedomer Bäderbahn (UBB), die dann via Wolgast alle wichtigen Ziele Usedoms anfährt (►Verkehr).

Mit dem Flugzeug

In Zirchow befindet sich der regionale Flughafen Heringsdorf. Dieser wird während der Saison von einigen Städten aus angeflogen und ist auch für den privaten Flugverkehr offen.

Sportfliegern bietet der Flugplatz in Peenemünde mit einer Landebahn von 1300 m eine weitere Landealternative.

Mit dem Schiff

Wer Usedom mit dem eigenen Boot ansteuern möchte findet um die Insel herum zahlreiche Marinas. Über die Usedom Touristik GmbH kann man die Broschüre »Insel Usedom Maritim« mit genauen Angeboten der einzelnen Häfen beziehen (www.maritim.usedom.de).

Ausflug nach Polen

Personalpapiere

Besucher aus EU-Ländern benötigen für einen Aufenthalt in Polen einen gültigen Personalausweis. Kinder unter 16 Jahren brauchen, sofern sie nicht im Reisepass der Eltern eingetragen sind, einen eigenen Ausweis mit Lichtbild und Nationalitätenvermerk.

Währungseinheit in Polen ist der **Złoty** (1 € = 4,20 Złoty, 1 Złoty = 0,24 €). Die Ein- und Ausfuhr von polnischer Währung ist nicht gestattet; auch muss die Ein- und Ausfuhr von Devisen in Höhe von mehr als 5000 € angegeben werden. Ab 1.1.2009 gelten auch für Polen die allgemeinen EU-Bestimmungen, das heißt: Bei Wiedereinreise nach Deutschland dürfen 800 Zigaretten oder 400 Zigarillos oder 200 Zigarren oder 1 kg Rauchtabak eingeführt werden sowie 10 l Schnaps und 10 l alkoholhaltige Süßgetränke (Alkopops) und 20 l Zwischenerzeugnisse (z.B. Campari, Portwein, Sherry) und 90 l Wein (davon höchstens 60 l Schaumwein / Sekt) und 110 l Bier.

Das »Blaue Wunder« von Wolgast

BRÜCKENÖFFNUNGSZEITEN

▶ **Zecheriner Brücke (B 110)**
05.35 – 05.50 Uhr
09.00 – 09.15 Uhr
11.00 – 11.15 Uhr
16.00 – 16.15 Uhr
20.00 – 20.15 Uhr

▶ **Wolgaster Brücke (B 111)**
05.40 – 06.10 Uhr
07.40 – 08.10 Uhr
12.40 – 13.10 Uhr
16.40 – 17.10 Uhr
20.40 – 21.10 Uhr

BAHN

▶ **Usedomer Bäderbahn**
Tel. 03 83 78 / 2 71 32
www.ubb-online.com

▶ **Deutsche Bahn**
Reiseservice (www.diebahn.de)
Tel. 0 18 00 / 150 70 90
Autoreisezüge
(www.dbautozug.de)
Tel. 0 18 05 / 22 11 00

FLUGHÄFEN UND AIRLINES

▶ **Flughafen Heringsdorf**
Tel. 03 83 76 / 25 00
Fax 250 33
www.flughafen-heringsdorf.de

▶ **Lufthansa**
Tel. 018 05 / 83 84 26
www.lufthansa.com
Do. und So. ab Düsseldorf

▶ **OLT Ostfries. Lufttransport**
Tel. 0 49 21 / 899 20
www.olt.de
Sa. von Bremen, Frankfurt, München, Dortmund, Köln

▶ **LTS LuftTaxiService**
Tel. 0 33 41 / 31 22 76, Fax 31 13 39
www.lts-lufttaxi.de
Finden sich genügend Interessenten, fliegt der weltgrößte Doppeldecker, die Antonow AN-2, ab Berlin Straußberg an vier Tagen in der Woche auf die Insel Usedom.

Auskunft

ALLGEMEINES

▶ **Usedom Tourismus GmbH**
Tel. 03 83 78 / 47 71 10
(Information und Prospekte)
Tel. 018 05 / 58 37 83
(Buchungshotline)
www.usedom.de

▶ **Kaiserbäder Insel Usedom**
Dünenstr. 45
17419 Ahlbeck
Tel. 03 83 78 / 24 40
www.drei-kaiserbaeder.de
www.baederarchitektur.de

INTERNET

▶ **www.usedom.de**
Offizielle Website der Usedom Tourismus GmbH

▶ **www.usedom-aktuell.de**
Web-Portal des kostenlosen Veranstaltungsmagazins

▶ **Weitere Internetportale**
www.usedom.com
www.meer-usedom.de
www.insel-usedom.net
www.nun-usedom.de
www.info-usedom.net

Badeurlaub

Ostsee

Usedom verfügt über einen traumhaften, bis zu 60 m breiten **feinen Sandstrand**, der sehr flach ins Meer gleitet. Davon sind besonders Familien mit kleinen Kindern angetan, da sich die Küstenstreifen bei ruhiger See vor allem für Nichtschwimmer eignen. Da es sehr windig bis stürmisch werden kann, sind Strandkörbe sehr beliebt: Sie werden für etwa 6 € pro Tag vermietet. Aus Gründen des Küstenschutzes ist der Bau von Sandburgen in den Dünen verboten.
Im Bereich der Badeorte werden die Strandabschnitte in der Saison durch Rettungsschwimmer überwacht. Aus Sicherheitsgründen sollte nur dort gebadet werden. Von Mai bis September wird die **Badewasserqualität** alle 2 Wochen gemäß der EG-Richtlinien untersucht und vom Sozialministerium des Landes sowie vom ADAC und der Stiftung Warentest rund um Usedom mit gut bis sehr gut eingestuft.
In allen Seebädern gibt es ausgewiesene **Hundestrände**, da am öffentlichen Badestrand der Zutritt für Vierbeiner verboten ist.
Strandabschnitte für **FKK**-Anhänger sind ausgewiesen, ausgesprochene FKK-Campingplätze gibt es allerdings nicht.

i BADEVERBOT

- Badeverbot wird signalisiert, wenn zwei rote Korbbälle oder eine rote Fahne hochgezogen wurden. Ein Korbball oder eine gelbe Fahne bedeutet: Badeverbot für Kinder und Nichtschwimmer.

Badende an den öffentlichen Strandabschnitten sind gut behütet.

Wer Alternativen zu Strandtrubel oder Salzwasser sucht, kann sich an eine der vielen ruhigen Stellen an einem See oder am Achterwasser zurückziehen. Sehr schön und idyllisch sind u. a. die Plätzchen bei Quilitz, in Ziemitz, an den Krebsseen und am Wolgastsee.

Achterwasser und Binnenseen

Falls das Wetter einmal nicht mitspielen sollte, kann man in vielen Hotels und Ferienanlagen den Tag im Schwimmbad verbringen. Gute Adressen sind die beiden Thermen (►Wellness) oder das Lütower Ferienparadies (►Urlaub aktiv).

Schwimmbäder

Mit Behinderung unterwegs

Gute Voraussetzungen

Menschen mit Behinderungen sind auf Usedom willkommen. In den Kurverwaltungen kann man erfahren, welche Hotels über behindertengerechte Zimmer verfügen. Strandzugänge, die auch für Rollstuhlfahrer geeignet sind, gibt es in den meisten Orten, so in Karlshagen, Koserow, Kölpinsee, Zempin, Zinnowitz, Ückeritz, Bansin, Heringsdorf und Ahlbeck. Eine **Broschüre** mit Empfehlungen – besonders für Gäste, die in ihrer Mobilität eingeschränkt sind – erhält man beim Tourismusverband. Sie heißt »Handicapped. Reisen für mobilitätsbehinderte Menschen«.

Ausgewählte Empfehlungen

Auf Usedom kümmert sich das »Hotel & Restaurant Hanse-Kogge« in Koserow (►S. 155) ganz besonders um die Bedürfnisse behinderter Menschen. Neben einem Abholservice vom Wohnort verfügt das

WICHTIGE ORGANISATIONEN

▸ **Bundesarbeitsgemeinschaft der Clubs Behinderter und ihrer Freunde**
Langenmarckweg 21
51465 Bergisch Gladbach
Tel. 0 22 02 / 9 89 98 11
www.bagcbf.de

▸ **BSK-Reisedienst**
Altkrautheimer Str. 20
74238 Krautheim/Jagst
Tel. 0 62 94 / 42 81-0
www.bsk-ev.org

▸ **Verband aller Körperbehinderten Österreichs**
Schottenfeldgasse 29
A-1070 Wien
Tel. +43 / (0) 1 / 9 14 55 62
info@vakoe.at

▸ **Mobility International Schweiz (MIS)**
Froburgstr. 4
CH-4600 Olten
Tel. +41 / (0) 62 / 2 06 88 35
www.mis-ch.ch

Haus über speziell konstruierte Zimmer, die für Rollstuhlfahrer optimiert sind; die Ausstattung berücksichtigt nicht nur die Anforderungen diverser Körperbehinderungen, sondern auch die von Allergikern, Asthmatikern und Neurodermitikern.
Unter den Ferienhäusern sind die Achterland-Häuser in Krienke zu empfehlen, die besonders auf die Ansprüche mobilitätsbehinderter Menschen abgestimmt sind.

Essen und Trinken

Deftige Küche Die mecklenburgisch-vorpommersche Küche bietet deftig-würzige Hausmannskost. Ein **Erbe der Schwedenzeit** ist die Vorliebe für das Süß-Saure, und so findet man Rosinen in Blutwurst und Grünkohl, Honig und Backobst im Braten oder Äpfel im Schmalz. Die Lieblingsspeise der Einheimischen war laut dem Volksdichter Fritz Reuter Rindfleisch mit Rosinen. Als Festessen schätzt man einen Gänse- oder Entenbraten, gefüllt mit einer Mischung aus Schwarzbrot, Äpfeln und Backobst. Grünkohl mit Pökelfleisch war ein beliebter Sonntagsschmaus, ansonsten ernährte man sich hauptsächlich von dem was Felder und Gewässer hergaben.

Fischgerichte Gleichermaßen beliebt bei Köchen und Gästen ist die Vielfalt an Fischen. Es gibt auf Usedom nicht nur **Ostseefische** wie Hering, Flunder und Dorsch. Durch den Peenestrom, das Achterwasser und das Kleine Haff können auch **Süßwasserfische** wie Barsch, Zander, Karpfen und Hecht angeboten werden. Den meisten eher unbekannt ist der Hornfisch, auch Maifisch oder Maiaal genannt, der in spa-

nisch-portugiesischen Gewässern lebt und nur zum Laichen im Mai oder Juni an die Usedomer Küste kommt. Fisch aus dem Meer kommt meist geräuchert oder gebraten auf den Tisch. Auf den Speisekarten der Restaurants findet man oft gebratene Scholle, gekochten Dorsch oder sauren Aal, d h. Aal in Aspik.
Gekocht, gebraten oder in Butter gedünstet und mit einer Sauce aus Zucker, Senf und Zitrone serviert wird **der beliebteste Speisefisch der Ostsee**, der Hering (►Baedeker Special S. 58). Ein klassisches Gericht ist Salzhering mit Pellkartoffeln und »Schusterstippe«, einer Sauce aus Zwiebeln, Speck, Mehl und Zucker. Für Hering in Sahnesauce badet man den Fisch zwei Tage lang in Sahne, belegt ihn anschließend mit sauren Gurken und beträufelt ihn mit einer Mischung aus Sahne, Öl und Essig. Zu allen diesen Fischgerichten werden bevorzugt Pell- oder Bratkartoffeln gegessen.
Zu erwähnen sind auch die leckeren **Fischsuppen**. Die Rezepte sind sehr vielfältig, zur »Ahlbecker Fischsuppe« gehören Kartoffeln, Zwiebeln, Fischfilet, Weißkohl, Milch, Lorbeerblätter, Pfeffer und Salz. Mit etwas Dill garniert werden sie mit frischem Schwarzbrot serviert.

Wild

Da Usedoms Wälder als sehr wildreich gelten, wundert es nicht, dass oft Wildgerichte, v. a. Wildschwein und Hirsch, auf den Speisekarten zu finden sind.

Kartoffeln

Die Kartoffel spielt in der mecklenburgisch-vorpommernschen Küche ebenfalls eine zentrale Rolle. Über Jahrhunderte hinweg waren die Erdäpfel, hier auch **»Tüften«** genannt, eines der wichtigsten Grundnahrungsmittel, so dass es hier heute sehr variantenreiche

◄ weiter auf S. 60

So einfach wie gut: Geflügelleber im »Centrala« in Swinemünde

So wie er lebt, stirbt er auch: im Schwarm

SILBER DES MEERES

Reichtum brachte er den Insulanern nicht, doch über Jahrhunderte sicherte er ihnen das Überleben – der Hering. Wenn die silberglänzenden Fischschwärme vor Usedom auftauchen, freuen sich sowohl Fischer als auch Gourmets: Was früher ein Armeleuteessen war, steht heute auf den Speisekarten der Schlemmertempel.

Der Ostseehering ist zwar kleiner als seine atlantischen Artgenossen, doch wird er von Fischliebhabern besonders geschätzt. Er eignet sich gut zum Räuchern oder Einlegen und war – auf diese Art konserviert – im 19. Jahrhundert der **Verkaufsschlager der Küstenfischer**. Bis in den hintersten Winkel Deutschlands wurde der Ostseehering transportiert und deckte einen Großteil des inländischen Fischbedarfs. Nach den harten Wintern zog mit dem Frühjahr der Heringssegen in die Fischerhütten ein – auch heute noch tauchen regelmäßig Ende März bis Anfang April große Heringsschwärme vor Usedom auf. Sie ziehen zur Eiablage in die Boddengewässer entlang der Küste, so auch ins Achterwasser. Nach dem Laichen finden sich viele der zu dieser Zeit besonders fetthaltigen Fische in den Netzen der Fischer. Auch das Anglerglück der Petrijünger ist zu dieser Zeit besonders groß: Einige kommen alle Jahre wieder – man trifft alte Bekannte und tauscht beim Heringsfang die Angelerlebnisse des letzten Jahres aus. Auch heute noch macht in Mecklenburg-Vorpommern Hering, dessen **Hauptfangzeit** von Februar bis Mai ist, rund 60% des Fischfangs aus. Doch das »Silber des Meeres« lässt sich meist nur noch regional versilbern. Gegen die Konkurrenz der internationalen Hochseefischer kommen die Usedomer Kutter nicht an.

Bis auf den Teller …

legt der Hering einen langen Weg zurück: Nach dem Ablaichen entwickelt sich innerhalb von zwei Wochen eine winzige Larve, die ab einer Größe von 4 cm Schuppen ausbildet. Nach zwei bis drei Jahren haben die jungen Heringe eine Größe von rund 10 cm erreicht, zwischen drei und sieben Jahren werden sie geschlechtsreif und wandern dann mit dem Schwarm ins offene Meer.

Der **Ostseehering** wird bis zu 20 cm lang und bis zu 20 Jahre alt. Die Schwärme erreichen oft gigantische Ausmaße von mehreren tausend Tonnen. Die noch nicht laichreifen Jung-

Angebot und Nachfrage: Während der Fangzeit sind große Mengen des Fischs zu günstigen Preisen zu haben.

fische kennt man als zarte **Matjes**, die ebenso wie die noch nicht abgelaichten Vollheringe einen besonders hohen Fettgehalt aufweisen. Man fängt sie vorwiegend im Frühjahr, während den Rest des Jahres Leerheringe ins Netz gehen, wie man die Fische nach dem Laichen bezeichnet. Der Fang wird entweder frisch verkauft, geräuchert oder eingesalzen. In Koserow sind noch einige historische Salzhütten erhalten, in denen man sich über diese traditionelle Konservierungsmethode informieren und das Ergebnis vor Ort kosten kann. In Bansin bieten die **Fischräucherhütten** direkt am Strand frisch geräucherten Hering an: Im Rauch von Buchen-, Eichen- oder Erlenholz erhält der Fang das feine Aroma. Man unterscheidet die kaltgeräucherten Fische, die durch das Räuchern eine gebogene Form bekommen und die geraden heißgeräucherten. Als »grüne Heringe« bezeichnet man frische Fische, die gebraten oder gegrillt besonders gut schmecken.

Bismarck und Bückling

Wenn Hering genauso teuer wäre wie Hummer, dann gälte er auch als Delikatesse – so der **Reichskanzler** Otto von Bismarck, der sich außerhalb der Politik sowohl als Gourmet als auch als Gourmand einen Namen machte. Er konnte ungeheure Mengen essen und trinken und schätzte neben den Delikatessen der Staatsbankette vor allem die gute bodenständige Küche. Dazu gehörte für ihn auch der Hering in allen Variationen. Während der alljährlichen Usedomer **Heringswochen** im Frühjahr demonstrieren die Köche der Insel, welche kulinarischen Kunststücke man mit Hering auf den Teller zaubern kann: Neben **Kreationen** wie Heringspralinen oder gefüllten Heringen gehören Brathering oder Hering in pommerscher Sauce zu den Klassikern. Heringssalat oder Sahnehering zählen zwar wie der geräucherte Bückling oder Salzhering mit Pellkartoffeln zur Hausmannskost, doch Hering eignet sich auch als modernes Fingerfood: Der eingelegte Rollmops hilft nicht nur nach Silvestergelagen dem Magen. Die eiweißreichen Heringe sind besonders bekömmlich und mit diversen Marinaden – sozusagen als Ostsee-Sushi – auch zum rohen Verzehr geeignet.

Otto von Bismarck, der jahrzehntelang seinem Magen einiges zumutete, bekam von seinem Leibarzt schließlich eine besondere Kur verschrieben: Heringe. Das »Diät-Essen« macht seitdem als »Bismarckhering« Karriere. »Diese Heringe haben mich gesund gemacht«, bekannte der Namensgeber dieser urdeutschen Spezialität.

Kartoffelgerichte gibt. Eines davon heißt »Himmel und Erde«, bei dem man weich gekochte Kartoffeln zusammen mit gedünsteten Äpfeln zu einem Brei stampft. Usedoms Köche huldigen dem Potenzial der Kartoffel jedes Jahr im Herbst bei den »Tüftentagen«.

Getränke Die Usedomer und die Menschen in Mecklenburg-Vorpommern generell lieben nicht nur deftige Speisen, auch bei der Getränkeauswahl bewahren sie ihre Bodenständigkeit. Beliebte Getränke sind Bier, z. B. aus den heimischen Brauereien Lübz, Stralsund und Rostock, sowie der Köm, ein klarer Kümmelschnaps.

Ursprünglich ein Getränk der Seefahrer, hat der Grog längst seinen Landgang angetreten und schmeckt nicht nur zur Essenszeit, sondern wärmt auch nach einem winterlichen Spaziergang. Für einen ordentlichen Grog gibt man zwei Stücke Zucker in ein Glas, gießt es zur Hälfte mit Rum voll und füllt es dann mit heißem Wasser auf.

Restaurants Über die Insel verstreut gibt es eine Vielzahl empfehlenswerter Restaurants und Gasthöfe. Da diese in der Regel im Sommer jeden Tag geöffnet haben, gönnen sich einige im Winterhalbjahr 1 – 2 Ruhetage in der Woche oder sind ganz geschlossen. Im polnischen Inselteil schließen die Restaurants oft bereits um 22.00 Uhr.

Feiertage, Feste und Events

Über die aktuellen Veranstaltungen wie Seebrücken-, Sommer- und Hafenfeste, Vorträge, Ausstellungen etc. informieren Zeitungen und andere Veröffentlichungen vor Ort, beispielsweise das Inselmagazin »Usedom aktuell«, oder unter www.usedom.de.

VERANSTALTUNGSKALENDER

FEIERTAGE IN POLEN

1. Januar: Neujahr
März / April: Ostern
1. Mai: Tag der Arbeit
3. Mai: Tag der Verfassung
Mai / Juni: Fronleichnam
15. August: Mariä Himmelfahrt
1. November: Allerheiligen
11. Nov.: Unabhängigkeitstag
25. + 26. Dezember: Weihnachten

FEBRUAR

▸ **Usedomer Winterspektakel**
In Ahlbeck trifft man sich zum Eisbaden in der Ostsee, zum Teil in recht kreativen Outfits

FRÜHJAHR

▸ **Usedomer Heringswochen**
Allerlei Schmackhaftes aus dem »Silber der Ostsee« wird in den Restaurants und Gaststätten der Insel serviert.

▸ **Vineta-Osterspektakel**
Theaterspektakel zum Auftakt der Vineta-Saison an der Seebrücke von Zinnowitz

▶ **Usedom Baltic Fashion Guests**
Exklusives Modeevent in den Kaiserbädern (www.baltic-fashion-award.de)

▶ **Kaiserbäder-Pleinair**
»Malen am Meer«: Interessierte können den Künstlern bei der Entstehung ihrer Werke über die Schulter schauen

MAI

▶ **»Grand Schlemm«**
Ende Mai laden die feinsten Adressen der Insel, darunter das »Esplanade«, »Kulm-Eck« oder »Plonsky«, zum kulinarischen Strandspaziergang von Ahlbeck nach Bansin.

▶ **Internationales Kleinkunstfestival**
Zu Pfingsten wird Heringsdorf zur Bühne der Kleinkünstler. Man kann über den Kunsthandwerkermarkt bummeln, abends das »Varieté am Meer« besuchen und ein wunderschönes Feuerwerk genießen.

JUNI

▶ **Chapeau Rouge**
Buntes Programm im Theaterzelt in Heringsdorf (Juni bis Sept.)

▶ **Jazzfestival Usedom**
Ein kleines, aber sehr feines Jazz-Festival gastiert Anfang Juni im Heringsdorfer Bahnhof.

▶ **Vineta-Festspiele**
Tel. 0 39 71 / 20 89 25
www.vineta-festspiele.de
Open-Air-Spektakel, das den ganzen Sommer über gespielt wird.

▶ **Klassik am Meer**
www.klassik-am-meer.de
Das Ensemble aus Berliner Schauspielern gastiert während der Saison mit mehreren Stücken in der Koserower Kirche.

▶ **Wolgaster Orgelsommer**
In der Petri-Kirche gibt es den ganzen Sommer über Orgelkonzerte und weitere musikalische Leckerbissen.

Das Kleinkunstfestival gastiert auch vor der Ahlbecker Seebrücke.

JULI

▶ **Seebrücken- und Hafenfeste**
in Koserow, Bansin, Kölpinsee, Ückeritz, Kröslin und Ahlbeck

▶ **Heringsdorfer Kaisertage**
Mit Pferd und Wagen beehrte die »kaiserliche Familie« das Fest am ersten Juli-Wochenende; traditionell gibt es einen Kunsthandwerkermarkt und Darbietungen im Stil der 1920er- und 1930er-Jahre.

▶ **Ahlbecker Sommerfest**
In der letzten Juliwoche feiert das

Seebad mit seinen Gästen auf der Promenade und im ganzen Ort; u. a. Kunsthandwerkermarkt und Musikprogramm in der Konzertmuschel.

- **Baltic Resort Competition**
  Internat. Barkeeperwettbewerb

- **Töpfermarkt Morgenitz**
  am letzten Juli-Wochenende

AUGUST

- **Fischerfest Freest**
  Am ersten August-Wochenende laden die Fischer zum Fest mit Jahrmarkt, Fisch und Feuerwerk.

- **Usedom Beachcup**
  Ende Juli findet in Karlshagen das größte Beachvolleyball-Turnier der Welt statt

- **Tierparkfest**
  Zum Fest herrscht Markttrubel im Wolgaster Tierpark. Highlight ist das Taufen des Zoonachwuchses aus dem letzten Jahr.

SEPTEMBER

- **Kröslin Match-Race**
  Das Rennen von 12 Segelprofi-Teams auf Skippi-650-Booten wird von einem Volkfest begleitet; Anfang September in der Marina.

Usedomer Musikfestival in der Koserower Kirche

- **Promenadenfest**
  am ersten September-Wochenende in Heringsdorf

- **Usedom-Marathon**
  www.usedom-marathon.de
  Im polnischen Świnoujście startet der Insel-Marathon, der auf dem Festland in Wolgast endet.

- **Woche der Bäderarchitektur**
  Führungen, Ausstellungen und Vorträge in den drei Kaiserbädern

- **Seebrückenfest Zinnowitz**
  wird immer Ende September gefeiert.

OKTOBER / NOVEMBER

- **Usedomer Musikfestival**
  Von Kirchenmusik über Klassik bis Jazz: Neben dem Länderfokus auf einen Nachbarn im Ostseeraum sind viele Nachwuchsstars im Programm. Die Veranstaltungsorte verteilen sich über die ganze Insel; wohl am beeindruckendsten sind die Konzerte in der Turbinenhalle des Peenemünder Kraftwerks.

- **Usedom Baltic Fashion**
  Internationaler Modewettbewerb für DesignerInnen, die in den Anrainerstaaten der Ostsee leben und arbeiten; Verleihung des »Baltic Fashion Award«

- **Usedomer Wellness-Tage**
  Besondere Arrangements zum Wohlfühlen und Entspannen; zudem Sonderevents wie Beach Golfen oder Rekord im Wassertreten

Gesundheit

Ärztliche Hilfe

Über die aktuellen medizinischen Bereitschaftsdienste informieren die regionalen Tageszeitungen. Besitzer der Europäischen Krankenversicherungskarte erhalten von ihrer Krankenkasse die Kosten für ärztliche Leistungen in Polen ersetzt.

MEDIZINISCHE VERSORGUNG

NOTRUFNUMMERN

- **Kreiskrankenhaus Wolgast**
  Tel. 0 38 36 / 25 70
  www.kreiskrankenhaus-wolgast.de

- **In den Kaiserbädern**
  Tel. 08 00 / 2 45 23 25
  Kostenloser Notrufservice
  (Mo. – Fr. 8.00 – 18.00 Uhr)

APOTHEKEN

- **Ahlbeck**
  Marrson-Apotheke
  Seestr. 13
  Tel. 03 83 78 / 2 34 01

- **Bansin**
  Fontane-Apotheke
  Seestr. 4
  Tel. 03 83 78 / 3 19 49

- **Heringsdorf**
  Apotheke Heringsdorf
  Seestr. 40
  Tel. 03 83 78 / 25 90

- **Karlshagen**
  Möwen-Apotheke
  Strandstr. 30
  Tel. 03 83 71 / 2 02 47

- **Koserow**
  Vineta-Apotheke
  Schulstr. 1b
  Tel. 03 83 75 / 2 07 26

- **Usedom**
  Adler-Apotheke
  Markt 11
  Tel. 03 83 72 / 7 02 58

- **Wolgast**
  Stadt-Apotheke
  Lange Str. 7
  Tel. 0 38 36 / 20 23 05

- **Zinnowitz**
  Sertürner-Apotheke
  Neue Strandstr. 39
  Tel. 03 83 77 / 4 21 66

Mit Kindern unterwegs

Das Meer, das Meer…

Viel mehr brauchen Kinder für einen gelungen Urlaub eigentlich nicht. Noch dazu sind die Usedomer Ostseestrände sehr kinderfreundlich, da sie flach abfallend ins Meer führen, im Sand kaum spitze Überraschungen lauern und Strömung wie Gezeiten hier weniger stark ausfallen. Den Sommer über findet sich außerdem am

An den Promenaden gibt es immer wieder hübsche Spielplätze.

Strand fast eines jeden Seebades eine der bei Kindern immer beliebten Hüpfburgen. Auch bei der Gestaltung der Promenaden hat man auf Usedom an die Kinder gedacht; ab und an findet sich ein hübscher Spielplätze und auch so manche Großplastik lässt sich zum Spielzeug umfunktionieren.

Wenn das Wetter nichts »Meer« ist

Auch wenn Wetter oder Jahreszeit einen Badeausflug verhindern sollten, hat Usedom noch immer viel zu bieten. So lassen sich beim **Bernsteinsuchen** nach einer stürmischen Nacht, in der **Schmetterlingsfarm** von Trassenheide, beim Ausflug zum **Wisentgehege** bei Dargen oder beim Spähen nach einem **Seeadler** gemeinsam mit den Kindern die Schönheiten der Natur erleben, ebenso ein Eintauchen in die Unterwasserwelt mit der **Tauchgondel** in Zinnowitz.
Für einen **Ausflug ins Museum** ist Peenemünde die erste Adresse. Die »Phänomenta« spricht Kinder bereits durch das Bitte-Berühren-Konzept an, die hier ganz nebenbei auch etwas lernen. Gleich nebenan ist das Spielzeugmuseum zu finden. Wer kein Problem mit Militärtechnik hat, kann auch eine Besichtigung des im Hafen verankerten U-Boots in Betracht ziehen. Auf dem Peenemünder Flughafen gibt es außerdem eine Gokart-Bahn. Interessant sind auch das Muschelmuseum und die Sternwarte in Heringsdorf, die Modellbahnausstellung in Mölschow oder das Tropenhaus Bansin.
Als Aktivziele mit einer breiten Palette an Vergnügungen empfehlen sich die beiden **Thermen** aber auch der **Usedom-Park** in Trassenheide. Mut und Geschicklichkeit kann man im **Kletterwald** bei Ückeritz testen wie auch in der **Inline-Skateschule Usedom**. Für kreatives Ausleben lohnt ein Blick in das **Werkstattkurs-Programm** des Mölschower Kulturhofs.

Kino · Theater

THEATER

Die Blechbüchse – Das Gelbe Theater
Seestr. 8, Zinnowitz
Kartentelefon: 0 33 71 / 20 89 25
www.blechbuechse.de

Theaterzelt Chapeau Rouge
Strandpromenade, Heringsdorf
Kartentelefon: 0 33 71 / 20 89 25
www.chapeau-rouge.de

Vineta-Festspiele
Seestr. 8, Zinnowitz
Tel. 03 83 77 / 4 09 36
www.vineta.de
Open-Air-Spektakel im Sommer

Theater Anklam
Leipziger Allee 34, Anklam
Tel. 0 39 71 / 2 08 90
www.theater-anklam.de

KINOS

Ahlbeck
Dünenstr. 37
Tel. 03 83 78 / 3 03 45

Heringsdorf
Seebrücke
Tel. 03 83 78 / 3 24 14

Zinnowitz
Neue Strandstr. 20
Tel. 03 83 77 / 4 20 36

Autokino im Sommer
in Koserow (FKK Parkplatz an der B 111) und in Ahlbeck (Swinemünder Chaussee an der Grenze)

Sommerkino
in Trassenheide (Strandstraße) und in Zempin (Strandstraße)

AM ABEND

Atlantic Pub
Bansin, Strandpromenade 18

Usedomer Brauhaus
Heringsdorf, Platz des Friedens

Hühnerstall
Zinnowitz, Sportpark barge
(Oldies Night, Singlenacht etc.)

Bei den Vineta-Festspielen sollte man keine Hochkultur erwarten. Die Veranstaltung ist eher ein buntes Spektakel aus Tanz, Theater und Musik.

Literaturempfehlungen

Usedom und die Literatur

Burkhardt, Albert (Hrsg.): Vineta. Rostock 2001
Sagen und Märchen vom Ostseestrand, darunter auch die Geschichte der legendären Stadt Vineta

Grambow, Jürgen und Wolfgang Müns: Bernsteinhexe und Kaiserbäder. Lesen von Usedom. Rostock 1999
Nette Sammlungen mit Texten von Theodor Fontane bis Carola Stern

Meinhold, Wilhelm: Die Bernsteinhexe Maria Schweidler. Der interessanteste aller bekannten Hexenprozesse. Leipzig 2005
Schicksal der Pfarrerstochter Maria Schweidler, die während des Dreißigjährigen Krieges als Hexe verfolgt wurde (s. a. S. 40)

Usedom und die Kunst

Piltz, Georg und Constantin Beyer: Backsteingotik zwischen Lübeck und Wolgast. Würzburg 2003
Schöner Bildband, der dem Leser die Backsteinarchitektur näher vorstellt

Roscher, Achim: Otto Niemeyer-Holstein. Lebensbild mit Landschaft und Figuren. Berlin 2001
Interessante Biografie des Malers Otto Niemeyer-Holstein

Usedom und die Geschichte

Bode, Volkhard und Gerhard Kaiser: Raketenspuren. Peenemünde 1936 – 2000. Berlin 2004
Der Band dokumentiert die Peenemünder Raketengeschichte, die militärische Vergangenheit des Ortes und den Umgang damit heute.

Kuhlmann, Bernd: Eisenbahnen auf Usedom. Über Swinemünde nach Peenemünde. Düsseldorf 2005
Geschichte und Gegenwart des Usedomer Eisenbahnverkehrs anhand von Fotos, Dokumenten und sorgfältig recherchierten Texten

Buddée, Gisela und Heinz Teufel: Usedom. Eine Bildreise. Hamburg 2003
Kleiner wie netter Bildband; gut zur Einstimmung

Richter, Egon: Ahlbeck, Heringsdorf, Bansin. Die Usedomer Kaiserbäder. Schwerin 2003
Schöne Abbildungen und gute Texte, die die Entwicklung der Seeheilbäder beschreiben

! *Baedeker* TIPP

Jede Menge Tipps

Ein kleiner, engagierter Verlag gibt das ständig aktualisierte Kartenset »Insel Usedom Intim« heraus, dass in den meisten touristischen Einrichtungen der Insel erhältlich ist. Für wenig Geld bekommt man liebevoll gezeichnete Karten mit Rad- und Wandertouren angereichert mit Einkehrtipps, Wissenswertem und Anekdoten.

Post · Telekommunikation

Handynutzer aufgepasst!

Das Telefonieren mit dem Mobiltelefon ist generell kein Problem. Man sollte jedoch im grenznahen Gebiet ab und an ein Auge auf das Display werfen. Mobiltelefone suchen sich in der Regel automatisch das stärkste Netz – und das kann bereits im östlichen Ortsteil von Ahlbeck ein polnischer Anbieter sein. Bei ein- wie ausgehenden Telefonaten fallen dann empfindlich **hohe Roaming-Gebühren** an. Wer technisch etwas versiert ist, kann dies in den Einstellungen seines Telefons verhindern bzw. auf einen deutschen Anbieter wechseln. Für weniger begabte Nutzer hilft das Ausschalten des Handys.

Für Mediennutzer

Internetzugang steht mittlerweile den Gästen in vielen Hotels – oft auch per Wireless-LAN – zur Verfügung. Ein paar klassische **Internetcafés** sind aber ebenso auf der Insel zu finden.
Wer sich für das regionale Geschehen interessiert, hat die Wahl zwischen zwei **Tageszeitungen**, dem »Usedom-Kurier« und der »Ostsee-Zeitung«, die beide montags bis samstags erscheinen. Veranstaltunghinweise gibt das kostenlose **Veranstaltungsmagazin** »Usedom aktuell«.

TELEFON UND INTERNET

VORWAHLEN

- **nach Polen**
  Tel. (00 48)
- **von Polen nach Deutschland**
  Tel. (00 49)
- **von Polen nach Österreich**
  Tel. (00 43)
- **von Polen in die Schweiz**
  Tel. (00 41)

NOTRUFE

- **in Deutschland**
  Polizei: Tel. 110
  Feuerwehr, Rettungsdienst:
  Tel. 112
  Ärztliche Hilfe: ►Gesundheit
  Pannennotruf des ADAC:
  Tel. 0 18 02 / 22 22 22
- **in Polen**
  Polizei: Tel. 997
  Feuerwehr: 998
  Notarzt: Tel. 999

INTERNET-CAFÉS

- **Heringsdorf**
  Kaiserbäder-i-Café
  Seestr.17
  Tel. 03 83 78 / 3 30 86
  www.kaiserbaeder-i-cafe.de
- **Koserow**
  Internet-Café Nautic
  Triftweg 4 (im Hotel Nautic)
  Tel. 03 83 75 / 25 50
- **Zinnowitz**
  Internet-Café
  Neue Strandstr. 16
  Tel. 03 83 77 / 3 98 90
  www.pc-pension.de

Preise und Vergünstigungen

Wie die Kaiser? Je nach Wahl des Urlaubsortes gestaltet sich häufig auch der Preis. Urlaub am Meer – das müssen nicht unbedingt die drei »Kaiserbäder« am östlichen Ende der Strandlinie sein. Dort ist zwar das Nachtleben lebendiger und das kulturelle wie kulinarische Angebot vielfältiger, doch die Preise sind – im Vergleich zum Rest der Insel – meistens fürstlich. In den »Bernsteinbädern« im mittleren Küstenteil weilten die Reichen und Schönen bereits früher wesentlich seltener. Auch heute ist der Sommerurlaub hier günstiger als in den »adeligen« Nachbarbädern. Gleiches gilt für die nördlichen Orte Zinnowitz, Trassenheide, Karlshagen oder Peenemünde.

Je weiter man vom Strand weg wohnt, umso preiswerter wird der Urlaub. Das Achterland bietet sich deshalb für alle an, die auf ihr Budget achten müssen. Nicht nur die Übernachtungen sind hier günstiger, sondern auch die Restaurants. In der Regel kommt man mit dem Rad noch recht bequem an den Strand. Für den fehlenden Seebadtrubel wird man hier mit absoluter Stille und ländlicher Idylle entschädigt.

Unschlagbar günstig sind letztendlich die Angebote im polnischen Teil der Insel.

Kurtaxe In allen Badeorten wird eine Kurtaxe gemäß der jeweiligen Verordnung erhoben. Die Höhe ist von Ort zu Ort unterschiedlich. Sie beträgt in der Hauptsaison ca. 2,30 € / Tag. Viele Hotels buchen für Sie den Betrag gleich beim Einchecken ab. Sie kann aber auch in den Tourist-Informationen und an speziellen Automaten an den Strandzugängen bezahlt werden. Die Bezahl-Quittung sollte man dann bei sich führen, da stichprobenartig Kontrollen durchgeführt werden.

WAS KOSTET WIEVIEL?

Doppelzimmer
ca. 75 €

Einfache Mahlzeit
ab 6 €

Tasse Kaffee
1,50 €

Ein Bier (0,3 l)
1,75 €

Reisezeit

»Sonneninsel Usedom«

Die Insel darf sich zu Recht mit dem Etikett der sonnenreichsten Region Deutschlands schmücken. Die statistische Abteilung des Deutschen Wetterdienstes untermauert eindrucksvoll, dass dieser Superlativ keinesfalls ein Produkt mythischer Überhöhung durch regionale Fremdenverkehrsverbände ist. Im Zeitraum von 1961 bis 1990 wurden für Zinnowitz durchschnittlich 1917 Sonnenstunden pro Jahr ermittelt, soviel wie in keiner anderen Region Deutschlands. Dass man hier während der Monate Mai, Juni, Juli knapp eine Stunde mehr Tageslicht zur Verfügung hat als etwa im südlich gelegenen Breisgau, kann diesen Rekord nicht mindern.

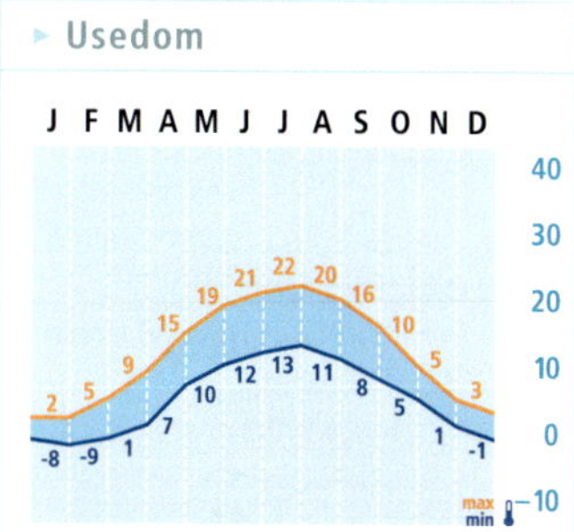

17	15	12	14	12	13	15	14	15	15	15	16	T/Mon
2	2	4	6	9	9	8	7	6	4	2	1	Std/Tag
3	2	3	5	8	13	16	17	15	11	8	5	in °C

Usedom ist auch deshalb das ganze Jahr über ein Reiseziel. Sehr reizvoll ist die Insel im Frühjahr und im Herbst, aber auch der Winter hat seine schönen Seiten. In der Nebensaison locken die Hoteliers zudem mit attraktiven Sonderangeboten. Über Weihnachten und Neujahr sowie über Ostern und Pfingsten sollte man dagegen auf jeden Fall vorbuchen.

Gesundes Reizklima

Das Wetter an der Küste ist durch eine große Dynamik gekennzeichnet, was dem Aufeinandertreffen von Meer und Landmasse geschuldet ist. Selbst bei massiven Schlechtwetterlagen kann es an der Küstenlinie immer wieder zu längeren sonnigen Abschnitten kommen. Usedom profitiert zudem von seiner östlichen Lage. Der gebührende Abstand zum Atlantik beschert der Insel häufig stabile Schönwetterperioden unter dem Einfluss sommerlicher Kontinentalhochs. Das etwas westlicher gelegene Kap Arkona auf Rügen gelangt bereits häufiger in den Einflussbereich atlantischer Tiefs, weshalb die Sonne dort »nur« an 1805 Stunden im Jahr scheint.

Durchschnittlich regnet es an neun Tagen im Monat, doch die Niederschlagsmenge ist mit rund 50 mm / m² im Monatsdurchschnitt eher niedrig. Usedom bietet ein ausgesprochen gesundes Reizklima. Die **Temperaturen** sind gemäßigt: Im Juni, Juli und August klettert das Thermometer täglich auf über 20° C. Wenn es heißer wird, sorgen eine frische Seebrise und das Meerwasser mit 17° C für angenehme Abkühlung. Während der September noch angenehm warm sein kann, ist der Mai meist recht kühl; die Wassertemperatur liegt bei 9 °C. Noch im März und April erreicht das Thermometer eher winterliche Temperaturen. In den langen Wintern mit windigem – selten stürmischem – Wetter sind Dauerfröste eher selten.

Schiffstouren · Wassersport

Für Sportler wie für Ausflügler

Ein besonderes Potenzial der Insel stellen die sie umgebenden Wasser dar. Diese bieten ideale Bedingungen für fast alle **Wassersportarten**. So kann man auf Usedom an einem Surf- oder Segelkurs genauso teilnehmen wie an einer geführten Kanutour. Weniger sportlich, aber nicht minder schön ist es, sich ein Ruderboot zu leihen und über den Wolgastsee zu paddeln.

Ein Ausflug auf dem Wasser gehört fast zum Standardrepertoire eines Usedombesuchs. Ob Achterwasser oder Ostsee: Mit den vielfältigen Angeboten der **Reedereien** geht das, auch ohne selbst aktiv werden zu müssen. Wenn man sich für eine Reise nach Rügen oder nach Polen entscheidet (► S. 92), kann die Seefahrt sogar mehrere Stunden dauern. Will man dagegen nur mal kurz aufs Meer raus, schippert man einfach mit den Adler-Schiffen entlang der Usedomer Küstenlinie von einer Seebrücke zur nächsten.

! *Baedeker* TIPP

Wie die alten Fischer

Seit Ende des 15. Jh.s kamen in der Küstenschifferei so genannte Zeesenboote zum Einsatz. Die »Romantik«, eine der letzten ihrer Art, bricht vom Usedomer Hafen auf zu einem eineinhalbstündigen Segeltörn über das Stettiner Haff. Den alten »Kahn« steuert dabei die junge, sympathische Skipperin Rika Harder (Tel. 0173 / 6 07 97 68, www.zeesenboot.de).

AUSFLÜGE AUF DEM WASSER

REEDEREIEN

► **Apollo-Reederei**
Tel. 03 83 71 / 2 08 29
www.schifffahrt-usedom.de
Fahrten zu den Inseln Greifswalder Oie und Ruden

► **Ückeritzer Personenschifffahrt**
Tel. 0171 / 6 51 47 69,
03 83 75 / 2 03 29
www.ms-astor.de
Achterwasser- und Peenestromrundfahrten; Abfahrt ab Zinnowitz, Stagnieß und Karlshagen

► **Adler-Schiffe**
Tel. 03 83 78 / 4 77 90
www.adler-schiffe.de
Seebrückenfahrten, Ausflüge nach Rügen und Polen

FÜR WASSERSPORTLER

► **Kanuhof**
Dorfstr. 46,
Spandowerhagen (bei Freest)
Tel. 03 83 70 / 2 06 65
www.kanuhof-spandowerhagen.de
Kanuverleih und Touren

► **Rudersportverein e. V.**
Am Fährbahnhof 2, Wolgast
Tel. 0 38 36 / 20 50 05

► **Segel- und Surfschule Ückeritz**
Am Achterwasser
Tel. 03 83 75 / 2 06 41 , Fax 2 06 41
www.windsport-usedom.de
Kurse, Verleih von fast allem, Shop und das Café »Knatter« zum Klönen. Anfänger werden im Flachwasserrevier glücklich.

Die Adler-Schiffe sind allgegenwärtige Gäste an den Seebrücken.

- **Kanustation Anklam**
  Werftstr. 6, Anklam
  Tel. 0 39 71 / 24 28 39
  www.kanustation-anklam.de
  Der Kanuverleiher bietet auch geführte Touren an.

- **Segelschule Rückenwind**
  Hafenstr. 6a, Wolgast
  Tel. 0 38 36 / 60 00 13, Fax 23 47 50
  www.segelschule-rueckenwind.de
  Den Segelschein gibts bereits nach einwöchigem Kompaktkurs; außerdem spezielle Angebote für Frauen und Kinder.

- **Sportstrand**
  Zeltplatz Dünencamp
  Zeltplatzstr. 3, Karlshagen
  Tel. 03 83 71 / 5 57 70,
  0174 / 3 01 56 50
  www.sportstrand-usedom.de
  Diverse Angebote von Segeln, Surfen und Kiten bis zu Wasserski und Banana Riding

- **Segel- und Surfschule Sail Away**
  Tulpenweg 9, Zinnowitz
  Tel. 03 83 77 / 3 60 18, Fax 35 58 90
  www.sail-away-usedom.de
  Schulungen und Verleih für Katamarane, Jollen, Surfzubehör und Kanus

BOOTSVERLEIHE

- **Bansin**
  Angelparadies Labahn
  Dorfstr. 3b, Neu Sallenthin
  Tel. 03 83 78 / 3 15 87

- **Heringsdorf**
  Wassersportzentrum Erdmann
  Rudolf-Breitscheid-Str. 7
  Tel. 03 83 78 / 3 16 78
  www.pension-erdmann.de
  Motor- und Tretboote, Jetski

- **Kölpinsee · Loddin**
  Bootsverleih Marlies Behn
  Gerhard-Hauptmann-Str. 1
  Tel. 03 83 75 / 2 07 37
  Kein Bootsverleih, dafür Yacht-Charter

  Kiki's Bootsverleih
  Am Achterwasser, Loddin
  Tel. 03 83 75 / 2 08 02

► **Korswandt**
Bootsverleih Becker
Am Wolgastsee 52
Tel. 03 83 78 / 3 18 60

► **Koserow**
Angel- und Bootsausrüster Henze
Hauptstr. 16
03 83 75 / 2 47 51
info@angel-und-boot.de
Verleih von Ruderbooten für den Kölpinsee

► **Lieper Winkel**
Sommercafé
Am Hafen 2, Rankwitz
Tel. 03 83 72 / 7 38 00
Kanu, Kanadier und Kajaks, Wasser- und Jetski, Ruder- und Angelboote

► **Ückeritz**
Bootsverleih Daniel Awe
Tel. 0172 / 3 81 10 55
Motor- und Ruderboote für Fahrten auf dem Achterwasser

► **Usedom (Stadt)**
Bootsverleih Detlef Stürmer
Zum Borken 6, Mönchow
Tel. 03 83 72 / 7 18 06,
0172 / 7 55 73 36
Kanus, Ruder- und Motorboote

► **Wolgast**
Charter-Agentur Rückenwind
Tel. 0 38 36 / 23 47 51
www.rueckenwind-charter.de
Sowohl Segelyachten als auch Motorboote verschiedener Größen für Achterwasser und Ostsee

Shopping

Tipps für die Souvenirsuche

Der einfachste Weg zu einem Mitbringsel ist der Gang in einen der unzähligen Souvenirläden: Hier findet man alles von der Seemannsmütze über Buddelschiffe bis zum Bernstein. Auf letzteren hat sich der Bernsteinbasar (►Kölpinsee) spezialisiert. Usedomer Instititutionen des Kunsthandwerks sind der Keramikhof (► Morgenitz) und der Kulturhof (► Trassenheide). Die traditionellen Fischerteppiche kauft man in ►Freest. Ein beliebtes Shoppingziel ist auch der Grenzmarkt in ►Swinemünde. Wer nach Antiquitäten sucht, findet in Usedom (Stadt) gleich drei entsprechende Händler. Ein passendes Mitbringsel kann auch der Strandkorb für zu Hause sein (►S. 137). Und auch der hervorragende Usedomer Räucherfisch weckt kulinarische Urlaubserinnerungen; gute Qualität bekommt man in den Fischräuchereien in Freest, Koserow oder Rankwitz (siehe dort).

! *Baedeker* TIPP

Köstlicher Käse

Fährt man von Stolpe in Richtung Usedomer See, kommt man in das Örtchen Welzin. Hier sollte man unbedingt in der Schaukäserei von Steffen Schultze vorbeischauen. Im Einmannbetrieb produziert er alle drei Tage auf traditionelle Weise Käse aus der Bio-Milch des Nachbarn (Termin erfragen: Tel. 03 83 72 / 7 61 39). Zum Schauen gibt es aber immer etwas und zu kaufen sowieso (Öffnungszeiten: Mo. – Sa. 10.00 – 18.00 Uhr, So. 13.00 – 18.00 Uhr)!

Neben den landesüblichen Öffnungszeiten gilt in den Seebädern die so genannte **Bäderregelung**, d. h. von Februar bis November dürfen Geschäfte hier auch sonn- und feiertags von 12.00 bis 18.30 Uhr öffnen. In Swinemünde und Misdroy haben die Läden meist werktags 10.00 – 18.00 und samstags bis 13.00 Uhr geöffnet.

Öffnungszeiten

SHOPPING-ADRESSEN

KUNST & KUNSTHANDWERK

► **Bannemin**
Holzgestaltung Schumacher
Zinnowitzer Str. 10
Tel. 03 83 77 / 4 02 19
Galerie, Werkstatt; auch Keramik

► **Heringsdorf**
Kunstpavillon
Westpromenade Richtung Bansin
Verkaufsausstellungen in einem gläsernen Promenaden-Rundbau

FISCH

► **Fischhandlung Schulz**
Seestr. 12, Ahlbeck
Tel. 03 83 78 / 2 83 60
Frisches aus Meer und Bodden

► **Ehmkes Fischfang & Handel**
Am Hafen 6, Karlshagen
Tel. 03 83 71 / 5 57 47
Neben frischem und geräuchertem Fisch zum Mitnehmen gibt es Snacks im Bistro.

SOUVENIRS

► **Antiquitäten & Lebensart**
Swinemünder Str. 68, Usedom
Tel. 03 83 72 / 7 05 69
Antiquarisches, Antiquitäten, Landhausmöbel, Whisky, Kuchen

► **Licht & Meer**
Dünenstr. 40, Ahlbeck
Tel. 03 83 78 / 3 33 66
Exklusive Leuchten, Accessoires und Souvenirs

► **Strandgut**
Seestr. 3, Bansin
Tel. 03 83 78 / 3 33 67
Geschmackvolle Souvenirs, allerlei Sanddornprodukte

► **Lutter & Wegner**
Kulmstr. 3, Heringsdorf
Tel. 03 83 78 / 2 21 25
Filiale des Berliner Traditionshauses mit Weinhandlung, lukullischen Spezialitäten und Bistro

► **Maison Vogue**
Delbrückstr. 5, Heringsdorf
Tel. 03 83 78 / 2 27 10
Die Nobelboutique im hübschesten Gebäude Heringsdorfs, der Villa Oechsler, präsentiert Mode der Top-Designer.

Historische Grüße an die Daheimgebliebenen

Übernachten

Kaum Wünsche offen

Ob eine Villa im Stil der Bäderarchitektur oder eine einfache Ferienwohnung: Das Angebot an Hotels und Ferienwohnungen auf Usedom ist überaus vielfältig. Zudem haben viele Häuser in den letzten Jahren in ihre Wellnessmöglichkeiten investiert, so dass sich die Insel auch auf diesem Gebiet auf höchstem Niveau präsentiert.

Den größten Zuspruch erlebt Usedom in den Sommermonaten, weshalb die Preise dann auch entsprechend hoch sind. In den Monaten November bis März sinken diese etwa um 30 bis 50 %, von April bis Mai bekommt man Hotelzimmer um ca. 15 bis 25% ermäßigt. Zu allen Jahreszeiten bieten die Hotels auch Sonderarrangements an.

Bei der **Zimmervermittlung** kann man sich an die Touristeninformationen in den einzelnen Orten wenden; es lohnt aber auch, sich die Angebote der privaten Vermittler anzusehen.

Bei Campingfreunden ist die Insel Usedom seit jeher beliebt. In der Region gibt es zwölf **Campingplätze**, davon sieben im Küstenbereich. Genauere Informationen erhält man bei den Tourismusverbänden.

UNTERKÜNFTE UND CAMPINGPLÄTZE

PRIVATE FERIENWOHNUNGEN UND -ZIMMER

▶ **Bäder-Tourist**
Dünenstr. 10a (Zinnowitz)
Hauptstr. 16 (Karlshagen)
Hauptstr. 11 (Koserow)
Tel. 03 83 77 / 4 08 07, Fax 4 15 14
www.baeder-tourist.de
Großer Anbieter mit drei Filialen, im Angebot sind Ferienwohnungen, -zimmer und Häuser auf ganz Usedom.

▶ **Usedom Tourist**
Sölvesborger Str. 2, Wolgast
Tel. 0 38 36 / 26 13 14, Fax 26 13 94
www.usedomtourist.de
150 Ferienwohnungen, Bungalows, Appartements und Ferienhäuser

▶ **Zimmervermittlung Siegfried Miller**
Bahnhofstr. 20, Trassenheide
Tel. 03 83 71 / 2 09 97

▶ **Zimmervermittlung Strand 18**
Strandstr. 18, Karlshagen
Tel. 03 83 71 / 25 62 40
Fax 25 63 41
24-Stunden-Hotline:
Tel. 0 18 05 / 0 60 34 72 61 49
www.strand18.de
Anlagen mit Ferienwohnungen in Karlshagen und Zinnowitz.

▶ **Usedom-Paradies**
Gartenstr. 42, Karlshagen
Tel. 03 83 71 / 231 10,
Fax 2 31 50
www.usedom-paradies.de
Ferienwohnungen in Karlshagen, Zinnowitz und Zempin

▶ **Christian Schuldt Immobilien**
Seestr. 1, Ahlbeck
Tel. 03 83 78 / 8 06 13, Fax 8 06 27
www.christian-schuldt-csi.de
Spezialisiert auf Ferienwohnungen in den Kaiserbädern, viele davon in alten Villen

▸ **Vermietungsservice Sass**
Tel. 03 83 78 / 3 37 45, Fax 3 38 78
www.usedom-kaiserbaeder.de
Vermittlung von 4- und 5-Sterne-Wohnungen in Ahlbeck, Heringsdorf (darunter drei Art & Design-Appartements in der Villa Hintze), Trassenheide und Karlshagen

▸ **ALCA Ferienwohnungsvermietung**
Tel. 03 83 78 / 640, Fax 6 41 99
www.kaiservillen.de
Spezialisiert auf Wohnungen in prominenten Heringsdorfer Lagen. Auch die durch den Aufenthalt Lyonel Feiningers berühmt gewordene Villa Oppenheim ist im Angebot.

AUSGEWÄHLTE FERIENANLAGEN

▸ **Ahlbeck**
Insel-Paradies Ferienwohnungen
Dünenstr. 46
Tel. 03 83 78 / 33 57 80,
Fax 3 35 78 25
www.inselparadies.kaiserbaeder.de
Vier-Sterne-Anlage; 2 Villen mit 17 Ferienwohnungen für bis zu 7 Personen direkt an der Strandpromenade

▸ **Bansin**
Usedomer Ferienhaus-Vermietung
Am Schloonsee 1
03 83 78 / 23 10, Fax 2 31 14
www.ufer-boehm.de
Diverse Objekte in Bansin und Sellin, darunter auch eine ökologische Ferienanlage mit 29 gemütlichen skandinavischen Holzhäusern am Schloonsee

▸ **Gnitz**
Ferienparadies Lütow
Tel. 03 83 77 / 49 30, Fax 4 93 17 44
www.ferien-paradies.de
Doppelhaushälften und Ferienwohnungen (bis zu 5 Pers.) auf einem großen Wald- und Rasengrundstück; Restaurant, Beauty-Center, Tennisplätze und ein Hallenschwimmbad

▸ **Heringsdorf**
Panorama Galerie
Maxim-Gorki-Str. 37
Tel. 0 54 07 / 3 06 39, Fax 3 01 67
www.marinar.kaiserbaeder.de
Fünf moderne Ferienwohnungen für 2 Pers. in der obersten Etage des Apartmenthauses »Forum Marinar« mit freiem Blick über die Ostsee

! *Baedeker* TIPP

Luxuriöse Stille

In der Ruhe des Lieper Winkels am Ortsrand von Krienke liegen vier sehr schöne Ferienhäuser mit eigenem natürlichen Badeteich. Der selbe Anbieter offeriert auch ein wunderschönes, ökologisch gebautes Fachwerkhaus im 38-Seelen-Dorf Grüssow. Bis zu 12 Personen stehen in der geschmackvoll ausgestatteten Luxusanlage u. a. drei Bäder und eine Saunalandschaft zur Verfügung: Achterlandhaus, Dorfstr. 22 (Krienke), Tel. 030 / 20 45 85 34, Fax 20 45 85 35, www.achterlandhaus.de

Residenz Bleichröder
Delbrückstr. 14
Tel. 03 83 78 / 36 20, Fax 3 62 20
www.residenz-bleichroeder.m-vp.de
Berühmte Villa mit 11 luxuriösen Doppelzimmern und 4 Appartements in einer parkähnlichen Gartenanlage mit historischem Rosengarten, Hallenbad, Sauna

Upstalsboom Ferienwohnungen im Strand Park
Maxim-Gorki-Str. 58
Tel. 03 83 78 / 2 22 35,
Fax 0 49 21 / 89 97 62 40
www.upstalsboom.de
Unmittelbar am Strand gelegene, komfortabel ausgestattete Ferienwohnungen für (2–6 Pers.) mit Sauna, Solarium, Waschmaschine

▶ **Koserow**
Treff Ferienpark
Siemensstraße
Tel. 03 83 75 / 5 50, Fax 5 51 00
www.treff-ferienpark.de
Am Steilufer des Streckelsberges gelegen, eingebettet in den Küstenwald; sechs skandinavische Ferienhäuser mit 67 komfortablen Wohnungen (2 – 8 Pers.); Sauna, Hallenbad und Tennisplatz

▶ **Lieper Winkel**
Zum Storchennest
Ballitzer Weg 2–3, Reestow
Tel. 0 29 43 / 35 14, Fax 75 72
www.middeke-usedom.de
Ferienwohnungen (2–6 Pers.) mit Sauna, Solarium, Whirlpool

Residenz am Gutshaus
17406 Dewichow (3 km entf.)
Tel. 03 83 77 / 7 10, Fax 7 12 00
www.residenz-am-gutshaus.de
Idyllisch gelegene Apartmentanlage sowie ein Ferienhaus direkt am Krienker See

▶ **Neppermin**
Ferienanlage Haus Cosim
(im Ortsteil Balm)
Tel. 03 83 79 / 2 03 05,
0171 / 7 71 37 62
Ideal für Familien (26 Bungalows und Finnhütten).

▶ **Peenemünde**
Residenz »Am Peeneplatz 4-5«
Tel. 03 83 71 / 555 28, Fax 555 29
www.residenz-peeneplatz usedom.de
Direkt an der Peene gelegen, mit Grill- und Spielplatz (15 Apartments, 7 Ferienwohnungen)

▶ **Zempin**
Inselhof
Dorfstr. 61
Tel. 03 83 77 / 427 49
www.inselhof.de
Ferienpark am Achterwasser (71 Nichtraucher-Apartments)

JUGENDHERBERGE

▶ **Jugendherberge Heringsdorf**
Puschkinstr. 7–9
Tel. 03 83 78 / 2 23 25, Fax 3 23 01
www.jh-heringsdorf.de
Eine der schönsten Jugendherbergen überhaupt, in einer alten Villa direkt an der Strandpromenade gelegen

CAMPINGPLÄTZE

▶ **Bansin**
KDK Camping Bansin
Strandpromende 36
Tel. 03 83 78 / 2 92 48
300 m vom Strand im Küstenwald gelegen; 80 Stellplätze (auch für Wohnmobile und Caravans); geöffnet: April bis Oktober

Angelparadies Krebssee
An den Krebsseen 8
Neu Sallenthin

Camping hat seit dem Boom zu DDR-Zeiten Tradition. Es gibt eine große Auswahl an Plätzen, die bestens ausgestattet sind. In der Saison sollte man trotzdem unbedingt vorher buchen.

Tel. 03 83 78 / 3 15 87,
0173 / 4 54 05 53
www.krebssee.de
Am Großen Krebssee (2 km nach Bansin, 3 km an die Ostsee); geöffnet: April bis Okt.

Karlshagen
»Dünencamp«
Zeltplatzstraße
Tel. 03 83 71 / 2 02 91, Fax 2 03 10
www.karlshagen.de
Fünf-Sterne-Platz mit 350 Stellflächen im Küstenwald direkt am Strand; ganzjährig geöffnet

Korswandt
Campingplatz Korswandt
Hauptstraße
Tel. 03 83 78 / 2 21 10, Fax 4 79 87
Wiesenplatz mit 150 Stellflächen und 6 Bungalows zwischen Wolgast- und Gothensee; geöffnet: Ostern bis Oktober

Koserow
»Am Sandfeld«
Am Sandfeld 5
Tel. 03 83 75 / 2 07 59, Fax 2 14 05
www.amsandfeld.de
150 Stellflächen im lichten Kiefernwald unweit des Strandes für Zelte, Wohnwagen und -mobile; geöffnet: April bis September

Loddin-Stubbenfelde
Campingplatz Stubbenfelde
An der Waldstraße
Tel. 03 83 75 / 2 06 06, Fax 2 21 86
www.stubbenfelde.de
In einem Buchenwald zwischen Meer und Kölpinsee gelegener Platz, der 220 Stellflächen, Fahrradverleih, Volleyballplatz sowie Sauna und Solarium bietet (geöffnet: April bis Oktober); ganzjährig außerdem Zimmer, Ferienwohnungen und Blockhäuser

Lütow (Gnitz)
Naturcamping Usedom
17440 Lütow
Tel. 03 83 77 / 4 05 81, Fax 4 15 53
www.natur-camping-usedom.de

Platz mit 450 Stellplätzen mitten im Naturschutzgebiet am Weißen Berg; Vermietung von Bungalows, Blockhäusern und Caravans, Boots- und Fahrradverleih; März bis Oktober geöffnet.

▸ Neppermin

Campingplatz »Am See«
Dorfstr. 30a
Tel. 03 83 79 / 2 00 44, Fax 2 87 52
Kleiner Platz (60 Stellplätze) am Nepperminer See; April bis Okt. geöffnet

▸ Trassenheide

Campingplatz »Ostseeblick«
Zeltplatzstraße
Tel. 03 83 71 / 2 09 49, Fax 2 09 28
www.seebad-trassenheide.de
300 Stellplätze im lichten Kiefernwald nahe des Strandes; Mitte März bis Okt. geöffnet

▸ Ückeritz

Naturcampingplatz »Am Strand«
Bäderstr. 5
Tel. 03 83 75 / 25 20, Fax 2 52 18
www.ueckeritz.de
700 Stellflächen zwischen Strand und dem Naturschutzgebiet Wockninsee; Vermietung von Bungalows; Läden, Restaurants und Kino in der Nähe; April bis Okt. geöffnet

Naturcamping »Hafen Stagnieß«
Hauptstr. 32
Tel. 03 83 75 / 2 04 23, Fax 2 92 06
Wiesenplatz mit 200 Stellflächen friedlich am Achterwasser gelegen; April bis Okt. geöffnet

▸ Zempin

»Am Dünengelände«
Campingweg 1
Tel. 03 83 77 / 4 13 63, Fax 4 13 64
www.camping-zempin.de
500 Stellflächen im Mischwald direkt hinter der Sanddüne; ganzjährig geöffnet

▸ Zinnowitz

Familien-Campingplatz Pommernland
Dr.-Wachsmann-Str. 40
Tel. 03 83 77 / 4 03 48, Fax 4 03 49
www.camping-pommernland.m-vp.de
500 Stellplätze im Küstenwald; außerdem Ferienwohnungen und Blockhäuser (auch behindertengerecht), Fahrradverleih und FKK-Strand; ganzjährig geöffnet

▸ Auf dem Festland

Caravan- und Campingplatz »Waldcamp«
Dorfstr. 74, Freest
Tel. 03 83 70 / 2 05 38, Fax 2 05 25
www.campingplatz-freest.de
Kleiner Platz (100 Stellflächen), der an das Naturschutzgebiet Peenemündung grenzt. Auch Vermietung von Bungalows; April bis Oktober geöffnet

Campingplatz am Peenestrom
Garthof 5 – 6, Lassan
Tel. + Fax 03 83 74 / 8 03 73
www.campingplatz-lassan.de
Im Inselvorland direkt am Peenestrom liegt der Platz mit 80 Stellflächen, Bootsliegeplätzen und einer Slipanlage; Ostern bis Sept. geöffnet.

Campingplatz Loissin
Tel. 03 83 52 / 2 43, Fax 7 25
www.campingplatz-loissin.de
Behindertengerechter Campingplatz (300 Plätze) zwischen Usedom und Rügen mit Kinderspiel- und Volleyballplatz, Bowlinghalle und Sauna; auch Vermietung von Wohnwagen; Mitte März bis Oktober geöffnet.

Urlaub aktiv

Viel Sport in schöner Natur

Die herrliche Landschaft und das gesunde Klima bieten beste Voraussetzungen für einen Aktivurlaub. Mit dem Wanderwegenetz werden Spaziergänger, Wanderer und Freunde des Nordic Walking glücklich. Reiter können ausgedehnte Ausritte durch das Hinterland unternehmen und finden auf Usedom eine Vielzahl von Reiterhöfen vor. Golfer dürfen sich auf einen herrlich gelegenen Platz freuen. Auch zum Tennis spielen gibt es viele Gelegenheiten, da Hotels und Ferienanlagen oft über eigene Plätze verfügen. Möchte man im Hallenbad schwimmen, wird man in den Sportzentren oder den Thermen (►Wellness) fündig.

Angeln

Die Gegend um Usedom – mit Ostsee, Peenestrom, Haff- und Boddengewässer – ist für Angler ein wahres Paradies. Hauptsächlich werden Dorsch, Hering, Flunder, Zander, Aal, Barsch, Hecht und Karpfen gefangen. Seit 2005 gibt es den **Touristenfischereischein**. Dieser ist bei den Kurverwaltungen für 20 € erhältlich und berechtigt für 28 Tage zum Angeln in Usedomer Gewässern.
Einige Veranstalter bieten Angelfahrten zu den besten Plätzen an. Wer eher Ruhe wünscht, der zieht sich an die Binnenseen oder die Angelteiche bei ►Ückeritz zurück.

Auf Usedom kann man so ziemlich jede wassergebundene Sportart ausüben.

Im Anfängerkurs oder beim Einzelunterricht kann man das Golfen hier auch lernen.

Golf In Balm, einem Ortsteil von Neppermin, findet man beim Golf- und Wellnesshotel Balmer See (► Neppermin) Usedoms einzigen Golfplatz. Auf 120 ha können ein 27-Loch-Platz, ein 6-Loch-Kurzplatz sowie eine ausgedehnte Driving-Range bespielt werden. Eine Erweiterung des Platzes um neun Loch ist in Vorbereitung.

Auf der polnischen Halbinsel Wolin steht außerdem den Gästen des »Amber Baltic« Hotels in Misdroy ein 9- und ein 18-Loch-Golfplatz zur Verfügung.

Inlineskaten und Eislaufen Eigentlich wurden die Deichkronen für Radfahrer und Wanderer asphaltiert, doch nun haben diese Bahnen auch die Inlineskater für sich entdeckt – ebenso wie den Fußweg zwischen Ahlbeck und Swinemünde. Sprungübungen kann man auf der Skaterbahn bei Ückeritz, direkt an der B 111, riskieren.

Ab Mitte November kann man in Heringsdorf auf einer 30 mal 60 m großen Kunsteisbahn Schlittschuh laufen.

ANLAUFSTELLEN FÜR SPORTLER

ANGELN

► **Bansin**
Angelparadies Labahn,
Neu Sallenthin
Tel. 03 83 78 / 3 15 87

► **Peenemünde**
Apollo GmbH
Zum Hafen 1
Tel. 03 83 71 / 2 08 29
www.schifffahrt-usedom.de
Tages- und Hochseeangelfahrten

► **Koserow**
Angel- und Bootsausrüster Henze
Hauptstr. 16
Tel. 03 83 75 / 2 47 51
info@angel-und-boot.de

► **Wolgast**
Meiers Anglerladen
Lange Str. 5
Tel. 0 38 36 / 20 34 35
Angelzubehör, Reparaturen und Vermietung von Angelbooten.

Angel-Service Bork
Burgstr. 13
Tel. 0 38 36 / 23 46 36
www.angeln-usedom.de
Angeltouren auf einem ehemaligen Schlepper

► **Zinnowitz**
ALB-Maritim-Shop
Ahlbecker Str. 30
Tel. 03 83 77 / 4 02 98
www.alb-maritim.de
Verleih von Angelgerät und Booten; auch organisierte Angeltouren

REITERHÖFE · PFERDEPENSIONEN

► **Ahlbeck**
Hans-Jürgen Will
Gothenweg 14
Tel. 03 83 78 / 2 84 50
www.pferdehof-will.de

► **Benz**
Reit- & Ferienhof Benz, ► S. 120

► **Dargen**
Zucht- und Pensionshof Manzke
Schmiedestr. 4
Tel. 03 83 76 / 2 06 50

► **Kölpinsee**
Reit- und Pensionshof Müller
Strandstr. 39
Tel. 03 83 75 / 2 16 39
www.reithof-mueller.de

► **Mellenthin**
Trakehner Hof
Morgenitzer Berg 19
Tel. 03 83 79 / 2 05 65
www.trakehnerhof-mellenthin.de

► **Morgenitz**
Reit- und Therapiehof Matthäus
Dorfstr. 2
Tel. 03 83 72 / 7 03 48
Auch heilpädagogisches Reiten

► **Pudagla**
La'chner-Hof
Zur Reitbahn 13
Tel. 03 83 78 / 2 89 10
www.la-chner-hof.de

► **Trassenheide**
Friesenhof
Bahnhofstr. 48
Tel. 03 83 71 / 26 10
www.friesenhof-trassenheide.de

Reiterhof Bannemin
Trassenheider Str. 1, Bannemin
Tel. 03 83 77 / 4 11 78
www.reiterhof-bannemin.m-vp.de

Reiterhof Jaddatz
Koppelweg 18, Ziemitz
Tel. 0 38 36 / 20 29 11

► **Ückeritz**
Ostlandhof
Mühlenstr. 7
Tel. 03 83 75 / 2 13 68

► **Wolgast**
Weidehof
Tannenkampweg 52b
Tel. 0 38 36 / 23 40 20
www.weidehof-wolgast.de

SPORTCENTER

► **Ferienparadies Lütow**
Tel. 03 83 77 / 49 30, Fax 4 93 19
www.ferien-paradies.de
Die Anlage auf der Halbinsel Gnitz bietet u. a. einen Tennisplatz mit Flutlicht, eine Schwimmhalle und Möglichkeiten zum Nordic Walking. Auf dem Gelände sind außer-dem ein Kosmetikstudio und ein Restaurant zu finden.

► **Sportpark »barge«**
Möskenweg 3, Zinnowitz
Tel. 03 83 77 / 4 30 50
www.barge.de

Tennis, Squash, Badminton, Kegeln, Fitness, Aerobic-Kurse, Restaurant, Solarium und Diskothek

TAUCHEN

► **Tauchsportclub Greifswald**
Yachtweg 3, Greifswald
Tel. 0 38 34 / 84 01 47
Mit dem Tauchschiff »Artur Becker« geht es raus auf die Ostsee und meistens hinab zu Wracks.

► **Green Sea Diver**
Ahlbecker Str. 21, Zinnowitz
Tel. 03 83 77 / 3 67 96
Organisiert werden u. a. Nacht- und Wracktauchen; auch der Tauchschein kann hier gemacht werden.

TENNIS

► **Tennisanlage »Buchenpark«**
Waldstr. Bansin
Tel. 03 83 78 / 2 82 96, 0172 / 4 30 44 61

► **TV Zinnowitz**
An der Ostseebühne, Zinnowitz
Tel. 03 83 77 / 4 08 80, 4 22 30
www.tvzinnowitz.de

Verkehr

Bäderbahn Die Usedomer Bäderbahn (UBB) verbindet alle wichtigen Orte der Insel mit dem Festland. Reisende nach Peenemünde, Karlshagen und Trassenheide müssen in Zinnowitz allerdings umsteigen. Generell fährt die Bäderbahn alle 60 Minuten und im Sommer im 30-Minuten-Takt. Bei den ► Touren ist eine Karte mit den wichtigsten Stationen und den Fahrtzeiten der UBB zu finden.

Auch auf Usedom gibt es schöne Alleen, wie hier bei Kamminke.

Fast alle Orte auf Usedom kann man auch mit dem **Linienbus** erreichen. Insgesamt 11 Busunternehmen sind in der Anklamer Verkehrsgesellschaft vereint. Allerdings lässt der Takt des Busverkehrs kaum eine spontane Nutzung des Verkehrsmittels zu. In diesem Fall hilft nur ein Taxi.

Da das Verkehrsaufkommen, v. a. im Sommer, recht hoch ist und sich auch die **Parkplatzsuche** oftmals recht schwierig gestaltet, ist es ratsam, das Auto so oft wie möglich stehen zu lassen.

VERKEHRSINFORMATIONEN

ÖFFENTLICHER NAHVERKEHR

▶ **Usedomer Bäderbahn**
Tel. 03 83 78 / 2 71 32
www.ubb-online.com

▶ **Anklamer Verkehrsgesellschaft**
Tel. 0 39 71 / 20 61 12
www.avg-anklam.de

TAXI

▶ **TAXI**
Taxi-Genossenschaft Wolgast
Tel. 0 38 36 / 20 22 22

▶ **Taxi-Zentrale Zinnowitz**
Tel. 03 83 77 / 4 05 67

▶ **Taxi-Ring Ahlbeck-Bansin**
Tel. 03 83 78 / 2 25 26
Zentrale für die drei Kaiserbäder

RUNDFLÜGE

▶ **Flugplatz Heringsdorf**
17149 Zirchow
Buchung: Tel. 03 83 76 / 25 00
Tgl. ab 10.00 Uhr mit verschiedenen Flugrouten

▶ **UL-Flugservice Transchel**
Tel. 0177 / 5 70 54 19
www.doppeldecker-fliegen.de
Rundflüge, auch mit historischen Maschinen, ab Flughafen Heringsdorf

▶ **Anklam**
Flugplatz »Otto Lilienthal«
Am Flugplatz 1
Tel. 0 39 71 / 21 00 51, Fax 83 31 06
www.flugplatz-anklam.de

▶ **Mellenthin**
Usedomer Fliegerclub
Tel. 03 83 79 / 2 02 39
www.usedomerfliegerclub.de

! *Baedeker* TIPP

Verkehr als Erlebnis

Die Insel kann man mit einer Reihe ungewöhnlicher Verkehrsmittel erleben. So stehen in den Seebädern Kremser und Kutschen bereit, um sich wie einst zu Kaisers Zeiten durch den Ort chauffieren zu lassen. Die beste Übersicht verschafft ein Blick von oben, wofür sich diverse Rundfluganbieter, u. a. mit historischen Doppeldeckern, empfehlen.

▶ **Peenemünde**
Flugplatz Peenemünde
Tel. 03 83 71 / 2 03 60
www.alpha-group.de
Rundflüge mit verschiedenen Flugrouten werden täglich ab 9.30 Uhr angeboten.

KUTSCH- UND KREMSERFAHRTEN

▶ **Ahlbeck**
Manfred Albrecht (Pferdehof)
Jägersberg 7
Tel. 03 83 78 / 2 82 49

Harry Kramp
Wiesengarten 14
Tel. 03 83 78 / 3 02 80

Thomas Lettner
Schulzenstr. 11
Tel. 03 83 78 / 2 83 92

Hans-Jürgen Will
Gothenweg 14
Tel. 03 83 78 / 2 84 50
www.pferdehof-will.de

▶ **Bansin**
Gerhard Zeplin
Dorfstr. 42a
Tel. 03 83 78 / 2 93 72

Wellness

Ausgezeichnetes Angebot

Usedom verfügt über eine große Bandbreite an ambulanten und stationären Kureinrichtungen. Detaillierte Informationen darüber erhält man beim Touristmusverband und den Kurverwaltungen.

! *Baedeker* TIPP

Wie alt bin ich wirklich?

Im großen Wellnessangebot des »Hotels zur Post« (►Bansin) ist auch die »Vital-Expertise« zu finden. Nach einer 90-minütigen Untersuchung geben 45 physiologische und psychologische Parameter Auskunft über das biologische Alter! Sollten hier unangenehme Abweichungen vom kalendarischen Alter deutlich werden, kann man mit einem individuell abgestimmten Wellness-Programm entgegenarbeiten.

Den boomenden Wellness-Markt hat auch Usedom nicht verschlafen. In den vergangenen Jahren haben viele Hotels in diesen Bereich investiert. Lohn der Mühe: Im Herbst 2004 wurden 15 Hotels mit einem vom Land Mecklenburg-Vorpommern und dem Deutschen Wellness Verband e.V. vergebenen **Qualitätssiegel** ausgezeichnet. Dieses bewertet nicht nur Ausstattung, Angebot und Gastronomie, sondern auch die Qualifikation der Mitarbeiter. Zwei Heringsdorfer Häuser haben sich zudem um das Premium-Zertifikat des Wellness-Verbandes beworben. Das »Strandhotel Ostseeblick« wurde daraufhin mit dem Top-Zertifikat »Exzellent« und das Maritim Hotel Kaiserhof mit der Note »Sehr gut«

WELLNESS-ADRESSEN

► **www.wellness.usedom.de**
Links zu allen Wellness-Hotels, besonderen Angeboten und nützlichen Informationen

► **Bernsteintherme**
Dünenstraße, Zinnowitz
www.bernsteintherme.de
Tel. 03 83 77 / 3 55 00
Das ganze Jahr und jeden Tag von 10.00 – 22.00 Uhr schwimmt man hier in Ostseewasser, nutzt das Sportbecken mit sechs 25-m-Bahnen oder das Thermalbad mit Heilsole. Ein Highlight ist die Sauna mit Strandzugang, so dass man sich direkt im Meer abkühlen kann.

► **Ostseetherme**
Lindenstr. 60, Ahlbeck
Tel. 03 83 78 / 27 30
www.ostseetherme-usedom.de
Badewelt mit sechs Wasserbecken (darunter eines mit heilsamer Heringsdorfer Jodsole) und Wasserspäßen wie Rutschen, Grotten, Massagedüsen etc. Wer nach Wellnessangeboten sucht, wird in der Saunawelt mit Kosmetik- und Gesundheitsstudio sowie diversen Kursangeboten fündig.

► **Shehrazade**
Seestr. 41 (Ostseeresidenz Seebad Heringsdorf)
Wellnessoase aus 1001er-Nacht

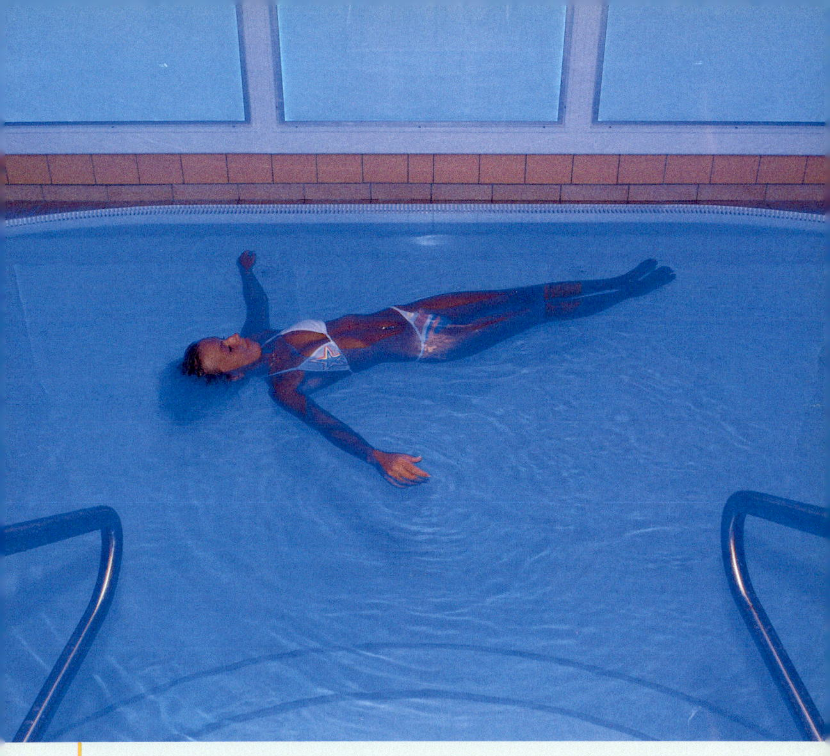

Beim Aqua-Motion-Floaten im »Hotel zur Post« entspannt man bei ruhiger Musik im Solebad.

ausgezeichnet. Die sehr informative kostenlose Broschüre der Usedom Tourismus GmbH stellt alle 17 Wellness-Hotels und deren Angebote detailliert vor.

Heilkraft der Natur

Usedom kann für einen erfolgreichen Wellnessaufenthalt auf seine natürlichen Voraussetzungen bauen. Das milde Reizklima und die in der Meeresluft enhaltenen Brandungsaerosole sind der Gesundheit bereits zuträglich, ohne dass man etwas dafür tun müsste. In Heringsdorf wird in 408 m Tiefe die **Heringsdorfer Jodsole** gewonnen, die als natürliches Heilwasser mit balneotherapeutischer Wirkung anerkannt ist und für äußere Anwendungen und Inhalationen verwendet wird. Von der Nachbarinsel importiert man **Rügener Heilkreide**, die als Wärmetherapeutikum Durchblutung und Stoffwechsel fördert.

Besonders in den Seebädern kommt die **Thalassotherapie** zum Einsatz, die das natürlich vorhandene Meeresklima mit Meerwasser- oder Algenanwendungen kombiniert. Die Thalassotherapie kann aus wissenschaftlich-medizinischer Sicht nur erfolgreich sein, wenn sie in unmittelbarer Nähe zum Meer durchgeführt wird, eine Voraussetzung, die Usedom perfekt erfüllt.

Touren

EIN TAG AUF USEDOM MUSS NICHT UNWEIGERLICH AM STRAND ENDEN. WÄHREND EINES URLAUS BIETEN SICH VIELE MÖGLICHKEITEN, NATUR, KULTUR UND GESCHICHTE ZU ENTDECKEN.

TOUREN AUF USEDOM

Unsere Tourenvorschläge führen Sie zu den versteckten Schönheiten des Hinterlandes, Nachbarländer und -inseln werden besucht und die häufig übersehenen Sehenswürdigkeiten des nahen Festlands vorgestellt.

TOUR 1 Auf dem Festland

Die beiden Städte Anklam und Wolgast liegen an den Zufahrtsstraßen zur Insel. Zu Unrecht finden diese bei den Besuchern Usedoms kaum Beachtung. Wir bereisen sie mit einer Tour, die weitere Sehenswürdigkeiten entlang der Festlandküste vorstellt. ▸ **Seite 92**

TOUR 2 Nach Polen

Für viele beginnt und endet der Ausflug nach Polen direkt hinter der Grenze auf dem Markt. Doch das Nachbarland hat mit den beiden alten Seebädern Swinemünde und Misdroy, den preußischen Festungsanlagen oder dem Naturpark Wolin weit mehr zu bieten. ▸ **Seite 94**

TOUR 3 Im Hinterland

Die weißen Strände, die Promenaden und die Seebäder sind eine Seite der Insel. Ein ganz anderes Gesicht zeigt sie, wenn man die unberührten, stillen Landschaften am Achterwasser erkundet oder die herrlichen Ausblicke von den Hügeln der Usedomer Schweiz genießt. ▸ **Seite 96**

Freest
Die handgeknüpften Fischerteppiche sind ein beliebtes Urlaubssouvenir.

Rankwitz
Den Sonnenuntergang genießen, das kann man im Rankwitzer Sommercafé mit freiem Blick über das Achterwasser.

Ruden und Greifswalder Oie
Ein Schiffsausflug führt auf die Inseln vor Usedom. Der Leuchtturm hier hat das einzige linksdrehende Leuchtfeuer des Ostseeraums.

Misdroy
Kein Bild aus der Karibik, sondern vom polnischen Ostseestrand.

Ahlbeck
Allein wegen der Bäderarchitektur lohnt der Besuch des Ortes.

Unterwegs auf Usedom

Mehr als das Meer

Die Insel ist keineswegs nur ein Ziel für Badetouristen. So kann man in den Seebädern shoppen oder die Bäderarchitektur bei einem Bummel bewundern. Peenemünde bietet mehrere interessante Museen und in den kleinen Orten jenseits der touristischen Hochburgen warten romantische Plätze auf ihre Entdecker. Und ob Strandspaziergang oder Abstecher ins stille Achterland: Die Landschaften Usedoms sind so bezaubernd wie abwechslungsreich. Viel Gelegenheit also für ein attraktives wie vielfältiges Ausflugsprogramm.

Usedomer Bäderbahn *Streckenverlauf*

Mit dem Auto – lieber nicht

Aufgrund der Größe der Insel ist jedes Ziel innerhalb einer Stunde gut mit dem Auto erreichbar. Doch gerade in der Hauptsaison empfiehlt sich dieses nicht unbedingt als Fortbewegungsmittel. Eine gute Alternative bietet die **Usedomer Bäderbahn**. Sie verkehrt in der Hochsaison in den Stoßzeiten im halbstündigen Takt, führt von Swinemünde nach Wolgast und hält entlang der Küstenlinie an allen wichtigen Zielen.

Aktiv erleben

Usedom kann man kaum kennen lernen, ohne ihre vielfältigen Landschaften auf Wanderungen oder per Rad zu durchqueren. Markierte **Wanderwege** führen entlang der Ostseeküste und auch durch das malerische Hinterland. Nur so findet man die ruhigen Ecken der Insel: Buchten und Halbinseln rund um das Achterwasser, die bewaldeten Ufer des Schloonsees, Moorwiesen im Thurbruch oder die kleinen Berge, von denen man vielerorts einen schönen Blick über die Insel und die Gewässer hat.

Mittlerweile gibt es auf Usedom fast 150 km ausgebaute **Radwanderwege**. Die meisten davon verlaufen an der Küste und sind einfach zu befahren. Auch das hügelige Hinterland bereitet nur wenig Mühe. Fährräder kann man in fast allen Ferienorten mieten, teilweise auch in den Hotels. Auch der Transport macht keine Probleme: Die Usedomer Bäderbahn befördert die Räder. Eine kleine Broschüre, die man bei den Touristinformationen und Kurverwaltungen erhält, liefert schöne Tourvorschläge und einige wertvolle Tipps. Zudem offeriert die »Mecklenburger Radtour« ein besonderes Angebot mit Gepäckservice, Zimmerbuchung und Pannenhilfe: Tel. 038 31 / 20 02 20, www.mecklenburgerradtour.de

! *Baedeker* TIPP

In unbekannte Ecken

Ohne Gummistiefel geht bei der Peenetour mit der »Insel-Safari« gar nichts. Und auch auf den Routen sollte man sich auf einiges gefasst machen. In der Regel geht es mit dem Jeep querfeldein an Orte jenseits der Touristenströme. Aber auch Mountainbike, Kajak oder Flugzeug stehen auf Wunsch zur Verfügung. Die Ganztagestouren sind mit Picknick und abendlichem Lagerfeuer nicht nur perfekt organisiert, das aus Vater und Sohn bestehende Inselführer-Paar ist zudem genauso sachkundig wie unterhaltsam: www.insel-safari.de / Tel. 03 83 79 / 2 01 25.

Radfahrer finden auf der Insel beste Bedingungen vor. Die Steigungen halten sich in Grenzen und die Wege sind gut ausgebaut.

Zu anderen Ufern Wer meint, auf Usedom bereits alles gesehen zu haben, kann mit dem Schiff zu einer der benachbarten Inseln aufbrechen und auf diese Weise das Erlebnis einer Schifffahrt mit landschaftlichen und kulturellen Highlights kombinieren (►Praktische Informationen).
Jahrzehntelang waren die **Greifswalder Oie** und der **Ruden** militärisches Sperrgebiet (► Peenemünde), Urlauber konnten die Inseln lediglich vom Festland aus druch das Fernglas erspähen. Mittlerweile werden Ausflugsfahrten dorthin angeboten und man kann bei einem Landgang die Schönheiten der fast unberührten Natur genießen. Die Apollo-Reederei (►Praktische Informationen) fährt beide Inseln von Peenemünde und Freest aus an. Die Fahrt nach Ruden dauert inklusive Landgang drei Stunden und wird in der Hauptsaison zweimal täglich angeboten (sonstige Zeit einmal täglich). Für die Fahrt zur Greifswalder Oie muss man insgesamt fünf Stunden einplanen (täglich in der Hauptsaison; Nebensaison nur Mo., Di., Do., Fr. und Sa.). Für beide Touren sind Vorbuchungen erforderlich.
Die Adler-Schiffe verkehren von Peenemünde aus auch nach **Rügen**. Zuerst werden dort Göhren und danach Sellin und Binz angefahren. Wer in Göhren aussteigt, hat fünf Stunden Aufenthalt und kann beispielsweise ein Stück mit dem »Rasenden Roland« über Rügen zuckeln. Wenn man erst in Binz das Schiff verlässt, stehen immerhin noch 2,5 Stunden zur Verfügung, um den Glanz des Rügener Vorzeigeseebads zu bewundern. Man kann natürlich auch auf den Landgang verzichten und bis zum Wendepunkt der Route an Board bleiben: Es lohnt sich, denn dieser liegt unterhalb der berühmten Kreidefelsen. Das Schiff erreicht dann nach insgesamt neun Stunden Fahrt wieder den Peenemünder Heimathafen.

Tour 1 Auf dem Festland

Länge: 48 km **Dauer:** 1 Tag

Bereits bei der Anreise nach Usedom kommt man auf dem Festland durch eines der »Tore« zur Insel: Anklam oder Wolgast. Es lohnt sich, die beiden hübschen Städte wie auch ihre ländliche Umgebung bei einer Tour besser kennen zu lernen.

In ① ★ **Anklam**, der »Lilienthal-Stadt«, sollte man das dem Erfinder Otto-Lilienthal gewidmete Museum besuchen. Hier werden dem Besucher seine Innovationen und sein »Traum vom Fliegen« sehr anschaulich näher gebracht. Nordöstlich am Peenestrom liegt das nette Städtchen ② **Lassan** mit seinen kleinen Häusern und kopfsteingepflasterten Straßen. Interessantes über den Ort erfährt man in der zu einem Museum umfunktionierten einstigen Wassermühle. In Hafennähe entstand ein jederzeit zugängliches Freilicht-Fischereimuseum. Weiter über Land geht es nach ③ ★★ **Wolgast**, wo vor allem

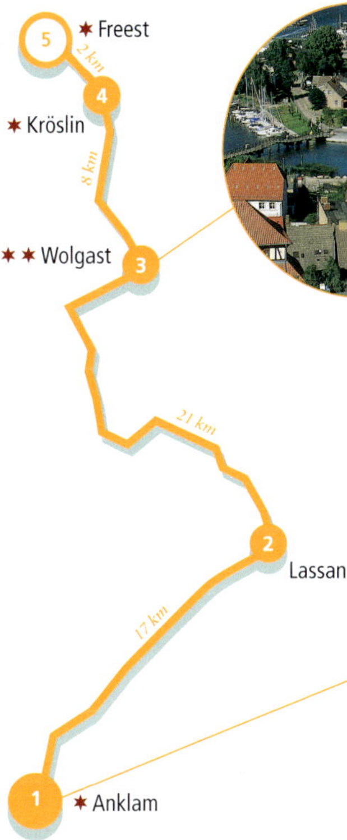

Wolgast
Im Museumshafen liegt das historische Eisenbahnfährschiff.

Anklam
Das Lilienthal-Museum zeigt die tollkühnen Fluggeräte des Erfinders.

der Blick von der St.-Petri-Kirche besticht. Bei einem Spaziergang erkundet man die Gegend um den Marktplatz und den Museumshafen. Weiter in nördlicher Richtung geht es nach ❹ ✶ **Kröslin**, einem verschlafenen Ort, der allerdings über eine große, moderne Marina verfügt. Sehenswert ist auch die Backsteinkirche, in der ein 4 x 3 m großer Fischerteppich das Altarbild ersetzt. Die berühmten Teppiche stammen aus dem benachbarten ❺ ✶ **Freest**. In der dortigen Heimatstube kann man weitere Exemplare dieser handgeknüpften Teppiche bewundern und auch käuflich erwerben. Zudem erfährt man hier Interessantes über die Geschichte des Fischfangs in dieser Gegend. Nicht versäumen sollte man einen Besuch des Hafens mit seinen hübschen Fischerhäuschen: Hier und in der Fischräucherei Thurow bekommt man frischen und geräucherten Fisch!
Wenn man mit dem Fahrrad unterwegs ist, kann man von Freest oder Kröslin mit der Fähre nach Peenemünde übersetzen; ansonsten führt der Weg zurück nach Usedom über Wolgast.

Tour 2 Nach Polen

Länge: 46 km (17 km) **Dauer:** 1 Tag (½ Tag)

Ein Tagesausflug in den polnischen Inselteil ist für viele Usedom-Urlauber obligatorisch. Hierher kommt man zum Shoppen oder man besichtigt Swinemünde und Misdroy. Beide Städte sind durch den Bäderboom im 19. Jahrhundert geprägt, denn der Oststrand ist hier ein Stück breiter und der Sand noch etwas weißer.

Seit Dezember 2007 sind im Rahmen von Polens Beitritt zum Schengener Abkommen die beiden Grenzübergänge zwischen dem deutschen und dem polnischen Teil Usedoms für den allgemeinen Straßenverkehr freigegeben.
Zusätzlich wurde die Bahnstrecke Ducherow – Heringsdorf – Wolgaster Fähre von Ahlbeck Grenze nach Swinemünde verlängert. Seit dem 20. September 2008 wird sie auch regulär befahren.

Von ❶ ** **Ahlbeck** sind nur wenige Kilometer ins benachbarte Swinemünde. Erstes und manchmal auch einziges Ziel eines Polenbesuchs ist der Grenzmarkt. Dieser befindet sich nur unweit des ❷ **Grenzübergangs** Ahlbeck / Swinemünde. Hier bekommt man von

Alte Festungsanlagen
Fort Aniola stammt noch aus preußischer Zeit.

Grenze nach Polen
Weißer Ostseesand markiert auch den Grenzstreifen.

Schnäppchen und Zigaretten bis zu Souvenirs und Plunder fast alles. Weiter gelangt man mit der Bahn, dem Bus, dem Taxi oder mit der Kutsche in die Innenstadt von ❸ ✶ **Swinemünde**, das für Polen sowohl als Hafen- als auch als Kur- und Ferienort von Bedeutung ist. Am besten erkundet man bei einem Spaziergang das einstige Kurviertel und die umliegenden Straßen. Wer sich für das historische Swinemünde, das einstmals bedeutendste Seebad auf Usedom, interessiert, sollte das Museum für Hochseefischerei im alten Rathaus besuchen. Wer die Tour abkürzen möchte, durchquert den Kurpark in Richtung der alten ❹ ✶ **Festungsanlagen** und fährt über die Strandpromenade von Swinemünde zurück nach Ahlbeck.
Mit der Fähre im Stadtzentrum setzt man nun über zur anderen Uferseite, von wo es per Rad oder Bus weitergeht. Die Route führt einige Zeit durch das schöne Waldgebiet des Misdroyer Forsts. Nach etwa 13 km zweigt man in Richtung Süden zum ❺ ✶ **Türkissee** ab. Die ehemalige Kreidegrube schimmert bei Sonnenschein türkisblau. Nach diesem Abstecher folgt man dem Weg wieder in Richtung Norden bis nach ❻ ✶ **Misdroy**. In dem beliebten polnischen Ostseebad wurde in den letzten Jahren viel renoviert, so dass es an den alten Glanz der Bäderboom-Zeit wieder anknüpfen kann. Ein Highlight ist außerdem die 300 m lange Seebrücke.

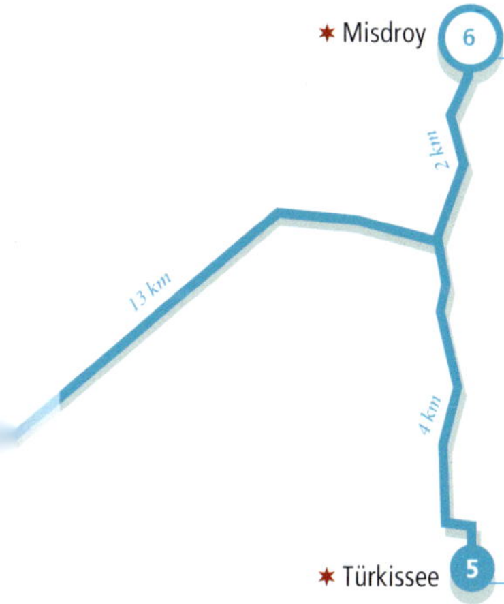

Misdroy
Auch hier gibt es eine Seebrücke.

Türkissee
Die entlegene Idylle lädt zum Baden ein.

Tour 3 Im Hinterland

Länge: 43 km **Dauer:** 1 Tag

Ein besonderer Schatz der Insel ist ihr Hinterland. Beim Durchstreifen der Usedomer Schweiz und des Lieper Winkels trifft man auf unberührte Natur, verschlafene Dörfchen und absolute Stille.

Die gesamte Tour ist mit dem Auto gut an einem Tag zu bewältigen. Da sowohl für die einzelnen Ziele als auch zum Seele baumeln lassen etwas Zeit eingerechnet werden sollte, ist die Strecke für Fahrradfahrer nur an einem Tag zu schaffen, wenn sie diese lediglich als sportliche Herausforderung sehen. Die Route lässt sich aber nach Belieben abkürzen bzw. wieder aufnehmen.
Die Tour beginnt am Bahnhof von ❶ ** **Bansin**. Man folgt ein Stück der B 111, bis diese in Richtung ❷ * **Pudagla** abzweigt. Im Ort lohnt ein Blick auf das schlichte Renaissanceschloss und ein Besuch der südlich gelegenen Bockwindmühle. Von hier geht es weiter nach ❸ **Neppermin** am gleichnamigen See. Bei entsprechendem Wetter kann man ein Bad nehmen, bevor die Tour weiterführt ins schön gelegene ❹ **Balm** mit dem einzigen Golfplatz der Insel. Wer die Route zu Gunsten eines schönen Spaziergangs abkürzen möchte, macht hier einen Abstecher ins nördlich gelegene Naturschutzgebiet Cosim mit der Reiherkolonie. Nächstes Ziel ist das wunderbar idyllische Dorf ❺ * **Morgenitz**. Unbedingt sollte man sich die Dorfkirche mit

Seen und Alleen, das sind nur einige der vielen Naturerlebnisse, mit denen das Usedomer Hinterland aufwarten kann.

Pudagla
Die Mühlen in Benz und hier in Neppermin gehören zu den Attraktionen der Tour.

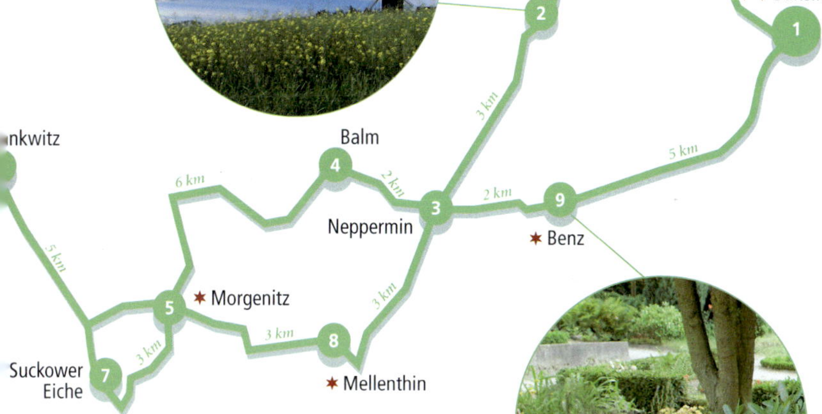

Benz
Ein Abstecher zum alten Friedhof lohnt: Hier sind u. a. drei Prominente bestattet.

ihrem Friedhof, aber auch den Keramikhof ansehen, in dem man sicher ein hübsches Souvenir findet. Über Krienke führt die Strecke nun in die stille Schönheit des Lieper Winkels. Wer Zeit hat, sollte hier unbedingt zu Fuß ein wenig herumstreifen. Verschnaufen kann man dann hervorragend in der Fischräucherei oder im Sommercafé am Hafen in 6 ✶ **Rankwitz**. Südlich von Morgenitz ist die 7 ✶ **Suckower Sockeleiche**, ein jahrhundertealtes Naturdenkmal, zu finden. Weiter geht es nach 8 ✶ **Mellenthin** mit seinem schönen Wasserschloss und der zweitältesten Kirche der Insel. Über Neppermin erreicht man dann 9 ✶ **Benz**. Das hübsche Dorf hat einige Attraktionen zu bieten. In der Kirche ist das sagenumwobene Vinetakreuz zu bewundern. Wer einen Abstecher zum Friedhof am Mühlenberg macht, findet dort die Gräber von drei berühmten Persönlichkeiten. Den Ort verlässt man nicht, ohne die Holländermühle und die sich hier bietende fantastische Aussicht bewundert zu haben.

Reiseziele von A bis Z

ZU DEN ATTRAKTIONEN USEDOMS GEHÖREN NICHT NUR DER BREITE SANDSTRAND UND DAS STILLE HINTERLAND, SONDERN AUCH DIE TECHNISCHEN MEISTERLEISTUNGEN VON INGENIEUREN UND ERFINDERN.

✶✶ Ahlbeck

L 13/14

Einwohnerzahl: 3400

Ahlbeck ist das jüngste der großen Seebäder Usedoms und stand lange im Schatten der mondäneren Nachbarorte Swinemünde, Heringsdorf und Bansin. Heute firmieren Ahlbeck, Heringsdorf und Bansin als die so genannten »3 Kaiserbäder«, die über eine 8,5 km lange Promenade miteinander verbunden sind.

Die »3 Kaiserbäder« sind jeweils Ortsteile der Großgemeinde Seebad Heringsdorf. Im Westen geht Ahlbeck nahtlos in den Ortsteil Heringsdorf über. Die Nahtstelle bildet die Ostseetherme, ein modernes Thermalbad, das auch in der Nebensaison zur Attraktivität der Kaiserbäder beiträgt. Ahlbeck wird im Osten vom Ahlbecker Forst begrenzt, der unmittelbar entlang der polnischen Grenze verläuft.

Verwandlung eines Fischerdorfs

Ahlbeck verdankt seinen Namen dem Flüsschen **Beek**. In diesem standen einst die Aalkästen der Fischer von Korswandt. Kein Wunder also, dass auch heute noch der Aal, gemeinsam mit dem pommerschen Greif, das Stadtwappen ziert. 1771 ist Ahlbeck ein **Fischerdorf** mit etwa 400 Einwohnern, das dann Mitte des 19. Jh.s zunehmend zum Ausflugsziel wird. Im benachbarten Swinemünde hatte 1821 der Badebetrieb begonnen, und während der Saison besuchte mancher Gast auch den idyllischen Fischerort. 1852 boten die Ahlbecker erstmals Ferienbetten an und bereits um 1870 kamen in der Saison auf jeden der 800 Einwohner zwei Sommerfrischler.

Gäste des »Ahlbecker Hofs« müssen nicht im Meer schwimmen. Der Wellnessbereich des luxuriösen Hauses verfügt über ein Bad mit Gegenstromanlage.

AHLBECK ERLEBEN

AUSKUNFT

Tourist-Information Ahlbeck
Dünenstr. 45
17419 Seebad Ahlbeck
Tel. 03 83 78 / 2 44 97, Fax 2 44 18
www.drei-kaiserbaeder.de

ESSEN

► Fein & teuer

① ***La Mer***
Dünenstr. 19 – 21
Tel. 03 83 78 / 5 20
Das Panoramarestaurant bietet Erlebnisgastronomie vom Feinsten.

► Erschwinglich

② ***Brasserie***
Dünenstr. 47 (im Ahlbecker Hof)
Tel. 03 83 78 / 6 20
Exzellente regionale und internationale Küche

③ ***Strandcasino***
Dünenstr. 57
Tel. 03 83 78 / 3 33 44
Nettes Familienrestaurant mit guter Hausmannskost; vor der Tür ein schöner Biergarten und ein Kinderspielplatz

④ ***Seebrücke Ahlbeck***
Tel. 03 83 78 / 2 83 20
Maritimes Restaurant mit gutem Angebot an Wein und Speisen

► Preiswert

⑤ ***Haus Frohsinn***
Kaiserstr. 49
Tel. 03 83 78 / 3 24 73
Bodenständige pommersche Küche

ÜBERNACHTEN

► Luxus

① ***Romantik Seehotel Ahlbecker Hof***
Dünenstr. 47
Tel. 03 83 78 / 6 20, Fax 6 21 00
ahlbecker-hof@romantikhotels.com
Das Fünf-Sterne-Haus (70 Zi.) ist eines der Spitzenhotels der Insel.

► Komfortabel

② ***Hotel garni Eden***
Goethestr. 2
Tel. 03 83 78 / 23 80, Fax 3 04 70
www.garni-eden.de
37 Zi.verteilen sich auf eine Villa im Bäderstil und einen neuen Anbau.

③ ***Ringhotel Ostseehotel***
Dünenstr. 41
Tel. 03 83 78 / 6 00, Fax 6 01 00
ostseehotel@seetel.de
Das Ostseehotel (70 Zi.) in unmittelbarer Nähe der Seebrücke verfügt über ein sehr gutes Wintergartenrestaurant und ein Schwimmbad.

④ ***Villa Auguste Viktoria***
Bismarckstr. 1 – 2
Tel. 03 83 78 / 24 10, Fax 2 41 44
www.auguste-viktoria.de
Die geschmackvoll renovierte Villa (18 Zi.) trägt den Namen Auguste Viktorias, für die sie 1900 erbaut wurde; allerdings wohnte die Kaiserliche Hoheit nie hier.

⑤ ***Residenz Waldoase***
Waldoase 1
Tel. 03 83 78 / 5 00, Fax 5 02 99
www.residenz-waldoase.de
Mitten im Wald liegen die 42 Zi., 22 Bungalows und 2 Ferienwohnungen.

► Günstig

⑥ ***Villa Strandrose***
Dünenstr. 18
Tel. 03 83 78 / 2 81 82, Fax 2 81 94
Angenehmes, kleines Haus (15 Zi.) an der Strandpromenade. Der Parkplatz ist im Zimmerpreis enthalten.

Ahlbeck Orientierung

Essen
① La Mer
② La Brasserie
③ Strandcasino
④ Seebrücke Ahlbeck
⑤ Haus Frohsinn

Übernachten
① Ahlbecker Hof
② Hotel Eden
③ Ringhotel Ostseehotel
④ Villa Auguste Viktoria
⑤ Residenz Waldoase
⑥ Villa Strandrose

In den Folgejahren avancierte Ahlbeck zum beliebtesten Seebad der Insel: 1908 kamen jährlich 20 000 Kurgäste. Während Heringsdorf und Bansin stolz auf ihr mondänes, adeliges und großbürgerliches Publikum waren, entwickelte sich Ahlbeck zum **bürgerlichen Familienbad**, dessen Beliebtheit bis zum Zweiten Weltkrieg anhielt. Nach 1950 wurde in Ahlbeck die touristische Infrastruktur im Zuge der zu DDR-Zeiten üblichen organisierten Ferienangebote systematisch ausgebaut. Es folgte ein Ansturm der Gäste, der auch nach 1989 ungebrochen blieb: Ahlbeck ist noch immer eines der beliebtesten Ziele der Usedom-Touristen.

Sehenswertes in Ahlbeck und Umgebung

Wahrzeichen Ahlbecks ist die Jugendstil-Uhr an der Strandpromenade. 1911 wurde sie von einem Kurgast gestiftet und vor der Seebrücke aufgestellt. Sowohl der ungewöhnliche dreiseitige Uhrkasten als auch die Ornamente und Verzierungen machen die Ahlbecker Uhr zu einer Rarität.

* **Historische Uhr**

Die Ahlbecker Seebrücke ist die älteste original erhaltene Seebrücke auf Usedom, ihre Holzkonstruktion hat bisher allen Sturmfluten widerstanden. Die vier verspielten Türmchen des Pavillons bekrönen Wetterfähnchen mit den entscheidenden Daten zur Geschichte der Seebrücke: Im Jahre 1898 fertig gestellt, musste das Bauwerk 1970 grundsaniert werden, schließlich erneuerte man 1993 noch den 280 m langen Seesteg, der durch Eisgang eingestürzt war. Der schmucke Pavillon beherbergt heute ein Café-Restaurant mit herrlichem Meerblick und Aussicht auf den Strand.

** **Seebrücke**

Rund um die historische Uhr und die Seebrücke liegen die Highlights der Ahlbecker Strandpromenade. Ein paar Schritte nördlich befindet sich die **Konzertmuschel**, umgeben von einer schönen Anlage mit weißen Bänken, Springbrunnen und Blumenanlagen. Pavillons bieten allerlei Urlaubsutensilien. Rund um den Ortsplatz, der am Ende der Seestraße liegt, sorgen dann verschiedene Eis- und Imbissstände für das leibliche Wohl, ebenso eine Milchbar mit einem breiten Angebot an deftigen und süßen Speisen.

* **Promenade**

Die Seebrücke gehörte in ihrer Entstehungszeit zu den eher schlichten Bauten.

★★ Dünenstraße

Bei einem Spaziergang entlang der Dünenstraße lassen sich schöne Gründerzeit-Bauten bewundern, die noble Hotels und Pensionen beherbergen. Das repräsentativste ist der **»Ahlbecker Hof«**, ein traditionsreiches Haus und einziges Fünf-Sterne-Hotel im Ort. In unmittelbarer Nachbarschaft des Hotels liegt die **Tourist-Information**. Hier liegen vielfältiges Informationsmaterial und der Veranstaltungskalender aus; Tagesgäste können hier außerdem die Kurtaxe entrichten.

An der Ecke zur Schulzenstraße liegt das »Haus der Erholung«, kurz **HDE**. In den 1960er-Jahren für den organisierten DDR-Tourismus gebaut, war hier u. a. die zentrale Verpflegungsstelle untergebracht, die bis zu 900 Gäste täglich mit drei Mahlzeiten versorgte. Heute steht HDE für »Haus der Erlebnisse« und beherbergt ein Kino.

Schlendert man die Dünenstraße weiter in östliche Richtung, stößt man auf schöne Häuser mit so malerischen Namen wie »Villa am Meer«, »Seedüwel«, »Seeperle« oder »Inselparadies«. Den Schlusspunkt dieser Prachtmeile der Bäderarchitektur bildet das burgähnliche Hotel »Kastel«. Hier geht die Strandpromenade in einen Waldweg über, der nach etwa 2,5 km die polnische Grenze erreicht.

! *Baedeker* TIPP

Schöner Baden

Wer in Ahlbeck ins Meer springen möchte, sollte sich in Richtung Osten orientieren. Der parallel des zur Grenze führenden Waldweges gelegene Strand ist nicht nur sehr schön, sondern vor allem nicht so bevölkert wie die Badestellen in der Nähe der Seebrücke.

Rathaus und Kirche

In einem kleinen Park zwischen Kirchen- und Kurparkstraße steht das Ahlbecker Rathaus. Es ist Sitz der Gemeindeverwaltung in dem gelegentlich auch Veranstaltungen stattfinden.

Nur wenige Schritte sind es vom Rathaus zur Ahlbecker Kirche. In dem schlichten Backsteinbau werden sowohl evangelische wie katholische Gottesdienste abgehalten. Direkt hinter der Kirche mündet die Wilhelmstraße in die Lindenstraße. An dieser Hauptdurchgangsstraße wurde der kleine, eher unscheinbare **Kurpark** angelegt.

Seestraße

Mit attraktiver Bäderarchitektur präsentiert sich die Seestraße. Sie ist Einkaufsstraße für Einheimische und Touristen: Neben der Post, einem Super- und Drogeriemarkt, Bäckerei und Metzgerei wartet auch ein Fischgeschäft mit seinem reichhaltigen Angebot für Topf und Pfanne sowie Fischimbissen auf. Boutiquen, kleine Schmuck- und Andenkenläden sowie eine gut sortierte Buchhandlung sorgen dafür, dass so gut wie keine Urlauberwünsche unbefriedigt bleiben.

★★ Bäderarchitektur

Viele hervorragende Beispiele der Bäderarchitektur liegen abseits der Promenade bzw. der Dünenstraße. Ein Rundgang könnte an der Ecke Dünen- / Bismarckstraße beim Hotel »Auguste-Viktoria« beginnen. Entlang der Bismarck- und Goethestraße kann man viele größere und kleinere Villen mit Türmchen und Erkern, Glasveranden und Balkonen bewundern, z. B. die »Villa Bismarckhöhe« oder »Schloss

Hohenzollern«. Ein besonderer Prachtbau liegt in der Kaiserstraße: die »Villa Chrissi«. Die Karl-, Kur- und Neue Straße charakterisieren hübsche ein- und zweistöckige Gründerzeithäuser, die mit viel Liebe zum Detail renoviert wurden.

Ostseetherme

An der Grenze zu Heringsdorf liegt an der Lindenstraße die Ostseetherme. Der futuristisch anmutende Bau ist mit der Bäderbahn bequem zu erreichen: Die Station Ahlbeck-Ostseetherme wurde eigens für Besucher des Bades eingerichtet (Bade- und Saunawelt sind geöffnet: Mai – Okt. Mo. – Sa. 10.00 – 22.00, So. 10.00 – 20.00; Nov. – April Mo. – Sa. 10.00 – 21.00, So. 10.00 – 20.00 Uhr). Neben der Ostseetherme bietet der weiß leuchtende **Aussichtsturm** einen herrlichen Rundblick; bei gutem Wetter kann man bis Swinemünde und zur Odermündung sehen.

Umgebung von Ahlbeck

Ahlbecker Forst

Wer die Umgebung zu Fuß oder mit dem Fahrrad erkunden will, sollte den mit einem gelben Kreuz markierten, 7,5 km langen Wanderweg durch den Ahlbecker Forst wählen. Er beginnt am Bahnhof Ahlbeck, führt dann in westlicher Richtung um den Brandhorst herum, entlang der Parchwiesen, durch die Gemeinde ► Korswandt zum Wolgastsee. Hier ist der richtige Ort, um eine Pause einzulegen, wofür sich gleich mehrere Gastronomien anbieten. Wer an diesem schönen Fleckchen länger verweilen will, kann in den Sommermonaten im See baden oder rudern. Über den **Zirowberg** geht es dann zurück nach Ahlbeck. Der Aufstieg auf den 59 m hohen Berg ist zwar etwas steil, doch die Mühe wird mit einer wunderbaren Aussicht belohnt. An den gegenüberliegenden Höhenzügen kann man sehr schön erkennen, wie einst die ehemalige Außenküstenlinie verlief.

★ Anklam

A 17

Einwohnerzahl: 14 600

Wer für den Weg nach Usedom die östliche Route wählt, kommt an der Kleinstadt am Südufer der Peene vorbei. Ein Abstecher in den Geburtsort des Luftfahrtpioniers Otto Lilienthal lohnt schon allein für den Besuch des Museums, das die Stadt ihm zu Ehren eingerichtet hat.

Sehenswertes in Anklam

Stadttore

Da die einstige Handels- und Hansestadt im Zweiten Weltkrieg zu großen Teilen zerstört wurde, ist vom historischen Anklam nur wenig übrig geblieben. Von der ehemaligen Stadtbefestigung sind einige

ANKLAM ERLEBEN

AUSKUNFT

Anklam-Information
Markt 3
17389 Anklam
Tel. 0 39 71 / 83 51 54, Fax 83 51 75
www.anklam.de

ESSEN

► **Preiswert**

Dabers
Mägdestr. 1
Tel. 0 39 71 / 24 31 73
Freundliches Restaurant in einem historischen Gebäude hinter der Marienkirche.

ÜBERNACHTEN

► **Günstig**

Hotel am Stadtwall
Demminer Str. 5
Tel. 0 39 71 / 83 31 36, Fax 83 31 37
www.hotel-am-stadtwall.de
Hotel garni mit 18 modernen Zimmern im Gebäude des einstigen Warmbads

Baedeker-Empfehlung

► **Luxus**

Gutshaus Stolpe
Dorfstr. 37
17391 Stolpe bei Anklam
Tel. 03 97 21 / 55 00, Fax 5 50 99
www.gutshaus-stolpe.de
Das Landhotel beherbergt eines der exquisitesten Restaurants des Bundeslandes, das Fisch und Fleisch aus der Region in kulinarische Köstlichkeiten verwandelt. Eine günstige wie leckere Alternative ist die zweite Gastronomie des Hauses, der »Stolper Fährkrug«. Die 33 Hotelzimmer sind im Hauptgebäude im englischen Landhausstil und in der Remise mediterran inspiriert.

In einer denkmalgeschützten Gutsanlage in Stolpe ist eine der besten Restaurant-Adressen des Bundeslandes zu finden.

Die Grafik+Design-Schule in der Demminer Straße entstand 1929 im Bauhaus-Stil.

Mauerreste und drei Türme erhalten: der zinnenbekrönte **Hohe Stein** von 1458 an der B 109 Richtung Pasewalk (außerhalb von Anklam), der 20 m hohe, ebenfalls runde **Pulverturm** und das 32 m hohe, wohl um 1450 erbaute **Steintor** in der Schulstraße mit schlichter Blendgliederung und Staffelgiebel.
Heute ist hier und im benachbarten Torhaus das **Museum im Steintor** untergebracht, das auf fünf Etagen Funde und Zeugnisse zur Geschichte der Region von der Frühzeit bis 1949 zeigt. Stolz ist man v. a. auf die rund 3000 Münzen aus der Zeit des Dreißigjährigen Krieges, die 1995 in Anklam gefunden und in die Dauerausstellung integriert wurden. Man vermutet, dass es sich um die Zunftkasse der einheimischen Wollweber handelt, die diese vor Plünderern versteckt hatten. Von der oberen Etage im Steintor genießt man einen schönen Blick über die Stadt und hinüber ins Peenetal (geöffnet: Mai bis Sept. Di. – Fr. 10.00 – 17.00, Sa. / So. 13.00 – 17.00 Uhr; Okt. bis April 11.00 – 15.30, So. 13.00 – 15.30 Uhr).

Marienkirche

Anklam besitzt zwei große Kirchen: die schwer beschädigte Nikolaikirche und die Marienkirche, die den Zweiten Weltkrieg fast unbeschadet überstand. Die ältesten Teile dieser dreischiffigen Basilika stammen aus der zweiten Hälfte des 13. Jahrhunderts. Der Westturm wurde 1450 erbaut, an der Stelle des Nordturms entstand 1488 die Marienkapelle mit filigranem Sterngewölbe. Sehenswert im Inneren sind außer den Wandmalereien das frühgotische Taufbecken, die schöne Marienfigur in der Marienkapelle (15. Jh.), die Altäre und ein Epitaph (1585) von Philipp Brandin, auf dem der Verstorbene vor Christus kniet.

★★ **Otto-Lilienthal-Museum**

Zuerst hat er die Vögel beobachtet, dann ging er daran, sich selbst Flügel zu konstruieren und den Traum vom Fliegen wahr zu machen: Otto Lilienthal, der 1848 in Anklam geboren wurde und als Flugpionier in die Geschichte einging. Das Museum, das sich mit Lilienthal und den Anfängen der Fliegerei beschäftigt, liegt außerhalb des Stadtzentrums in der Nähe des Bahnhofs in der Ellenbogenstraße (geöffnet: Juni bis Sept. tgl. 10.00 – 17.00 Uhr; Nov. bis April Mi. – Fr. 10.00 – 15.30 So.13.00 – 15.30 Uhr; Schulferien und restliche Zeit Di. – Fr. 10.00 – 17.00, Sa. / So. 13.00 – 17.00 Uhr).

LILIENTHALS GLEITER

Das Fliegen war schon immer ein Traum der Menschheit. Dass dieser wahr wurde, verdanken wir unter anderem dem in Anklam geborenen Otto Lilienthal. Er entwickelte das erste bemannte Flugzeug der Welt. Das ihm gewidmete Museum in Anklam zeigt eine Vielzahl seiner Apparate.

① Normalsegelapparat
Sein 1889 veröffentlichtes Buch »Der Vogelflug als Grundlage der Fliegekunst« enthält 30 daraus abgeleitete Voraussetzungen für die Konstruktion eines Flugapparates, denn man kann »das Fliegen ohne den Hals zu brechen nur üben (...), wenn man das Fliegen versteht!«. 1891 realisiert Lilienthal mit dem Derwitzer Apparat das erste Fluggerät der Geschichte. Insgesamt 11 verschiedene Konstruktionen sind fotografisch belegt; von weiteren sind nur Pläne erhalten. Mehr als 2000 Flugversuche Lilienthals sind verbürgt. Das hier abgebildete Modell ist der so genannte Normalsegelapparat von 1895. Dieser wurde in Serie produziert und an Flugverrückte in der ganzen Welt verkauft.

② Fledermausflügel
Bei der Suche nach der optimalen Form für eine Tragfläche von ausreichender Größe übernimmt er zuerst die Wölbung des Storchenflügels; später erweitert er diese um die Form des Fledermausflügels. Als Material dienen ihm Weidenzweige, die elastisch und leicht zugleich sind.

③ Schweif
Den hinteren Teil des Flugapparates nannte Lilienthal »Schweif«. Ein Bambusstab führt hier zum Leitwerk. Bei seinen früheren Entwürfen fehlt der Schweif noch vollständig.

④ Seitenleitwerk
Das Seitenleitwerk diente zur besseren Ausrichtung am Wind, ein Element, das man noch heute an fast jedem Flugzeug findet.

⑤ Prellbügel
Bereits Lilienthal dachte an die Sicherheit: Der Normalsegelapparat wurde tlw. auch mit einem (hier nicht dargestellten) Prellbügel hergestellt, der den Piloten bei einem Sturz schützen sollte.

⑥ Fliegerberg
Zunächst dient Lilienthal ein 4 m hoher Schuppen als Absprungrampe. Später lässt er sich in Berlin-Lichterfelde extra einen 15 m hohen Hügel aufschütten, den so genannten »Fliegeberg«, dessen Spitze er gleichzeitig als »Garage« nutzt.

Zur Optimierung seiner Erfindung muss die Flügelfläche vergrößert werden. Das gelingt Lilienthal durch das Doppeldecker-Prinzip.

Das aus Holz gefertigte Gestellkreuz bildet den Rahmen des Flugzeugs. Es ist das einzige massive Teil der Konstruktion.

Lilienthal lässt sich insgesamt 25 Erfindungen patentieren. Lediglich vier davon sind Luftfahrtpatente. Die meisten beziehen sich auf den Maschinenbau, aber auch das Spielzeugpatent für den berühmten Steinbaukasten stammt von ihm.

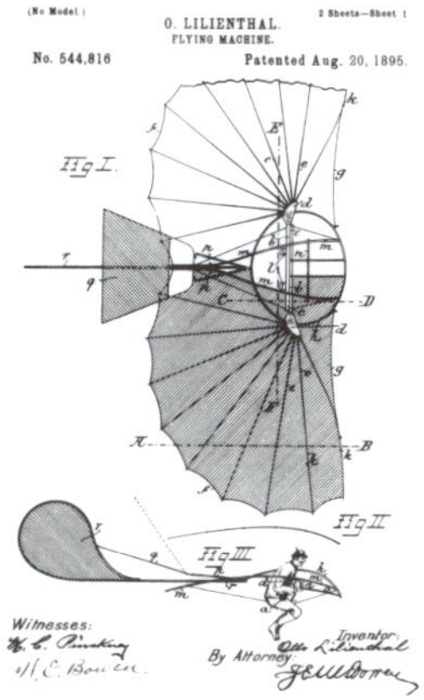

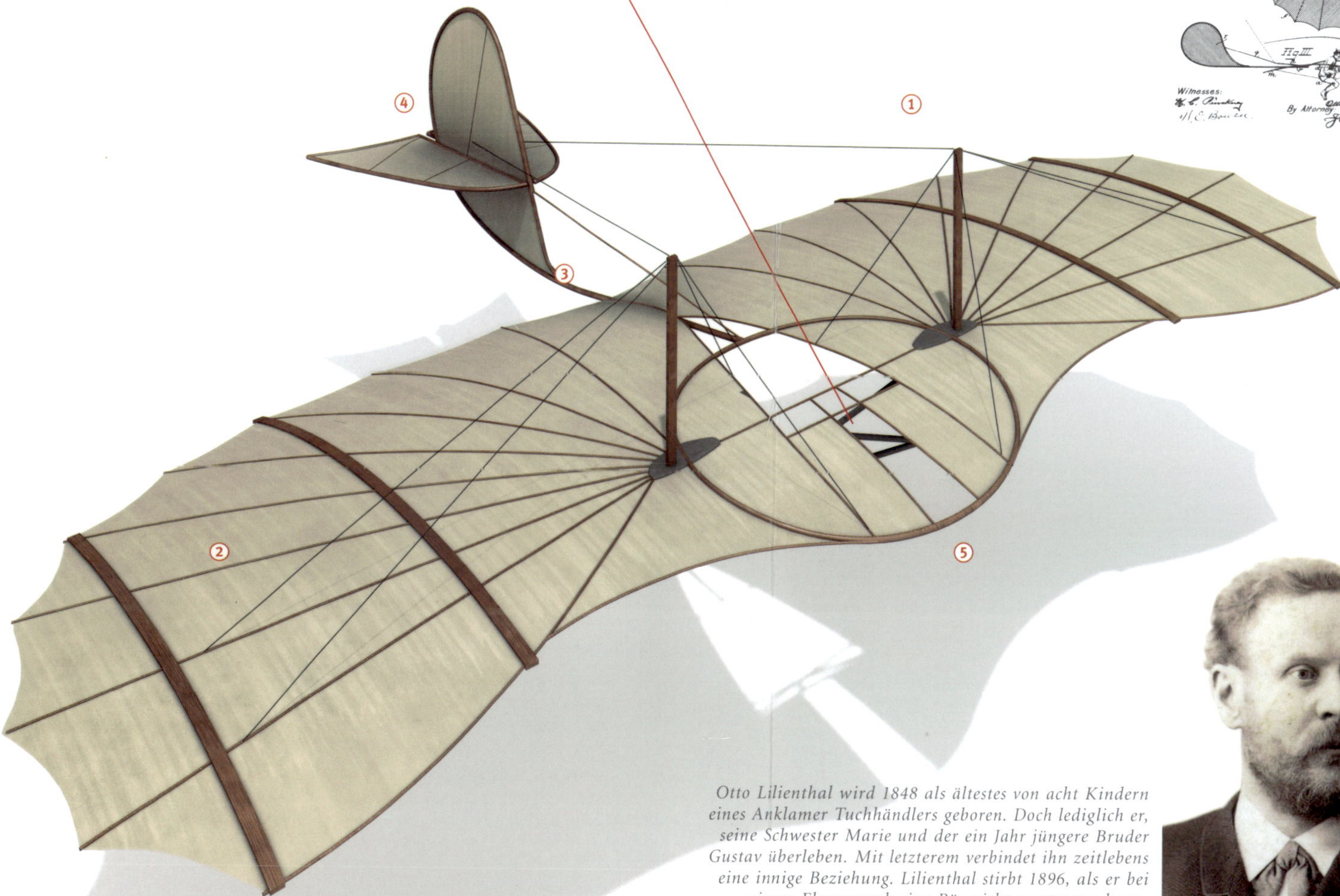

Otto Lilienthal wird 1848 als ältestes von acht Kindern eines Anklamer Tuchhändlers geboren. Doch lediglich er, seine Schwester Marie und der ein Jahr jüngere Bruder Gustav überleben. Mit letzterem verbindet ihn zeitlebens eine innige Beziehung. Lilienthal stirbt 1896, als er bei einem Flugversuch eine Böe nicht aussteuern kann.

Die Präsentation des Themas Fliegen ist so spannend und unterhaltsam wie ein Krimi und begeistert Erwachsene ebenso ein junges Publikum. An vielen Stellen kann der Besucher aktiv eingreifen, z. B. an den kleinen Versuchsaufbauten, die anschaulich die physikalischen Grundlagen des Fliegens vermitteln. So wird am Computer eine Flugzeuglandung simuliert oder man steuert ein Modellflugzeug.
Besonders beeindruckend sind die 14 nachgebauten Flugapparate Lilienthals, die mit ihren riesigen stoffbespannten Flügeln mehr an Fledermäuse denn an frühe Flugzeuge erinnern. Im Ausstellungsbereich »Flugträume« werden »phantastische Flugmodelle« aus unterschiedlichen Zeiten vorgestellt, wie zum Beispiel der Muskelkraft-Hubschrauber aus dem 19. Jahrhundert oder das Vakuumluftschiff von 1670.
Das Museum betreibt außerdem auf dem ca. 3 km entfernten Anklamer Flughafen das **Aeronauticon**, einen museumspädagogischen Erlebnispark mit Techniklehrpfad, Spielplatz und Skaterbahn.

Umgebung von Anklam

*** Peenetal**

Das Peenetal zwischen Kummerower See und der Mündung des Flusses ist eine Landschaft mit vielen Mooren und Überflutungsbereichen. Große Abschnitte des Peenetals sind als Naturschutzgebiet ausgewiesen, u. a. das **Peenetalmoor** östlich von Anklam, mit 1478 ha eines der größten des Landes. Das Gebiet ist Lebensraum vieler vom Aussterben bedrohter Arten, z. B. der Biber. Zahlreiche Knüppelburgen entlang der Peene weisen auf die scheuen Fischräuber hin, die nach einer Umzugsaktion aus dem mitteldeutschen Elberaum hier rasch heimisch wurden.
Das Peenetalmoor ist schwer zu begehen. Als Ausgangspunkt für eine Wanderung in das Naturschutzgebiet eignet sich das Dorf Relzow (nördlich von Anklam). Von Gützkow, ungefähr 25 km nordwestlich von Anklam, führt eine alte Pflasterstraße, der »Gützkower Fährdamm«, am Rand des Naturschutzgebietes »Peenewiesen bei Gützkow« zu einer ehemaligen Fährstelle an der Peene.

Murchin

Im 10 km nordöstlich von Anklam gelegenen Ort Murchin fällt auf den ersten Blick das im Stil stalinistischer Herrschaftsarchitektur errichtete Kulturhaus auf, das so gar nicht ins beschauliche Dorfbild passen will. Sehr hübsch hingegen ist die unter Denkmalschutz stehende rohrgedeckte Kate am Ortseingang, die etwas vom Landleben früherer Zeiten erahnen lässt. In der Dorfkirche (1604) fällt die Schnitzerei »Pharao segnet die Familie Josephs« aus dem 17. Jh. auf. Südlich des Dorfes erstreckt sich das 40 ha große Seeholz Murchin mit **»Schills Scheibenstand«**. Es heißt, Ferdinand von Schill und seine Freischar hätten an dem 2 m hohen Stein im April 1807 Schießübungen durchgeführt, um sich auf den Befreiungskampf gegen Napoleon vorzubereiten.

Bargischow

Südöstlich von Anklam steht in Bargischow eine hohle, 500 Jahre alte Linde, deren Stamm fast 7 m Umfang misst. Der Legende nach sollen Napoleons Soldaten 1807 hier einen Ausschank eingerichtet haben, worauf der Baum den Namen »Franzosenlinde« erhielt. Die rechteckige Feldsteinkirche wurde um 1300 errichtet, auffallend sind der gotische Taufstein und ein Altar mit Spitzbogennischen (um 1500).

Müggenburg

Als Filmkulisse für den 1987 gedrehten DEFA-Streifen »Einer trage des anderen Last« – der zu Unrecht im Westen weitgehend unbekannt ist – lebte das **Schloss** in Müggenburg, einem Ortsteil von Neuenkirchen (13 km südwestlich von Anklam), noch einmal auf. Der Verfall des Bauwerks konnte zumindest vorerst gestoppt werden. Kern der Anlage ist ein mittelalterlicher Rundturm, der ursprünglich zu einer Wasserburg gehörte und um den zwischen 1889 und 1891 das eigenwillige Backsteinschloss errichtet wurde.

Spantekow

In Spantekow, einem idyllischen Dorf 15 km südwestlich von Anklam, befindet sich die neben Dömitz zweite Flachlandfestung Mecklenburg-Vorpommerns, die 1558 bis 1567 von Ulrich von Schwerin als Stammsitz erbaut wurde. Im Schutz der Befestigungsanlagen mit einem breiten Wassergraben, dicken Mauern und Kasematten liegen die Wirtschaftsgebäude sowie das Herrschaftshaus, die weitgehend verfallen sind. Sehenswert ist das Relief am Eingangstor der Festung mit den fast lebensgroßen Portraits des Bauherrn Ulrich von Schwerin und seiner Gemahlin (um 1570).

! *Baedeker* TIPP

In die Ritterzeit versetzt

Noch heute lässt sich die Bedeutung der von vier Rundtürmen befestigten »malerischsten Burgruine Vorpommerns« erkennen, die Ulrich von Schwerin 1576 kurz nach dem Bau der Festung in Spantekow errichten ließ. Die Veste Landskron im ehemaligen Sumpfgebiet am Großen Landgraben liegt 2 km entfernt von Janow, das man über die B 199 Richtung Altentreptow erreicht.

Stolpe

In der kleinen Gemeinde (9 km westlich von Anklam) gründete der Pommernherzog Ratibor I. im Jahre 1153 unmittelbar am südlichen Peeneufer das erste Benediktinerkloster Vorpommerns. Erhalten blieb nur der Turmunterbau der Klosterkirche aus dem späten 12. Jahrhundert. Im Dorf gibt es darüber hinaus eine alte Schmiede, ein Fährhaus aus der Zeit um 1800 für den (immer noch intakten) Fährbetrieb über die Peene und mit dem Gutshaus Stolpe eines der besten Restaurants der Region (►S. 106).

Neetzkow

10 km hinter Stolpe führt die B 110 durch Neetzkow, wo man in einem romantischen Landschaftspark ein Schloss erblickt. Der Berliner Baumeister Friedrich Hitzig lieferte die Pläne für den 1850 fertig gestellten Bau, für den er sich bei Gotik und Renaissance »bediente«. Als Baumaterial verwendete er den für die Region unüblichen gelben Klinkerstein, der in der gutseigenen Ziegelei hergestellt wurde.

✶ Menzlin Nicht entgehen lassen sollte man sich das »Alte Lager« bei Menzlin, wo auf einer Binnendüne echte Wikingergräber zu bestaunen sind. Entdeckt wurden die schiffsförmigen Steingräber erst in den 1960er-Jahren; zugleich wurden auch die Reste einer bedeutenden Wikingersiedlung (9. / 10. Jh.) freigelegt. Zu den vielfältigen Grabfunden gehörten Reste eines Bootsanlegers, Keramikscherben, Handwerksgeräte sowie Schmuck aus Bernstein und Silber. Man erreicht den westlich von Anklam gelegenen frühgeschichtlichen Siedlungsplatz, wenn man in Ziethen (B 109) in Richtung Gützkow abbiegt.

✶✶ Bansin

K 12

Einwohnerzahl: 2500

Bansin, das westlichste der drei Kaiserbäder, galt lange auch als das vornehmste. Noch heute bietet sich entlang der Berg-, Wald- und Seestraße ein geschlossenes architektonisches Bild im Stil der Bäderarchitektur. Idyllisch ist auch die Lage des Ortes: Neben dem Meer befinden sich auch drei schöne Seen in unmittelbarer Nähe.

Westlich erstreckt sich das Naturschutzgebiet Mümmelkensee mit dem angrenzenden Großen Krebssee und ausgedehnten Wäldern. Östlich begrenzt der romantische Schloonsee das Seebad. Jenseits der B 111 und der parallel verlaufenden Bäderbahn liegt am Ufer des Gothensees das Dorf Bansin.

Einstiger Badeort des Adels Der clevere Geschäftsmann Delbrück, Hauptaktionär der »Aktiengesellschaft Seebad Heringsdorf«, kaufte dem seeabgewandten Dorf Bansin den unfruchtbaren Küstenstreifen ab. Mit dem Bau von Nobelhotels kam bald die entsprechende Klientel und die Dorf-

BANSIN ERLEBEN

AUSKUNFT

Tourist-Information Bansin
An der Seebrücke
17429 Bansin
Tel. 03 83 78 / 4 70 50, Fax 47 05 15
www.drei-kaiserbaeder.de

ESSEN

► Fein & teuer

① ***Plonsky***
Strandpromenade 36
(im Promenadenhotel Admiral)
Tel. 03 83 78 / 66 15 66
Hochgelobte Kreativküche

⑤ ***Atlantic***
Strandpromenade 18
(im Strandhotel Atlantic)
Tel. 03 83 78 / 605
Gourmetrestaurant mit Meeresblick

► Erschwinglich

② ***Brasserie Banzino***
Seestr. 5 (im Hotel zur Post)

Tel. 03 83 78 / 5 60
Sehr gute Auswahl zu moderaten Preisen. Wer gehobenere Küche bevorzugt, wird gleich nebenan im Restaurant »Zur alten Post« fündig.

③ ***Seeblick***
Strandpromenade 1
Tel. 03 83 78 / 49 92 37
Große Auswahl und ein traumhafter Promenadenblick

► Preiswert
④ ***Café Asgard***
Strandpromenade 15
03 83 78 / 2 94 88
Seit 1998 verwöhnt man hier die Gäste mit hausgemachten Spezialitäten. Der schöne Garten und die Promenadenlage machen das Café zu Recht zu einer Institution.

ÜBERNACHTEN

► Luxus
① ***Romantik Strandhotel Atlantic***
Strandpromenade 18
Tel. 03 83 78 / 6 05, Fax 6 06 00
atlantic@seetel.de
Direkt an der Promenade bietet das Luxushotel (26 Zi.) seinen Gästen jeglichen Komfort von Schwimmbad über Sauna bis zum Fitnessbereich.

② ***Travel Charme Strandhotel Bansin***
Bergstr. 30
Tel. 03 83 78 / 80 00, Fax 80 01 11
www.travelcharme.com
100 Z. mit dem gewohnt hohen Standard der Kette. Das Haus ist durch auch für den Familienurlaub zu empfehlen.

► Komfortabel
③ ***Kaiser Spa Hotel zur Post***
Seestr. 5
Tel. 03 83 78 / 5 60, Fax 5 62 20
www.hzp-usedom.de

Klein und fein – das Strandhotel Atlantic

Mit 173 Zimmern und Ferienwohnungen ist das Hotel das zweitgrößte Haus der Insel. Zur Anlage gehören zwei Restaurants. Großer Wert wird dem Wellnessbereich beigemessen.

④ ***Forsthaus Langenberg***
Strandpromenade 46
Tel. 03 83 78 / 4 98 90, Fax 49 89 49
www.forsthaus-langenberg.de
Rustikales Haus (40 Zi.) mitten im Buchenwald im Bansiner Westen auf dem Steilufer gelegen.

⑤ ***Promenadenhotel Admiral***
Strandpromenade 36
Tel. 03 83 78 / 6 60
www.usedom.biz
Das einstige Gästehaus der DDR-Regierung wurde zu einem schönen, beliebten Hotel (68 Zi.), Highlight ist das neue Schwimmbad mit freiem Blick auf die Ostsee.

► Günstig
⑥ ***Pension Elsbeth***
Waldstr. 31
Tel. 03 83 78 / 2 92 31
www.elsbeth.auf-usedom.info
Kleine Pension mit sechs Zimmern und zwei Ferienwohnungen

Bansin *Orientierung*

Essen

① Plonsky
② Brasserie Banzino
③ Seeblick
④ Café Asgard
⑤ Atlantic

Übernachten

① Strandhotel Atlantic
② Strandhotel Bansin
③ Hotel zur Post
④ Forsthaus Langenberg
⑤ Promenadenhotel Admiral
⑥ Pension Elsbeth

bewohner mussten für ein Vielfaches ihr altes Land zurückkaufen, wollten sie am Bäderboom teilhaben. Im Jahre 1897 startete Bansin mit nur 10 Häusern in die erste Badesaison. Rasch wuchs der Ort in den folgenden Jahren. Systematisch entstanden schicke Villen und noble Hotels. Bansin avancierte schnell zum Bad des Adels und der Hochfinanz, in dem u. a. **Kaiser Wilhelm II.** und Mitglieder seiner Familie logierten. Die Gäste bezogen ihre noblen Quartiere oft mit Zofen und Chauffeuren, eigener Dienerschaft und Leibköchen.

Als 1923 Bansin als erstes Bad Usedoms die Freibadeerlaubnis erhielt und man ohne Badewagen direkt vom Strand ins Meer konnte, legte der Ort Wert auf seinen Ruf als »deutschchristliches Seebad«. Jüdische Badegäste waren unerwünscht und sollten sich weiterhin im mondänen Heringsdorf aufhalten. Während des Dritten Reiches war das exklusive Bansin beliebt bei der Parteiprominenz; zu DDR-Zeiten gehörten SED- und Stasi-Größen zu den Stammgästen. Heute ist Bansin das kleinste der drei Kaiserbäder.

Sehenswertes in Bansin

Zentraler Punkt des Badebetriebs ist die 285 m lange Seebrücke, die 1994 wieder errichtet wurde. Wie in Heringsdorf wurde auch in Bansin der historische Vorgängerbau ein Opfer der Sturmfluten. Die heutige Seebrücke ist ein vergleichsweise schlichter Seesteg ohne repräsentative Aufbauten wie in Heringsdorf oder Ahlbeck. Jedes Jahr findet hier im Juli ein Seebrückenfest statt. Die Promenade rund um die Seebrücke lädt mit schönen Blumenbeeten, dem Musikpavillon, Spielplätzen und einer herrlichen Sicht auf die Bäderarchitektur-Villen der Bergstraße zum Verweilen ein. **Seebrücke**

Direkt an der Seebrücke steht das Haus des Gastes mit der **Tourist-Information**. Hier finden gelegentlich auch Vorträge oder Kunstausstellungen statt. Auf dem Programm stehen außerdem vielfältige Angebote für Kinder, wie Bastel- oder Vorlesestunden.

Das Panorama des Ortes erstrahlt im goldenen Licht der Abendsonne.

✶ Promenade

Entlang der Strandpromenade und der Bergstraße findet man eines der schönsten Bäderarchitektur-Ensembles Usedoms: Beinahe am Waldrand liegt das »Admiral-Hotel«, weiter Richtung Seebrücke das »Hotel Dünenschloss«. Die Häuser »Bansiner Hof«, »Kaiser Wilhelm« und »Germania« liegen in der Nachbarschaft, ebenso wie weiter östlich die »Villa Meeresstrand«, das »Strandhotel Atlantic« und die »Pension an der See«. Richtung Heringsdorf finden sich mit den Villen »Vineta«, »von Desny« und »Strandglück« hübsche Beispiele verspielter Bäderarchitektur.

! *Baedeker* TIPP

Kleiner Imbiss zwischendurch

In den rußgeschwärzten Häusern westlich der Seebrücke kann man leckeren, frisch geräucherten Fisch kaufen.

✶✶ Bergstraße und Seestraße

Die schicken Häuser der Bergstraße sind nicht minder repräsentativ: Hotels wechseln sich mit kleineren Villen ab, verspielte Balkone, Erker und andere dekorative Elemente ermöglichen einen abwechslungsreichen Spaziergang. Die Seestraße, die mit ihren zahlreichen Bäumen vom Strand Richtung Bahnhof führt, ist die **Einkaufsmeile Bansins**. In Strandnähe finden sich hier zahlreiche Restaurants und mehrere Vier-Sterne-Häuser, wie das »Parkhotel«, das »Hotel zur Post« oder die »Villa Anna«. Zahlreiche Geschäfte und Boutiquen bieten alles, was der Badegast zum Urlaubsglück braucht.

In der Bergstraße zeigt sich die Bäderarchitekutr von ihrer prächtigsten Seite.

★ **Hans-Werner-Richter-Haus**

Das alte Feuerwehrhaus in der Waldstraße 1 beherbergt seit dem Jahr 2000 eine kleine Bibliothek, die Einheimischen wie Gästen zur Verfügung steht. Mindestens zweimal im Monat finden hier außerdem literarische Veranstaltungen statt (Tel. 03 83 78 / 4 78 01). Der Besuch lohnt aber vor allem auch wegen der hier ausgestellten Nachlässe (geöffnet: Mai bis Sept. Di. – So. 12.00 – 18.00 Uhr; Okt. bis April Di. – So. 12.00 – 16.00 Uhr). Die sachkundige Bibliothekarin weiß zu manchem Ausstellungsstück interessante Geschichten zu erzählen.
Das 100-jährige Gebäude trägt heute den Namen »Hans-Werner-Richter-Haus« und präsentiert interessante Stücke aus dem Nachlass des Mitbegründers der »Gruppe 47«, der bedeutendsten Vereinigung der deutschen Nachkriegsliteratur. Hans Werner Richter (►Berühmte Persönlichkeiten) wurde 1908 in Neu-Sallenthin geboren und wuchs in Bansin auf. Im Erdgeschoss ist originalgetreu das Arbeitszimmer des Autors aufgebaut. Im Zentrum des Raums steht der imposante Schreibtisch, zudem sind schöne Skulpturen und Grafiken zu sehen, u. a. von Günter Grass und HAP Grieshaber. Interessant ist auch sein Bücherregal, das neben internationalen Klassikern vor allem die deutsche Literatur des 20. Jahrhunderts enthält.
Im Obergeschoss sind vor allem Kunstwerke und persönliche Gegenstände aus dem Besitz des Schriftstellers zu sehen. Eine langjährige Freundschaft verband Richter mit Grass, von dem auf der Galerie Originalgrafiken ausgestellt sind. Daneben werden Usedomer Künstler wie Manigk und Werner gezeigt.
In einem weiteren Raum im Erdgeschoss sind wesentliche Teile aus dem persönlichen **Nachlass** der im Jahr 2006 verstorbenen Publizistin **Carola Stern** ausgestellt, darunter ihre Schreibmaschine, Bücher, Ton- und Videoaufnahmen und Urkunden ihrer Auszeichnungen.

★ **Rolf-Werner-Gedenkatelier**

In einem idyllischen rohrgedeckten Haus, umgeben von einem schönen Garten, kann man in der Seestr. 60 einer anderen Bansiner Künstlerpersönlichkeit nachforschen: Hier lebte und arbeitete bis zu seinem Tod 1989 Rolf Werner (►Baedeker Special S. 38). Seine Witwe betreut in Eigeninitiative das Gedenkatelier und führt interessierte Besucher durch das Haus (Führungen tgl. 11.00 Uhr sowie im Sommer auch Di., Do., Sa., So. um 14.30 und 18.00 Uhr, im Winter nur 14.30 Uhr). Als hätte der Maler, ein Meister von Vorstadtszenen und Stillleben, nur eine Pause an der Staffelei eingelegt, befinden sich seine Entwürfe und Malutensilien am alten Platz im Atelier. Authentischer als durch dieses Ambiente und die Erläuterungen seiner Frau kann man wohl kaum Einblick in das Leben und Werk dieses Wahl-Usedomers bekommen. Wer möchte, kann ausgewählte Werke als Kunstpostkarten erwerben.

★ **Tropenhaus**

Eine Attraktion der besonderen Art bietet das Tropenhaus Bansin. Seit 1968 zieht der »kleinste Zoo der Welt« mit derzeit über 150 Tieren viele Besucher an. Im schönen Außengelände sind Volieren mit tropischen Vögeln – einige können auch sprechen – sowie ein Streichelzoo zu finden. Im Innenbereich bestaunt man die Terrarien oder das Gruselkabinett mit Skorpionen, Vogelspinnen und Heuschrecken. Hauptattraktion ist eine Sippe Weißbüscheläffchen. Im Tropenhaus wachsen zudem schöne exotische Pflanzen (geöffnet: April bis Okt. 10.00 – 18.00 Uhr; Nov. bis April 10.00 – 16.00 Uhr).

Umgebung von Bansin

Dorf Bansin Jenseits der B 111 und des Bahnhofs führt die Dorfstraße in das idyllische Dorf Bansin. Es liegt direkt am **Gothensee**, mit 600 ha der größte Binnensee Usedoms und ein wichtiges Rückzugsgebiet für Wildgänse, Graureiher, Störche und Fischotter. Am Dorfausgang kann man bei der imposanten alten Buche oder dem Gasthaus Bergmühle den Blick über den See genießen. Nur wenige hundert Meter Land trennen jeweils den Gothensee, den Großen und Kleinen Krebssee sowie den Schmollensee, die etliche Möglichkeiten für schöne Spaziergänge oder Radtouren bieten.

Mümmelkensee Nordöstlich des Seebades Bansin erstreckt sich entlang der Küste das Naturschutzgebiet Mümmelkensee. Die ausgedehnten Wälder sind hier besonders artenreich, vor allem um den fast verlandeten See, dessen Name von den Seerosen (Mummeln) herrührt, die auch im heutigen Hochmoor noch prächtig gedeihen. Ein Naturlehrpfad führt durch den Lebensraum zahlreicher seltener Tiere und Pflanzen. Mit 54 m bildet der **Lange Berg** die höchste Erhebung an diesem Küstenabschnitt. Die Steilküste ist hier besonders bedroht und wurde in den letzten 100 Jahren bereits um mindestens 40 m abgetragen. Vom nahen Aussichtspunkt am Kliff kann man bei guter Sicht sogar die Inseln Ruden, Greifswalder Oie und Rügen erkennen.

Rad- und Wandertouren Der mit einem grünen Quadrat markierte Weg nach Sellin und zu den Krebsseen (8 km) beginnt am Bahnhof Bansin, führt durch das Seebad über die Seestraße und den Fischerweg bis zur B 111. Am Ufer des Schmollensees entlang geht es bis kurz vor Sellin, dann nimmt man die Abzweigung nach Neu-Sallenthin und erreicht oberhalb des Kleinen Krebssees einen Aussichtspunkt mit Blick auf die »Usedomer Schweiz«. Über den Sieben-Seen-Berg kommt man dann über Bansin-Dorf zurück zum Ausgangspunkt.

Auf den Weg (senkrechter gelber Strich) muss man bei der Tour durch eines der landschaftlich reizvollsten Gebiete Usedoms, die **Usedomer Schweiz**, achten. Auch bei der ca. 19 km langen Wanderung um den Schmollensee geht es am Bansiner Bahnhof los, dann über die Seestraße, den Fischerweg und auf dem Küstenwanderweg am Langen Berg entlang. Vor dem Zeltplatz Ückeritz biegt der Weg links ab, am Bahnhof Schmollensee überquert man die B 111 und hinter Pudagla (an der Bockwindmühle) verlässt man die Straße in Richtung Stoben und Benz. Schließlich führt die Wanderung über Sellin, entlang am Schilfgürtel des Schmollensees, zurück nach Bansin.

Noch Jahre später tauchen, wie hier in »Benz« von 1924, Orte und Plätze aus dem Hinterland, abstrakte Seestege, Strandszenen und Segelboote in Feiningers Werken auf.

EIN NEW YORKER AUF USEDOM?

Für den New Yorker Maler Lyonel Feininger (1871–1956) wurde Usedom zur Offenbarung: Während seiner Sommeraufenthalte 1908–1912 fand er Motive, die ihn das ganze Leben lang begleiten sollten. Licht und Farbe der Ostseelandschaft beeinflussten stark diesen Klassiker der Moderne.

Eigentlich wollte Lyonel Feininger wie seine **deutschstämmigen Eltern** Musiker werden. Als er ihnen 1887 bei einer Deutschlandtournee hinterherreiste, entschloss er sich, statt Musik Kunst zu studieren, was er in Hamburg und Berlin tat. Aufenthalte in Weimar, Belgien und London folgten, die er mit Zeichnungen und Karikaturen für Zeitschriften finanzierte. In **Paris** fand er Kontakt zu den Futuristen und später auch zu den Kubisten.

Usedom-Aufenthalte

Die Usedom-Sommer fielen in Feiningers entscheidende Entwicklungsphase, in der er seinen charakteristischen Stil ausformte: Hier fand er einige seiner **Grundmotive**, die er in allen Schaffensperioden bearbeitete. Neben der mondänen Welt der Seebäder faszinierte ihn vor allem das Hinterland. Eindrucksvolle Adaptionen von Motiven in Benz, Zirchow, Alt-Sallenthin und Neppermin entstanden, wo er 1910 für zwei Monate wohnte. Von 1924 an wurde Deep in Hinterpommern der Urlaubsort der Familie, von wo aus er 1928 nochmals Usedom besuchte.

Stadt und Dorf

Feininger stand in Kontakt zu den Künstlern der »Brücke« und des »Blauen Reiter«, 1919 wurde er **ans Weimarer Bauhaus** berufen und war an zahlreichen Ausstellungen – seit 1923 auch in den USA – beteiligt. Neben Dorfmotiven faszinierten ihn Städte besonders – davon zeugen die Bilder der Stadt Halle (1929–1931) und die »Manhattan-Bilder« (ab 1940). **Von den Nazis angefeindet**, kehrte Feininger 1938 in seine Geburtsstadt New York zurück, wo er am 13. Januar 1956 starb.

✶ Benz

H 13/14

Einwohnerzahl: 1000

Der ruhige Ort ist mit seinen kleinen, teils rohrgedeckten Häuschen, den gepflegten Vorgärten und der schönen Holländermühle ausgesprochen hübsch. Die Hügel der Usedomer Schweiz umgeben malerisch diese kleine Idylle.

Das wurde auch von den Malern Lyonel Feininger und Otto Niemeyer-Holstein (► Berühmte Persönlichkeiten) so empfunden, die hier gern nach Inspirationen für Motive suchten und diese auch fanden. Besonders schön ist der Blick auf den Ort und seine Umgebung vom südöstlich des Dorfes gelegenen **Kückelsberg** (58 m). Im Norden sieht man von hier aus den Schmollen- und den Gothensee, im Westen das Achterwasser.

Ältestes Siedlungsgebiet ►

Die Region im Hinterland Bansins, genauer gesagt am Südufer des Schmollensees, gehört zu den ältesten slawischen Siedlungsgebieten Usedoms. Aus dieser Zeit stammt das bronzezeitliche Hügelgrab, das zwischen Schmollensee und Großem Krebssee, ca. 100 m westlich des Deißenhalser Weges, im Wald versteckt liegt. Urkundlich wurde Benz im Jahre 1229 erstmals erwähnt, als sich hier die Handelsstraßen kreuzten und der Ort politischer wie auch wirtschaftlicher Mittelpunkt der Insel war.

Sehenswertes in Benz und Umgebung

✶ **Holländerwindmühle**

Die Attraktion von Benz ist eine Mitte des 19. Jahrhunderts erbaute Holländerwindmühle mit Keller und dreigeschossigem Aufbau. Bis zum Jahre 1971 war die mit Buchenschindeln verkleidete Mühle in Betrieb, und auch heute noch, so wird versichert, könne sie mit ihrer drehbaren Haube, dem Flügelkranz und der Windrose Korn mahlen. Ihre Schönheit begeisterte auch Otto Niemeyer-Holstein, der die

BENZ ERLEBEN

ÜBERNACHTEN

► **Günstig**

Pension Schwalbennest
Fritz-Behn-Str. 30
Tel. 03 83 79 / 2 03 03, Fax 2 00 60
www.usedom-urlaub-mit-hund.de
Kleine familiär geführte Pension (10 Zi.) mit hauseigener Gaststätte und sieben Ferienhäusern. Das Mitbringen von Haustieren ist erlaubt!

Reit- und Ferienhof Benz
Labömitzer Str. 3
Tel. 03 83 79 / 25 30, Fax 2 53 99
www.benzer-ferienhof.de
Die 17 Zi. und 18 Bungalow des am Ortsrand gelegenen Hofes eignen sich besonders für Reiter und Familien mit Kindern. Denn hier gibt es nicht nur Tiere und Natur, sondern auch Sauna, Pool und Reithalle.

Nicht nur die Windmühle, sondern auch der Blick von hier aus ist schön.

Mühle kaufte und ab 1972 umfassend renovieren ließ. Der Maler lebte hier zeitweise und nutzte sie als Atelier für Nachwuchskünstler. Heute finden hier in den Sommermonaten kleine Kunstausstellungen statt (geöffnet: April bis Okt. Di.–So. 10.00 – 17.00 Uhr). Gelegentlich finden in der Mühle auch Lesungen oder Aktionen wie der Backtag im Steinbackofen statt (mehr Infos: www.muehle-benz.de). Das relativ neue, kleine Backhaus hinter der Mühle wird hauptsächlich bei Festen genutzt wie z. B. dem Mühlenfest (► Praktische Informationen). Vom Mühlenberg eröffnet sich ein herrlicher Blick über den Schmollensee.

✶ Friedhof

Am Fuße des Mühlenberges liegen auf dem 1836 angelegten Benzer Friedhof Otto **Niemeyer-Holstein** und seine Frau begraben. Die Ruhestätte der beiden ist leicht zu finden, allein schon wegen der auffallenden Plastik »Stehender Knabe« von Waldemar Grzimek. Seit 1999 ist auf dem Friedhof auch der Berliner Schauspieler **Rolf Ludwig** begraben, der hier seinen zweiten Wohnsitz hatte. Und die Publizistin **Carola Stern** (► Berühmte Persönlichkeiten) ist im Grab ihres Mannes Heinz Zöger beigesetzt. Ein Bummel über den alten stimmungsvollen Teil des Friedhofs lohnt also auf jeden Fall. In der Dorfmitte erinnert ein eindrucksvolles Denkmal von Hans Kies an den Benzer Widerstandskämpfer Fritz Behn, der 1944 nach einem Kriegsurteil der deutschen Wehrmacht erschossen wurde.

✶ St.-Petri-Kirche

Eine der ältesten Kirchen der Insel ist die 1229 erstmals erwähnte St.-Petri-Kirche, die ihr heutiges Aussehen bei Umbauten um 1600 und nach dem Dreißigjährigen Krieg erhielt. Nach der Wende wurde sie aufwändig renoviert und gilt inzwischen als Geheimtipp für Kunstinteressierte sowie als kulturelles Zentrum der Insel. Schon ihr Äußeres erscheint interessant mit dem charakteristischen Turm aus Feldsteinen, dem verputzten Oberteil und der abschließenden Haube mit Laterne (1740), doch das wirklich Besondere befindet sich im Innenraum: Eine reich ausgemalte Kassettendecke zeigt 135 Sternbilder in den Farben Gold, Weiß und Blau (19. Jh.). Auf einer Grabplatte sieht man ein Flachrelief, auf dem der in eine Ritterrüstung gekleidete fürstliche Kanzler und Hofmarschall Jacob von Künsow dargestellt ist, der 1586 im Schloss Pudagla starb.

Kunst-Kabinett Usedom

In einer restaurierten Scheune nahe der Kirche betreiben Hannelore Stamm und Hannes Albers ihr engagiertes Galerieprojekt. Ständig angeboten werden u. a. Arbeiten von Falko Behrend, Benno Fahl, Horst Janssen, Jo Jastram, Robert Metzkes, Otto Niemeyer-Holstein oder Matthias Wegehaupt. Zusätzlich runden wechselnde Ausstellungen das Angebot der Galerie ab (geöffnet: April bis Oktober tgl. 10.00 – 18.00 Uhr, im Winter nur am Wochenende; weitere Informationen: Tel. 03 83 79 / 2 01 84, www. kunstkabinett.de).

Labömitz

Bei einem Abstecher nach Labömitz kann man auf dem Schulgelände des Dorfes einen bronzezeitlichen Kreuzrillenstein und etwa 350 m südwestlich des Ortes und 80 m südöstlich der Straße nach Katschow Reste eines zerstörten Großsteingrabes auf freiem Feld entdecken.

✶✶ Usedomer Schweiz

Die Gegend im Hinterland der Kaiserbäder Richtung Benz wird aufgrund ihrer Schönheit auch »Usedomer Schweiz« genannt. Das Hügelland mit seinen zahlreichen Seen ist ein ideales Gebiet für Familienwanderungen und Radtouren, die man an zahlreichen Stellen zum Baden unterbrechen kann.

Schöne Ausblicke auf den Schmollensee ergeben sich von dem **Wanderweg**, der am östlichen Ende von Benz beginnt und nach Sellin führt (mit einem gelben Quadrat markiert). Vorbei an der Viktoriahöhe gelangt man zum Campingplatz Sellin, wo man Boote ausleihen kann. Nach einem weiteren Kilometer kommt man zum Forsthaus Fangel, einem beliebten Ausflugscafé. Zwischen Großem und Kleinem Krebssee liegt Neu Sallenthin, wo man Angeln oder Boote mieten kann. Der Kirchsteig führt schließlich zum Sieben-Seen-Blick, Krückenberg (40 m) und dem Café Gothensee. Der Bansiner Bahnhof liegt von hier aus nur noch einen Kilometer entfernt.

! *Baedeker* TIPP

Über Sieben Seen …

Von einigen Punkten der Usedomer Schweiz kann man weite Ausblicke über den Gothensee zur Ostsee genießen. Ein besonderes Panorama bietet der Aussichtsturm »Sieben-Seen-Blick« auf einer Anhöhe, von dem man den Schmollensee, das Achterwasser, den Schloonsee, den Großen und den Kleinen Krebssee sowie den Kachliner See erkennen kann.

Dargen

H 15/16

Einwohnerzahl: 570

Auf der Fahrt nach ►Kamminke passiert man das auf den ersten Blick unscheinbare Dörfchen im Hinterland. Doch Dargen hat einiges Sehenswertes zu bieten. So kann man hier eher unerwartete Tierarten studieren – nämlich Wisente und Strauße.

Beschaulich wirkt die Gegend um den Dorfteich, von dem aus die Straße Richtung Stettiner Haff zum 2 km entferten Dargener Hafen führt. Angesichts der kleinen Schiffsanlegestelle wirkt der Begriff »Hafen« zwar etwas hoch gegriffen, doch Dargen hat schon lebhaftere Zeiten erlebt: Während des Zweiten Weltkriegs war hier der Umschlagplatz für das Munitionsdepot in der Mellenthiner Heide.

* **Technik- und Zweiradmuseum**

Kurz hinter dem Ortsschild wird man bereits auf Dargens Highlight, das Technik- und Zweiradmuseum am ehemaligen Bahnhof, aufmerksam gemacht. Eigentlich beschäftigt es sich mit der Technikgeschichte der DDR, doch daneben kann man auch ein interessantes, teilweise auch kurioses Stück Alltagskultur kennen lernen. Schwerpunktmäßig wurden in der DDR gefertigte Motorräder, Mopeds und Autos zusammengetragen, doch auch die Traktoren-Sammlung und NVA-Technik nehmen einen großen Raum ein. In die Zeit vor der Wende zurückversetzt fühlt man sich beim Anblick von Telefonen, Waschmaschinen, Trabis mit Zeltdach, dem Tante-Emma-Laden mit typischen DDR-Produkten sowie an den SED-Staat erinnernden Propaganda-Tafeln (»Dem Saboteur keine Chance«).
Zwar wirkt der Weg auf das Gelände der früheren Bäuerlichen Handelsgenossenschaft Dargen nicht gerade einladend, doch man sollte sich keinesfalls von einem Besuch abhalten lassen. Nicht nur Technik-Freaks fühlen sich angezogen: Auf dem Museumsgelände werden seit einigen Jahren immer wieder Ostalgie-Treffen veranstaltet. Wer bei der Fülle der Objekte eine Pause einlegen will, kann dies in der Vereinsgaststätte tun; jüngere Besucher begeistern sich für den dazugehörigen kleinen Zoo (geöffnet: April bis Okt. Mo. – So. 10.00 bis 18.00 Uhr, Nov. bis März 11.00 – 16.00 Uhr; Informationen unter Tel. 03 83 76 / 2 02 90 oder www.museum-dargen.de).

DARGEN

ESSEN

► Preiswert

Gasthof t'on Eickboom
Haffstr. 10c
Tel. 03 83 76 / 2 04 21
Bekannt für die gute pommersche Küche, die hier serviert wird: Besonders zu empfehlen ist der Schweinerippenbraten mit Kartoffeln und Rotkohl, der in diesem Gasthof mit Backpflaumen gefüllt wird (auch 5 Gästezimmer).

Wisentgehege Bei Prätenow am Südostrand der Mellenthiner Heide ist das vor 650 Jahren durch den Menschen ausgerottete, größte Säugetier Europas auch nach Usedom zurückgekehrt – der Wisent. Die ersten Tiere in der 6 ha großen Anlage, die 2004 eröffnet wurde, stammen aus dem Nationalpark der polnischen Nachbarinsel Wolin. Mittlerweile haben sie Nachwuchs bekommen, ein Zeichen, dass sich die Tiere hier wohl fühlen (geöffnet: Ostern bis Oktober tgl. 10.00 bis 17.00 Uhr; im Winter nach Vereinbarung: Tel. 0162 / 1 63 77 79; www.wisentgehege-usedom.de).

! *Baedeker* TIPP

Alles vom Strauß

In der Schmiedestr. 6 kann man diese mächtigen Vögel bewundern – und auch im Straußenpark Pudagla (Richtung Neppermin). Es wird allerlei aus Fleisch, Leder und Federn angeboten – und wer seine Osterdekoration aufpeppen möchte, findet diverse Gestecke mit Straußeneiern (täglich 10.00 – 18.00 Uhr).

★ Thurbruch Die Gegend um Dargen lädt zu ausgedehnten Spaziergängen und Radtouren ein, beispielsweise zum Kleinen Haff oder nach Stolpe. Ein beliebtes Ziel ist auch das etwa 2,5 km nordöstlich des Ortes gelegene **Windkraftschöpfwerk** am Kachliner See.

Bereits 1771 hatte auf Anordnung des Preußenkönigs Friedrich II. die wirtschaftliche Ausbeutung der Thurbruch genannten Moorlandschaft begonnen. Für dessen landwirtschaftliche Nutzung musste dieses zuerst entwässert werden. Dies geschah über ein ausgeklügeltes Kanalsystem und mit Windrädern angetriebene Schöpfwerke. Östlich des Kachliner Sees steht ein letztes, zu diesem Zweck gebautes Windrad (Durchmesser 8,5 m). Es wurde 1920 errichtet und 1995 restauriert. Genutzt wird es heute nicht mehr.

★ Freest

A 6

Einwohnerzahl: 450

Das auf dem Festland, gegenüber von Peenemünde, gelegene hübsche Fischerdorf nennt sich »Perle am Peenestrom in Sichtweite der Insel Usedom«. Dank seiner Lage inmitten von Kiefernwäldern, Wiesen und Wasser bietet es eine wunderbare, ruhige Umgebung für Naturliebhaber, die sich so richtig erholen wollen.

FREEST ERLEBEN

AUSKUNFT

Gemeinde Kröslin
Gartenstr. 7
17440 Kröslin
Tel. 03 83 70 / 2 02 61, Fax 2 02 60
www.gemeinde-kroeslin.de

ESSEN

► Preiswert
An der Waterkant
Dorfstr. 36, Freest
Tel. 03 83 70 / 2 02 91
Den Fisch, den es hier gibt, haben Freester Fischer gefangen. An der Decke zieren handgemalte Teppichmotive den Saal.

Nah am Wasser gebaut – die Floating Houses

ÜBERNACHTEN

► Günstig
Hotel Leuchtfeuer
Dorfstr. 1
Tel. 03 83 70 / 2 07 10, Fax 2 07 11
www.hotel-leuchtfeuer.de
Das Hotel (16 Zi.) liegt mitten im idyllischen Fischerort Freest. Vom Restaurant hat man eine wunderbare Aussicht auf Hafen, Meer und Inseln.

► Komfortabel
»floating houses«
Marina Kröslin
Tel. 0 38 36 / 23 47 51, Fax 23 47 50
www.rueckenwind-ferien.de
Die zweistöckigen Ferienhäuser schwimmen fest verankert im Krösliner Hafen. Mit eigenem Anlegeplatz nicht nur für Bootsurlauber ideal.

»Wiege der Fischerteppiche«

Was für Brüssel die Spitze, ist für Freest der Fischerteppich – so eng ist dieses Produkt mit dem kleinen Dorf verbunden. Freest, heute Ortsteil von Kröslin stand schon immer ganz im Zeichen des Fischfangs, doch vielen Familien reichte das zu Beginn des 20. Jh.s nicht mehr zum Lebensunterhalt. Ein Landrat regte 1928 die Frauen an, mit Teppichknüpferei etwas dazuzuverdienen – die Geburtsstunde der Freester Fischerteppiche.

✶ Hafen

Stundenlang könnte man sich am Hafen des alten Fischerdorfes aufhalten, so viel gibt es hier zu beobachten – und sein entspanntes, maritimes Flair tut ein Weiteres, um sich hier ausgesprochen wohl zu fühlen. Man kann den Fischern beim Anlanden ihres Fanges und bei Arbeiten auf ihren Booten zusehen, ein wenig zwischen den Fischerhütten umherstreifen oder frisch geräucherten Fisch genießen. Apropos Fisch: Frischer als hier bekommt man ihn nirgends, es

empfiehlt sich also, direkt vom Kutter zu kaufen oder ihn lecker zubereitet in einem der kleinen Restaurants zu probieren! Zu dem in den 1990er-Jahren umgebauten Fischereihafen gehört ebenfalls ein Sportboothafen sowie eine Lotsenstation.
Vom Hafen aus kann man zu einem Kurztripp mit dem Kutter, Angel- und Mitsegel-Ausflügen oder einem Abstecher nach Ruden, Rügen oder der Greifswalder Oie aufbrechen. Wer nicht über Land, d. h. über Wolgast, fahren möchte, kann hier außerdem mit der Fähre nach ►Peenemünde übersetzen.

✶ Heimatstube Freest

Es heißt, die Einwohner des kleinen Dorfes Freest, das bereits 1298 erstmals urkundlich erwähnt wurde, hätten schon immer von Schafhaltung, Ackerbau und Fischfang gelebt. Bereits vor dem Eingang der Heimatstube (Dorfstr. 57) begrüßt ein 16 m langer Kutter die Gäste. Die Ausstellung beschreibt die Geschichte der Fischerei in Freest und gibt Einblicke in das Alltagsleben der Familien. Ein weiterer Schwerpunkt sind die Fischerteppiche, die sehr farbenfroh maritime Motive zeigen. Auch wenn die Teppiche der 1930er- und 1940er-Jahren mittlerweile in Farben und Mustern eher traditionell wirken, sollte man diese Form des Kunsthandwerks nicht unterschätzen: Für einen Quadratmeter Teppich, bestehend aus 57 600 Knoten, benötigen die Knüpferinnen rund 160 Stunden. Die handgearbeiteten Stücke kann man hier natürlich auch käuflich erwerben (geöffnet: Mai bis Okt. tgl. 10.00 – 16.30 Uhr, Nov. bis April Di. – Sa. 10.00 – 13.00 Uhr).

Fischräucherei Thurow

Unter Denkmalschutz steht die Fischräucherei Thurow in einem um 1925 errichteten Backsteinbau in der Dorfstr. 49, in der auch heute noch köstlicher Fisch direkt aus dem Rauch verkauft wird. Da die Räucherei über sechs Räucheröfen verfügt, ist das Angebot recht groß; besonders zu empfehlen sind Aal und Flunder.

Umgebung von Freest

Kröslin

Zusammen mit Freest war Kröslin bereits 1298 bekannt und ging dann vier Jahre später in den Besitz des Klosters Eldena (bei Greifswald) über. Nachdem man 1305 eine Kirche errichtet hatte, wurde Kröslin Pfarrdorf und Kirchspiel. Auch heute noch ist die von einer Natursteinmauer umgebene Dorfkirche einen Besuch wert, denn sie verfügt über eine wirkliche Besonderheit: Als Altarbild fungiert ein 4,1 m x 2,8 m großer Freester Fischerteppich von 1948. Auf dem Friedhof neben der Kirche stehen die »Crösliner Glocken« (1924) und ein Gedenkstein für die Gefallenen des Ersten Weltkriegs.

✶ Marina Kröslin ►

Wenn man in Richtung Peenestrom biegt, überrascht den Besucher ein großer, moderner Fünf-Sterne-Yachthafen. Neben den 500 Liegeplätzen verfügt die Marina Kröslin über 7700 m² Bootshallen, Gastronomie und Freizeitanlagen für Beachvolleyball oder Minigolf. Die Marina ist ein idealer Ausgangspunkt für Törns um Usedom und

Flaches Land und ruhiges Wasser umgeben die Krösliner Marina.

Rügen, zur dänischen Insel Bornholm oder bis zur schwedischen Küste. Während der Wassersportsaison finden unzählige Veranstaltungen wie Regatten, Hafenfeste und Open-Air-Konzerte statt. Fußgänger und Radfahrer bringt in den Sommermonaten eine Fähre mehrmals am Tag nach ►Peenemünde.

Großer Wotig

An der Küste zwischen Kröslin und ►Wolgast liegt das Naturschutzgebiet Großer Wotig, ein niedrig gelegenes Eiland mit zahlreichen wassergefüllten Roten, durchzogen von Prielen – die Heimat vieler Watvögel. Hier leben u. a. Alpenstrandläufer, Große Brachvögel, Austernfischer und Säbelschnäbler. Eine besondere Seltenheit unter den Brutvögeln ist auch der Seggenrohrsänger, eine weltweit bedrohte Art. Da jeder Besucher in dem lediglich von Salzgrasland bewachsenen Gebiet ein Störfaktor wäre, ist das Gebiet für die Öffentlichkeit gesperrt. Von der Marina Kröslin aus kann man aber mit einem Fernglas das vielfältige Vogelleben auf der Insel beobachten.

★★ Gnitz (Halbinsel)

D / E 10 / 11

Die Halbinsel fasziniert mit vielfältigen Landschaftsformen, die von der Steilküste über feuchte Niederungen bis zu flachem Land reichen. Beim Erkunden der Gegend begegnet man friedlichem Landleben, wunderbarer Natur, bunten Wiesen und von Korn- und Mohnblumen eingefassten Feldern.

Bis zum Mittelalter war der Gnitz noch eine Insel, doch mit der Zeit verlandete der frühere Strumminstrom und wurde ein schlangenförmiger See. Die jetzige Halbinsel im Südwesten Usedoms westlich von ►Zinnowitz grenzt an die Gewässer Krumminer Wiek, Peenestrom

GNITZ ERLEBEN

ESSEN

► **Preiswert**

Yachtlieger »Achterwasser«
Marina Netzelkow
Tel. 03 83 77 / 4 05 75
Schwimmende Schifferkneipe mit bodenständiger Küche. Im Sommer kann man vom Steg herrlich das Treiben auf dem Wasser beobachten.

Baedeker-Empfehlung

Gutshaus Neuendorf
Dorfstr. 4
Tel. 03 83 77 / 3 99 30, Fax 3 99 31
www.gutshaus-neuendorf-usedom.de
Die acht Ferienwohnungen im ökologisch restaurierten Gutshaus sind nicht nur allergikerfreundlich, sondern auch liebevoll und hochwertig ausgestattet. Ein Salon mit offenem Kamin, Hof und Garten laden ganzjährig zum Verweilen ein.
Die angeschlossene »Gutsschänke« ist das einzige Biorestaurant der Insel. Hier gibt es, neben Vegetarischem, auf dem Gnitz erlegtes Wild und fangfrischen Fisch aus Ostsee und Achterwasser (Mai bis Oktober: 11.00 bis 24.00 Uhr oder nach Absprache).

und Achterwasser. Obwohl nur wenige hundert Meter Luftlinie vom Lieper Winkel entfernt, muss man das gesamte Achterwasser umfahren, um auf dem Landweg in diese reizvolle Gegend zu gelangen. Ein **Wanderweg** (grüner Querbalken auf weißem Grund) führt rund um die Halbinsel.
Dass es sich hier um ein besonders schönes Fleckchen Erde handelt, haben wohl auch die ersten Siedler so empfunden, denn die ließen sich genau in dieser Gegend nieder. Von 1367 bis 1945 herrschten auf dem Gnitz und der vorgelagerten Insel Görmitz die pommerschen **Landjunker von Lepel**; die Grablege der Familie kann man noch heute in der Marienkirche von Netzelkow besichtigen.

Sehenswertes auf dem Gnitz

Neuendorf Das grüne Tor der Halbinsel ist ein »Eichholz« genannter Wald. Sobald man diesen verlässt, gelangt man über eine wunderbar sanfte Landschaft, die durch Wiesen und Felder geprägt ist, in das unscheinbare Dörfchen Neuendorf. Eine echte Attraktion sind die **imposanten Erdölpumpen**, die den Ort umgeben. Aufgrund ihres Aussehens werden diese auch »Pferdeköpfe« genannt. In den 1960er-Jahren fand man hier Erdöl, ein Glücksfall für die rohstoffarme und unter Devisenmangel leidende DDR. Mittlerweile ist nur noch ein Teil der Pumpen im Betrieb, da die Lagerstelle nahezu abgebaut ist.

Am Ortseingang ist der **Hofladen** »Villa Kunterbunt« zu finden. Von Ostern bis Anfang November (tgl. 10.00 – 17.00 Uhr, im Sommer 8.00 – 18.00 Uhr) gibt es hier Produkte aus ökologischem Landbau, darunter selbst gebackenes Steinofenbrot, Säfte, Marmeladen und – weil der Bauer zugleich auch Jäger ist – eine fantastische Salami mit Wild und Lamm (Tel. 03 83 77 / 4 30 18).

◄ Gutsdorf

Die den Gnitz beherrschende Familie von Lepel unterhielt in Neuendorf ihre Gutsanlage. Als das ehemalige Gut, das heutige Vorsteherhaus, im 19. Jh. zu klein wurde, errichtete man um 1820 ein weiteres **Gutshaus**. 2005 wurde in einer denkmalgerechten Sanierung dessen ursprünglicher Charakter aus der Entstehungszeit wiederhergestellt. Im Haus sind heute Ferienwohnungen und ein Bio-Restaurant zu finden. Im Salon finden zudem regelmäßig kleine Konzerte, Buchlesungen oder Filmvorstellungen statt.

Von der Anlage sind weitere Nebengebäude erhalten, die noch heute die Dorfstruktur prägen, darunter Gesindehäuser, die Gutsbrennerei sowie Pferde- und Rinderstallungen, die heute als Wohn- und Ferienhäuser genutzt werden. Auch eine **Kunstscheune** hat hier ihr Zuhause gefunden. Zum Repertoire der kleinen Galerie gehören naive Holzplastiken, aber auch sehens- und kaufenswerte antike Möbel, die durch geschicktes Farb-»Tuning« ein modernes Design bekommen haben. Wechselausstellungen und Malkurse (nur nach Voranmeldung) ergänzen das Programm (geöffnet: Mai bis Aug. Sa. + So. 11.00 – 16.00 Uhr oder nach Vereinbarung: Tel. 0173 / 2 41 10 06).

★ Insel Görmitz

Der Traum eines jeden Naturliebhabers erwartet einen auf der anderen Seite des Dammes, der das Festland mit dem nur 165 ha großen Görmitz verbindet. Dort beginnt ein Naturschutzgebiet, zu dem nur Wanderer und Fahrradfahrer Zutritt haben. Ganz in Ruhe kann man hier durch die malerische Wiesenlandschaft streifen, zottelige Galloway-Rinder bestaunen und den Blick über die Bucht Twelen auf den Gnitz schweifen lassen. Auf Görmitz nisten seltene Vogelarten wie Seeadler, Graureiher und Rohrweihen. Schafstelze und Wiesenpieper bevorzugen die beweideten Wiesenflächen und im Frühjahr kann man in den blühenden Schlehen- und Weißdornhecken die Dorngrasmücke singen hören. Von Zeit zu Zeit bekommt man auch einen seltenen Fischotter zu Gesicht.

Das einsame Naturreservat »erbte« die Siemens AG nach der Wende vom ehemaligen DDR-Kombinat Nachrichtenelektronik Greifswald, der hier ein kleines Ferienlager für die Kinder der Werksarbeiter unterhielt. Im Jahr 2006 wurde die Insel an zwei Berliner Rechtsanwälte weiterverkauft. Wie eine zukünftige Neunutzung des mittlerweile verfallenen Ferienlagers aussieht, ist derzeit noch unklar.

Netzelkow

Richtung Achterwasser weist der Weg in das alte Bauerndorf Netzelkow. Wilhelm Meinhold, der spätere Pfarrer von Koserow und Verfasser der »Bernsteinhexe«, wurde im hiesigen Pfarrhaus am 27. Februar 1797 geboren. Leider ist das ursprüngliche Gebäude nicht mehr vorhanden, es wurde 1911 durch einen Neubau ersetzt. Als einzige Inselkirche besitzt die **Marienkirche** noch einen mittelalterlichen Taufstein. Erstmals urkundlich erwähnt wurde ein Vorgängerbau bereits 1229; die jetzige turmlose Backsteinkirche wurde allerdings im 15. Jh. errichtet. Das Altargerät und die beiden Glocken im offenen Glockenstuhl außerhalb der Kirche stammen ebenfalls aus dem Mittelalter. Als Grablege der Familie von Lepel entstand der südwestliche Anbau. Zu sehen ist noch ein hölzerner Sarkophag mit einer liegenden Figur, die den 1747 verstorbenen Christian Carl von Lepel darstellt. Eine Gemeinschaft befreundeter Künstler bemüht sich, die Kirche für die Öffentlichkeit zugänglich zu halten (geöffnet nach Absprache, Tel. 03 83 77 / 4 20 45).

Am Gebäudesockel des benachbarten Pfarrhauses erkennt man die eingesetzten Steine des Großsteingrabes. In der dahinter gelegenen **Pfarrscheune** zeigt die »GaleriEigenart« wechselnde Ausstellungen (Di. – So. 11.00 – 18.00 Uhr). In der Scheune können Hobbykünstler ihren Urlaub mit kreativem Arbeiten kombinieren. Angeboten werden Holz-, Textil- und Keramikkurse sowie Unterkünfte für bis zu 20 Personen (Tel. 03 83 77 / 3 63 61).

Idylle beim Hafen von Netzelkow

Zur Idylle des abgelegenen Ortes gehört auch ein kleiner, verträumter **Yachthafen**. Neben einer einfachen Gastronomie gehören ein Ma-Jet-Gleitsegelcenter, Bootscharter und Segelunterricht zu den Angeboten. Fahrräder kann man hier ebenso mieten wie ein Trabant-Cabriolet (www.yachtlieger-achterwasser.de).

Lütow

Lütow ist das südlichste Dorf des Gnitz, doch zur Gemeinde mit ihren ca. 350 Einwohnern gehören auch Neuendorf, Netzelkow und die kleine vorgelagerte Insel Görmitz. Lütow war lange Zeit einer der gottverlassensten Orte Usedoms, so abgelegen, dass es erst 1945 an die Stromversorgung angeschlossen wurde. Doch seit den 1960er-Jahren kamen immer mehr Urlauber, die hier in vollkommener Ruhe und friedlicher Natur ihre Ferien verbringen wollten. Vom äußersten Zipfel der Halbinsel kann man den Blick über das Achterwasser und die Peene hinüber zum Lieper Winkel und zur Festlandsküste mit den Kirchtürmen von ► Lassan und Wehrland schweifen lassen. Für einen Familienurlaub empfiehlt sich der Naturcampingplatz und das Ferienparadies Lütow (► Praktische Informationen).

* Großsteingrab ►

Am Dorfeingang von Lütow führt ein unauffälliger Wegweiser zum einzigen noch erhaltenen **Großsteingrab** der Insel (Abb. S. 25). Ein im Sommer meist zugewachsener, ca. 500 m langer Trampelpfad führt zu der rund 4000 Jahre alten Grabstätte, die auch heute noch – in einem kleinen Hain, versteckt unter einer alten Eiche – eine fast mystische Atmosphäre umgibt. In der Jungsteinzeit wurden in derartigen Gräbern mehrere Generationen beigesetzt. Anlässlich einer ersten Untersuchung 1826 wurde die mächtige Deckplatte entfernt, bevor man sie 1911 sprengte, um die Steine für das Fundament des neuen Pfarrhauses in Netzelkow zu verwenden. Archäologisch untersucht wurde die Anlage erst 1936; man fand steinzeitliche Geräte, Waffen, Gefäße und Bernsteinschmuck, die heute im Museum in Stettin aufbewahrt werden. Anschließend wurde die Grabanlage rekonstruiert.

! *Baedeker* TIPP

Gutes für Leib und Seele

Eine kleine Welt für sich scheint das Galeriegarten-Café unter dem Birnbaum zu sein. In unmittelbarer Nähe des Naturschutzgebietes kann man wunderbar ausruhen oder einen Imbiss zu sich nehmen. Hier findet man auch ausgefallenere Mitbringsel wie selbst gesponnene Schafwolle, Pullover oder Keramik (Zum Möwenort 22; tgl. 11.00 – 20.00 Uhr, im Sommer bis 22.00 Uhr; Tel. 03 83 77 / 4 01 90).

★★ Südspitze Gnitz

In der ohnehin reizvollen Gnitzer Gegend gibt es ein ganz besonders schönes Eck – die Südspitze. Aufgrund der vielfältigen Landschaftsformen und seiner außergewöhnlich artenreichen Flora und Fauna wurde das Gebiet um den Weißen Berg zum Naturschutzgebiet erklärt. Von der Hauptstraße biegt man nach rechts (ausgeschildert) auf den Wanderweg zum 32 m hohen **Weißen Berg** ein. An dieser Stelle kann man bizarr geformte Kiefern bestaunen. Unterhalb des Weißen Berges gibt es Moor und Feuchtwiesen, auf den höher gelegenen Flächen findet man Salzgrasland und Wald. Im Sommer blühen auf den trockenen Flächen Karthäuser- und Grasnelken und in den feuchten Gebieten Sumpfdotterblumen und verschiedene Hahnenfußgewächse. Wacholder, Holunder, Hundsrose und Pfaffenhütchen wachsen an der Steilküste. Dort kann man auch zahlreiche Nistlöcher der seltenen Uferschwalben erkennen. Insgesamt bietet das Areal, auf dem verschiedenste Biotope vereinigt sind, den idealen Lebensraum für eine Vielzahl von Tierarten, darunter auch Fischotter oder Seeadler. Um die Natur nicht zu stören, sollten die gekennzeichneten Wege nicht verlassen und Hunde angeleint werden.

Immer wieder ergeben sich an der Südspitze wunderbare Ausblicke über das Achterwasser. Entlang der Küste gehören die Abbruchkante des Weißen Berges und der **Möwenort** an der Südspitze des Gnitz sicherlich zu den idyllischsten Plätzen auf der Halbinsel.

Wer die schöne Spazierstrecke noch erweitern möchte, kann den Weg bis zum Campingplatz Lütow fortsetzen. Dort kann man übrigens auch sein Auto parken, wenn man die Tour in entgegengesetzter Richtung machen möchte. Ein Hinweis für Radfahrer: Der Wanderweg an der Steilküste ist allerhöchstens etwas für Mountainbiker. Leichter geht es, wenn man bereits 1 km vor dem Campingplatz an die Steil-(West-)Küste fährt und dann die Südspitze umrundet. ◄ Touren

★★ Heringsdorf

K/L 13

Einwohnerzahl: 3600

Der Ortsname des bekanntesten aller Usedomer Badeorte klingt eigentlich nicht nach vornehmem Publikum, doch stammt er von Kronprinz Friedrich Wilhelm persönlich. Dieser wurde bei einem Besuch nach einem Namen für den kleinen Fischerort gefragt; angesichts der reichen Heringsfänge fiel ihm Heringsdorf ein.

Ziel der Reichen wie der Künstler

Der Name hat dem Ort jedoch nicht geschadet – im Gegenteil: Dank der geschäftstüchtigen Idee des Berliner Bankiers **Delbrück**, der eine »Aktiengesellschaft Heringsdorf« gründete, wurde aus dem unscheinbaren Dorf innerhalb weniger Jahre ein nobles Seebad, in dem sich alles aufhielt, was in Berlin Rang und Namen hatte. Die kaiserliche Familie weilte hier mehrmals zur Sommerfrische, doch auch Industrielle und Künstler strömten in das **»Nizza der Ostsee«**. Es galt als schick, eine eigene Sommervilla in Heringsdorf zu besitzen.

Eine Büste erinnert an den ersten Besuch von Wilhelm I. im Jahr 1820.

Da die vornehmen Gäste durch den Bau der Eisenbahnlinie um ihre Ruhe bangten, wurde die Strecke 1894 im weiten Bogen um den Ort herum geführt, so dass Heringsdorf einen Kopfbahnhof außerhalb des Villenviertels besitzt. Nach dem Ersten Weltkrieg zwang die Inflation die »Aktiengesellschaft Heringsdorf« zum Verkauf ihres Besitzes; zahlreiche Heringsdorfer wirtschafteten seitdem mit großem Erfolg in ihre eigenen Taschen. Im Gegensatz zum deutschnationalen Bansin und dem eher bürgerlichen Ahlbeck galt Heringsdorf als ausgesprochen **mondän und liberal** und zog deshalb auch Künstler und Schriftsteller an: So weilten der Maler Lyonel Feininger (► Baedeker Special S. 119) sowie die Schriftsteller Heinrich Mann, Kurt Tucholsky und Maxim Gorki hier.

Nach 1933 wurden in dem im Nazijargon als »Judenbad« titulierten Heringsdorf zahlreiche jüdische Mitbürger enteignet. So nahm sich Hermann Göring die »Villa Diana« des Bankiers Bleichröder als Gästehaus – zu DDR-Zeiten durften hier dann hohe Funktionäre urlauben.

Heringsdorf Orientierung

Essen

1. Kulm-Eck
2. Bernstein
3. Bistro & Café Amadee
4. Schmiedehaus
5. Des Kaisers Pavillon
6. Lutter & Wegner

Übernachten

1. Villa Augusta
2. Hotel Kaiserhof
3. Hotel Ostseestrand
4. Aurelia Hotel St. Hubertus
5. Strandhotel Ostseeblick
6. Villa Neptun
7. Auf Bethanienruh

Heute ist Heringsdorf wieder der größte und nobelste Ort der Insel. Einrichtungen wie Seebrücke, Spielbank oder das Forum Usedom sowie zahlreiche Veranstaltungen machen Heringsdorf zur heimlichen Inselhauptstadt. So hat sich die im Frühjahr und Herbst stattfindende Modeshow »Heringsdorf goes fashion« fest etabliert – es ist also wieder Zeit für Glanz und Glamour.

Sehenswertes in Heringsdorf

★ Seebrücke

Die 1995 errichtete Seebrücke, mit 508 Metern die **längste Kontinentaleuropas**, ist der ganze Stolz Heringsdorfs. Der hölzerne Vorgängerbau war das Wahrzeichen des Ortes und musste wegen Baufälligkeit 1958 abgerissen werden. Die neue Seebrücke, eine moderne Konstruktion aus Stahl und Glas, ist mit Betonpfeilern im Meeresgrund verankert und soll so den Sturmfluten erfolgreich trotzen.
Der vordere Teil der Seebrücke ist überdacht und dient als **Ladenpassage**. Kleine Geschäfte, Restaurants, Eisdielen und Cafés lassen kaum Konsumbedürfnisse unbefriedigt: Neben Souvenirläden findet man hier auch Boutiquen für gehobene Ansprüche. Im Untergeschoss der Seebrücken-Passage hat das Heringsdorfer Kino einen Ort gefunden.
Der offene Teil der Seebrücke eignet sich selbst bei schlechtem Wetter für einen Spaziergang: Die gesamte Brücke ist überdacht und eine in der Mitte verlaufende Plexiglaswand schützt vor Wind. An der Spitze befindet sich in einem pyramidenähnlichen Bau ein Restaurantkomplex. Hier legen außerdem die Schiffe der Bäderlinie an.
An der Vorderseite, zum Seebrückenplatz gelegen zeigt das **Muschelmuseum** eine einzigartige Privatsammlung mit über 3000 Muscheln und Schalentieren. Im angeschlossenen Museumsshop kann man so manches Souvenir erwerben, dass man gern selbst am Strand gefunden hätte (geöffnet: Juni bis August Mo. – So. von 10.00 – 21.00 Uhr, sonst bis 18.00 Uhr).

Die neue Seebrücke ist ein Wahrzeichen mit Superlativ.

HERINGSDORF ERLEBEN

AUSKUNFT

Tourist-Information Heringsdorf
Kulmstr. 33, 17424 Heringsdorf
Tel. 03 83 78 / 24 51, Fax 24 54
www.drei-kaiserbaeder.de

ESSEN

▸ Fein & teuer

② ***Bernstein***
im Strandhotel Ostseeblick (s.u.)
Mehrfach ausgezeichnetes Restaurant mit tollem Blick über die Ostsee

▸ Erschwinglich

③ ***Bistro & Café Amadee***
Delbrückstr. 17
Tel. 03 83 78 / 49 92 11
Der Ableger des Kulm-Eck liegt etwas versteckt an der Strandpromenade hinter der Villa Augusta. Tagsüber sind die Sandwiches die Snack-Empfehlung für den Promenadenspaziergang. Abends zaubert Frank Schöning ein täglich wechselndes Menü.

▸ Preiswert

④ ***Schmiedehaus***
Delbrückstr. 29
Tel. 03 83 78 / 2 26 11
Pension mit hübschem Restaurant in einer alten Bäderstil-Villa mit kleinem Vorgarten. Rustikale Küche, selbstverständlich viel Fisch.

⑤ ***Des Kaisers Pavillon***
Brunnenstr. 1
Tel. 03 83 78 / 2 27 45
Das verspielt ausgestattete Restaurant sollte man zumindest gesehen haben. Es eröffnete 1911 als »Salchows Weinstuben«, diente zwischenzeitlich als Kino und ist seit 1991 wieder Restaurant.

⑥ ***Lutter & Wegner***
Kulmstr. 3
Tel. 03 83 78 / 221 25
Leckere Gerichte aus der östrreichisch-mediterran angehauchten Küche.

Baedeker-Empfehlung

▸ Fein & teuer

① ***Kulm-Eck***
Kulmstr. 17
Tel. 03 83 78 / 2 25 60
www.kulm-eck.de
Wo andere nur kochen, komponiert Brian Seifert. Für die exquisiten Geschmacksüberraschungen seiner Aromaküche nutzt er vor allem einheimische Kräuter und Blüten der Saison. Wohltuend angenehm ist auch die ungezwungene Atmosphäre im Restaurant. Unbedingt verführen lassen und vorbestellen (tgl. ab 18 Uhr)!

ÜBERNACHTEN

▸ Luxus

② ***Maritim Hotel Kaiserhof***
Strandpromenade
Tel. 03 83 78 / 650, Fax 6 58 00
www.maritim-usedom.de
Erstklassiges Haus (133 Zi.) in prominenter Lage an der Strandpromenade nahe der Seebrücke.

③ ***Upstalsboom Hotel Ostseestrand***
Eichenweg 4 – 5
Tel. 03 83 78 / 6 30, Fax 6 34 44
www.upstalsboom.de
Damit dieses vornehme Hotel (100 Zi.) entstehen konnte, wurden drei alte Villen von Grund auf modernisiert, miteinander verbunden und zusätzlich ein Schwimmbad eingebaut. Luxuriöse Wellnessoase.

⑤ ***Strandhotel Ostseeblick***
Kulmstr. 28
Tel. 03 83 78 / 540, Fax 54 299
www.strandhotel-ostseeblick.de
61 komfortable Gästezimmer und Suiten, sehr gutes Restaurant (»Bernstein«) und wundervolles Spa mit Blick aufs Meer. 33 Apartments in der benachbarten Villa Usedom gehören ebenfalls zum Hotel..

► Komfortabel

④ ***Aurelia Hotel St. Hubertus***
Grenzstr. 1
Tel. 03 83 78 / 477 60, Fax 47 76 99
www.aurelianet.de
Nur wenige Schritte von der Ostsee kann man in der gemütlichen Villa Aurelia mit schönem Wellnessbereich wundervoll entspannen. Im Restaurant kann man traditionelle pommersche Gerichte, neu interpretiert, genießen. Computer auf allen Zimmern, freier Internetzugang

► Günstig

⑥ ***Villa Neptun***
Maxim-Gorki-Str. 53
Tel. 03 83 78 / 26 00, Fax 2 60 60
www.villaneptun.de
Rustikales Hotel (60 Zi.) gegenüber der Villa Irmgard

⑦ ***Auf Bethanienruh***
Badstr. 11
Tel. 03 83 78 / 2 24 30, Fax 2 23 50
www.strandvillen-bethanienruh.de
Die Berliner Stadtmission betreibt dieses sympathische Haus in unmittelbarer Strandnähe am ruhigen Ende des Ortes. Dusche und WC der 20 Zi. befinden sich auf dem Gang; außerdem 2 Ferienwohnungen und ein für Gruppen geeignetes Sommerhaus.

Baedeker-Empfehlung

► Luxus

① ***Villa Augusta***
Delbrückstr. 17
Tel 03 83 78 / 4 71 60, Fax 47 16 49
www.villaaugusta.de
Die 1889 errichtete Villa eines Pelz- und Weinhändlers liegt am ruhigen Ende der Strandpromenade. Das Haus bietet 23 schöne Zimmer, eine gemütliche Bibliothek, Sauna und Wellnessbereich. Der Service ist zuvorkommend, die Atmosphäre angenehm familiär.

★ **Promenade**

An der Promenade in Heringsdorf liegt westlich der Seebrücke ein schöner Rosengarten, in den die moderne Konzertmuschel gelungen integriert ist. Gegenüber der Seebrücke ragt die **Rehaklinik** empor, eine städtebauliche Sünde der 1970er-Jahre. An dieser Stelle stand ursprünglich das Nobelhotel Atlantik. Zu DDR-Zeiten war dieses unter dem Namen »Solidarität« eine der beliebtesten Kurunterkünfte. Völlig heruntergewirtschaftet wurde das historische Gebäude 1979 abgerissen und durch zwei Hochhäuser mit 1200 Betten ersetzt. Heute ist die AOK Eigner der Klinik, die nach der Wende zwar innen wie außen grundlegend modernisiert wurde, aber trotzdem weiterhin im harten Kontrast zur Bäderarchitektur der Umgebung steht. Als Auftakt zu einer einzigartigen Reihe nobler Villen steht am östlichen Ausgang des Seebrückenplatzes die **»Villa Oechsler«**. 1883 ließ sie der jüdische Bankier Oechsler im klassizistischen Stil erbauen. Von hohem kunsthistorischem Wert ist das goldgrundige Glasmosaik des Venezianers Antonia Salvati, der feinstes Murano-Glas für das allegorische Giebelgemälde der Nordfront verwendete. Ein paar Schritte weiter kommt man zur **»Villa Oppenheim«**, einem Gebäude im Stil der Villen Palladios. Hier verbrachte Lyonel Feininger (► Baedeker Special S. 119) in den Jahren 1909 bis 1912 die Sommermonate; zu DDR-Zeiten stand das Haus Stasi-Chef Erich Mielke zur Verfügung. In unmittelbarer Nachbarschaft ließ sich in exquisiter Lage und in vornehmer Eleganz der Bankier Delbrück sein Haus errichten. Nicht minder elegant zeigt sich die von Berliner Bankier Bleichröder erbaute **»Villa Diana«**. Nach dessen Enteignung 1933 wurde sie erst als Prunkherberge für Nazi- und später von DDR-Größen genutzt.

◄ Villen

! *Baedeker* TIPP

Einen Korb holen

Hergestellt werden die beliebten Strandkörbe im Werk der Korb GmbH (Waldbühnenweg, direkt hinter dem Bahnhof), das man Do. (10 Uhr) oder nach Voranmeldung (Tel. 03 83 78 / 46 50 50) besichtigen kann. Kaufen kann man die handgefertigten Körbe – von der Minivariante für den Schreibtisch bis zum individuell konfektionierten Korb mit Kühlschrank oder Sitzheizung – auch bei »Heringsdorfer Ambiente« (Brunnenstr. 10).

Geht man die Strandpromenade in Richtung Bansin, trifft man auf den **Kunstpavillon** mit seinem markant gezackten Dach. Hier bemüht man sich erfolgreich um ein abwechslungsreiches Ausstellungskonzept mit zeitgenössischen Künstlern (geöffnet: Mai bis Sept. Di. bis So. 12.00 – 18.00 Uhr).

✶ Sternwarte

Auf der gegenüberliegenden Seite der Strandpromenade befindet sich die Sternwarte »Manfred von Ardenne« (► Berühmte Persönlichkeiten). Der Dresdner Wissenschaftler, für den Usedom zur zweiten Heimat wurde, baute hier eine kleine Station für seine Beobachtungen. Bei klarem Himmel kann man hier das Universum bestaunen. Termine für Führungen gibt es auf der Webseite (www.sternwarte-usedom.de) oder nach Voranmeldung (Tel. 0171 / 2 75 69 48).

Ein paar Schritte weiter lädt im Sommer das **Zelt-Theater** »Chapeau Rouge« ein. In den Wintermonaten dient der Platz direkt hinter den Dünen als Eislaufbahn.

Forum Usedom

An der Stelle, an der sich die Promenade zum Kurplatz hin öffnet, steht das Forum Usedom. Der stalinistisch-klassizistische Stil zeugt davon, dass das Gebäude 1946 von den Sowjets als Kulturhaus erbaut wurde: Das folkloristische Giebelrelief zeigt ein Tanzpaar und zwei Musikanten. Als Ironie der Geschichte mag es anmuten, dass genau in diesem Teil des Hauses heute die **Spielbank** untergebracht ist.

◄ weiter auf S. 140

»BADEWANNE BERLINS«

Villen und Hotels im Zuckerbäckerstil, Strandpromenaden, Seebrücken und Strandkörbe – vieles auf Usedom erinnert daran, dass die Insel bereits auf 170 Jahre Badetourismus zurückblicken kann. Von den ersten beherzten Badegästen bis zur FKK-Welle zu DDR-Zeiten – die Usedomer haben alle Entwicklungen der Badekultur hautnah miterlebt.

Swinemünde machte den Anfang. Bereits 1821 baute man hier die ersten Umkleidekabinen für Badegäste, stellte ihnen Zelte für den Aufenthalt am Strand auf und bot ihnen bescheidene Unterkünfte an. Man machte gute Geschäfte und der Badetourismus erwies sich bald als einträgliche Einnahmequelle.

Insel im Wandel

Keine fünf Jahre später entstand in Heringsdorf die erste Badeanstalt und Logierhäuser säumten die Promenade. Erst in den 1850er-Jahren zogen Zinnowitz und Ahlbeck nach, in Bansin wurde 1897 mit sechs Villen der Badebetrieb eröffnet. Unterstützt wurde der Boom durch die ständig besser werdende **Verkehrsanbindung**. Die ersten Badegäste reisten noch mit der Postkutsche an. 1826 konnte man dann Swinemünde und Heringsdorf auch mit dem Schiff erreichen. Mit der Eröffnung der Bahnstrecke von Berlin über Pasewalk nach Swinemünde dauerte die Fahrt nach Usedom nur noch gut zwei Stunden.

An die See!

Innerhalb von weniger als 100 Jahren war aus einer Fischerinsel am Rande des Deutschen Reiches eine beliebte Urlaubsregion geworden. Während man bis weit ins 18. Jh. vornehmlich zum Zweck der kulturellen Bildung reiste, kam im 19. Jh. ein neuer Trend aus England. Man hatte die **gesundheitsfördernde Wirkung der Seeluft** und des Meerwasserbades entdeckt und erste Seebäder schossen aus dem Boden. In Deutschland eröffnete 1793 in Heiligendamm bei Bad Doberan das erste Seebad.

Strenge Moralvorschriften

Als sich auf Usedom die ersten Badegäste in die kalten Ostseefluten stürzten, schrieb noch eine strenge Moral vor, dass man möglichst ungesehen ins Wasser zu steigen hatte. Ein Glück, dass es den **Badekarren** gab, eine Art »fahrbare Umkleidekabine«, die samt Badegast ins Meer geschoben wurde. Über eine Leiter, durch Markisen vor neugierigen Blicken geschützt, stieg man vom Karren ins kalte Nass. Der

Alle wollen ins Meer. Die Aufnahme von 1919 zeigt Schauspiellegende Käthe Haack (4.v.re.), die in den Heringsdorfer Wellen eine Menge Spaß hat.

Aufenthalt am Strand war ebenfalls streng reglementiert und im Gegensatz zu heute auch nicht dazu da, sich der Sonne auszusetzen: **Bräune galt als proletarisch.** Vornehme Herrschaften saßen deshalb in Strandzelten oder später im Strandkorb, die Damen in langen Röcken, mit Schnürstiefeletten, Blusen und großen Hüten zum Schutz gegen die Sonne, die Herren in Anzügen mit Weste, weißem Hemd mit Fliege und weißer Strandmütze, Kinder wurden bevorzugt in Matrosenanzüge gesteckt. Selbst das »Outfit« des Bademeisters regelte eine Anweisung der Badedirektion von Heringsdorf aus dem Jahr 1860: Er musste ein blauweiß gestreiftes Hemd, eine lange blaue Hose und einen Strohhut mit breiter Krempe und schwarzer Schleife tragen.

Befreiung der Körper

Die anfängliche Prüderie am Strand legte sich im Laufe des 19. Jahrhunderts. Vor allem die um 1900 entstandene **Freikörperbewegung** ebnete den »modernen« Badegewohnheiten den Weg, die Appelle von Ärzten und Gesundheitsaposteln, sich »korsettfrei« der frischen Luft und dem Meerwasser auszusetzen, verfehlten ihre Wirkung nicht. Zu Adel und Großbürgertum gesellten sich neben Prominenz aus Militär, Politik und Kultur auch die »kleinen Leute«. Feriensonderzüge, die ab 1891 zwischen Berlin und Usedom pendelten, brachten Großstadtfamilien in Scharen auf die Insel, was ihr schließlich den Beinamen »Badewanne Berlins« eintrug. Somit war auch hier das Badevergnügen kein exklusives mehr, geschweige denn ein individuelles oder kostenloses. Um ins Wasser zu steigen, musste man – zunächst noch nach Geschlechtern getrennt – in die **Badeanstalt**, die aus Sittlichkeitsgründen mit hohen Holzwänden umgeben war. Doch auf Dauer erwies sich die Geschlechtertrennung als familienunfreundlich, und so wurden kurz nach 1900 die ersten Familienbäder zugelassen. Bansin schließlich erhielt 1923 als erstes deutsches Seebad von der Regierung die »Freibadeerlaubnis«, d. h. auch außerhalb der Badeanstalten konnte man in Schwimmbekleidung oder Bademantel an den Strand – welch ein Fortschritt!

Die Hüllen fallen

Schon damals gab es ein paar ganz Mutige, die sich an abgelegenen Stellen völlig hüllenlos sonnten oder in die Fluten stürzten. Wer hätte damals ahnen können, dass ein paar Jahrzehnte später, in der Deutschen Demokratischen Republik, sich das Verhältnis schon beinahe umkehrte: Nicht wer angezogen, sondern wer nackt badete, erwies sich als konform.

Das Forum Usedom und die Konzertmuschel säumen den Kurplatz.

An der südlichen Platzseite findet man den Eingang zum Forum Usedom, Veranstaltungsort für Ausstellungen Konzerte und Events. So finden hier das Usedomer Musikfestival und die Modenschau »Usedom Baltic Fashion« statt (► Praktische Informationen). Im Komplex sind außerdem ein Postamt und die Touristen-Information untergebracht.

✶✶ **Bäderarchitektur**

Ein Rundgang zur Bäderarchitektur Heringsdorfs könnte von der Strandpromenade ausgehend an der einzigen Jugendherberge Usedoms in der **Puschkinstraße** beginnen. Wer hier unterkommen möchte, sollte sich frühzeitig anmelden, denn das Fachwerkhaus im englischen Stil ist oft weit im Voraus ausgebucht. Die Puschkinstraße führt in einem Bogen an den Villen »Sonnenschein« und »Hohe Düne« vorbei bergauf Richtung **Delbrückstraße**, die mit einer ganzen Reihe prunkvoller Villen aufwartet. Während Namen wie »Waldesruh« oder »Ahlhus« noch auf eher bodenständige Erbauer schließen lassen, verweisen Prachtbauten wie »Villa Aurelia« oder »Villa Arcadia« auf finanzstarke Investoren. Wer es besonders nobel liebt, der kann auch heute noch herrschaftlich logieren: Zwischen Delbrückstraße und Strandpromenade bietet sich neben der »Residenz Bleichröder« vor allem die »Villa Staudt« an, in der schon Kaiser Wilhelm II. zum Tee weilte.

! *Baedeker* TIPP

Kalter Kult

In der Kulmstraße befindet sich eine Heringsdorfer Institution: In der »Eis-Villa Stein« wird bereits in dritter Generationen das Eis selbst gemacht. Sogar die Vorhänge strahlen in einem Rosa, als hätte man dieses vom Himbeereis übernommen (Mo. – Sa. 10.00 – 22.00 Uhr; So. 12.00 – 22.00 Uhr; Nebensaison So. bis 18 Uhr).

Von der Seebrücke und dem Platz des Friedens in nördliche Richtung führt die **Kulmstraße**. Hier findet man neben kleinen Lädchen und Boutiquen einige kleine Gästevillen. Von der Kulmstraße sind es nur wenige Schritte zum **»Weißen Schloss«** (R.-Breitscheid-Str.). Es ist nicht ganz gesichert, ob tatsächlich Carl Friedrich Schinkel dieses älteste Heringsdorfer Sommerhaus entworfen hat. Die preußischen Prinzen verbrachten hier als Kinder unbeschwerte Sommerferien, was einen der scharfzüngisten Kritiker des preußischen Militarismus, Kurt Tucholsky, nicht daran hinderte, 1920 und 1921 im selben Etablissement zu logieren. Später benutzten die Nazis das Gebäude als Erholungsheim für Kinder, nach 1945 war dort die Kreis-Parteischule untergebracht. Heute sind hier ein Hotel mit Restaurant zu finden, von dessen Terrasse sich ein herrlicher Blick bietet.

★★ Villa Irmgard

Abseits des Strandtrubels stellt die »Villa Irmgard« eine der kulturellen Hauptattraktionen Heringsdorfs dar. In einer Reihe vornehmer Bädervillen liegt die Villa in der Maxim-Gorki-Straße, die parallel zur Strandpromenade Richtung Bansin verläuft. In dem Haus erholte sich der russische Dichter Maxim Gorki 1922 von einem Tuberkuloseleiden. Mit Sohn und Schwiegertochter bewohnte er die Villa, unternahm Ausflüge in die Umgebung und schrieb neben seiner täglichen Korrespondenz an seiner Biografie.

Das »Arabische Zimmer« im Gorki-Museum

In der **Maxim-Gorki-Gedenkstätte** sind originalgetreue Ausstattungsstücke, Autografen und Memorabilia zu sehen. Besonders beeindruckt das im Originalzustand erhaltene »Arabische Zimmer«, das Gorki als Wohnzimmer diente. In einem Vorbau befindet sich das Arbeitszimmer: Auf dem Schreibtisch liegt das Gästebuch mit Gorkis hoffnungsvollem Eintrag: »Und trotz alledem werden dennoch die Menschen mit der Zeit wie Brüder leben« (geöffnet: Mai bis Sept. Di. – So. 12.00 – 18.00 Uhr, Okt. bis April Di. – So. 12.00 – 16.00 Uhr).

Weitere Räume der Villa beherbergen das **Museum für Literatur- und Regionalgeschichte**. Schautafeln informieren hier über weitere prominente Gäste des Seebads aus Literatur, Kunst und Musik. Weiterhin zeigt die Historische Gesellschaft in zwei Räumen des Hauses die Geschichte Heringsdorfs.

Die Räume des oberen Stockwerks werden für monatlich wechselnde Ausstellungen regionaler und internationaler Künstler genutzt. Im Veranstaltungsraum finden regelmäßig »Kleine Konzerte bei Kerzenschein«, Kabarett- und Satireabende statt. Genaue Informationen erhält man unter: Tel. 03 83 78 / 2 23 61.

Umgebung von Heringsdorf

Heringsdorfer Hinterland

Das Hinterland Heringsdorfs lockt mit viel Natur – so z. B. der kleine Ort **Gothen**, unmittelbar am Gothensee gelegen. Der See ist maximal 1,5 m tief und vermoort. Durch die Eigeninitiative des »Storchenvaters« Eggebrecht ist hier ein interessanter **Storchenpark** entstanden, der auf Schautafeln und Spazierwegen über die Vögel informiert.
Die Wegweiser im Wald rund um den 45 m hohen **Präsidentenberg** haben schon so manchen Ausflügler in die Irre geführt: Im Wildpark kann man schon seit 1933 keine Tiere mehr beobachten, das gleichnamige Gasthaus wartet aber mit guter Küche und einer wunderbaren Terrasse auf erholungsbedürftige Wanderer und Radler.

Buchfinksberg

Mit einem gelben Dreieck ist der **Wanderweg** um den Buchfinksberg markiert. Er beginnt am Gymnasium Heringsdorf, führt dann vorbei an Tennisplätzen, auf dem Rennbahnweg zum Ortsteil Gothen und schließlich zum Südhang des Buchfinksberges. Vom Berg bietet sich ein herrlicher weiter Blick auf den Thurbruch und die Kaiserbäder. Am schilfbewachsenen Ufer des Gothensees entlang geht es weiter bis zum Seebad ► Bansin. Über die Promenade führt dann der ca. 9,5 km lange Weg wieder zurück nach Heringsdorf.

Kamminke

L 16

Einwohnerzahl: 310

Am Oderhaff, dicht an der Grenze zu Polen, liegt das hübsche Fischerdorf Kamminke. Es liegt so einsam, dass man außerhalb der Saison das Gefühl hat, am Ende der Welt angekommen zu sein – und wahrscheinlich wird man nirgendwo sonst auf Usedom von dieser so in Frieden gelassen.

Der Orstname ist vom slawischen »Kamen« (Steinort) abgeleitet. Dass hier die Reusenfischerei zu Hause ist, kann man an den zum Trocknen aufgespannten Netzen und Reusen am Ufer erkennen. Vom Steilufer und vom Hafen bietet sich bei guter Sicht eine einzigartige Aussicht über das Oderhaff (Stettiner Haff) mit der Festlandküste bei Ueckermünde. Der flache Badestrand ist vor allem für Familien mit kleinen Kindern geeignet.
Bis zum EU-Beitritt Polens blühte in Kamminke der Tagestourismus ins Nachbarland. Heute startet von hier aus lediglich die Reederei Peters immer dienstags und donnerstags nach Stettin – und das auch nur bei genügend Interessenten (Tel. 03 97 71 / 2 24 26).

Nach dem Ende der Butterfahrten ist in Kamminke wieder Ruhe eingekehrt. →

★ Golm

Vom Hafen aus geht es nördlich in Richtung NSG Golm, wo sich die **Gedenk- und Kriegsgräberstätte** für die Opfer des Bombenangriffes auf Swinemünde am 12. März 1945 befindet. Bei dem 70-minütigen Angriff, an dem 650 amerikanische Bomber beteiligt waren, kamen vermutlich über 20 000 Menschen ums Leben, von denen die meisten hier bestattet sind und den Golm zum größten Kriegsgräber-Waldfriedhof Deutschlands machen.

Am Eingang weist ein 5 m hohes Holzkreuz auf die Gedenkstätte hin. Durch unterschiedliche Symbolkreuzgruppen sowie durch die Bronzetafeln mit den 1667 bekannten Namen der Toten wird die Anlage der Gräberfelder auf vier Friedhöfen erläutert. In der Mitte der Anlage steht auf einer Anhöhe ein zweigeteilter Betonrundbau von 1975 – die DDR-offizielle Gedenkarchitektur.

Das eigentliche Mahnmal ist jedoch die lebensgröße Skulptur **»Die Frierende«**, die Rudolf Leptien 1952 im staatlichen Auftrag schuf. Künstler wie Werk waren den DDR-Obersten nicht mehr genehm, so dass die Skulptur erst 1984 in einer Nacht-und Nebelaktion von Usedomer Bürgern aufgestellt und daraufhin hier auch geduldet wurde. In einem kleinen Pavillon am Fuß des Berges ist die Geschichte des Golms dokumentiert (geöffnet: Mitte März bis Mitte November täglich 9.00 – 18.00 Uhr).

»Die Frierende« schuf der Barlach-Schüler Rudolf Leptien.

Auf dem 59 m hohen Golm, nach dem Streckelsberg die zweithöchste Erhebung Usedoms, stand schon etwa um 700 v. Chr. eine **Burg**; Reste ihres Walls stammen aus der Bronze- bzw. der frühen Eisenzeit und sind nur noch schwer zu erkennen. Zur Blütezeit Swinemündes war dieser hervorragende Aussichtspunkt, von dem man eine gute Sicht über das Stettiner Haff bis nach Ueckermünde und über das Mündungsgebiet der Swine hat, ein beliebtes Ausflugsziel. Selbst die am Fuße des Berges vorbeiführende Eisenbahnlinie hatte hier einst einen Haltepunkt.

KAMMINKE

ESSEN

► Preiswert

Gasthaus »Haffblick«
Wieckstraße 12
Tel. 03 83 76 / 2 02 03
www.haffblick-kamminke.de
Sympathisches kleines Gasthaus mit regionaler Küche, natürlich auch Fischgerichte. Wenn es kalt wird, brodelt hier ein echtes Kaminfeuer; außerdem hat das Gasthaus 10 einfache Gästezimmer zu bieten.

Garz

Auf der Fahrt nach Kamminke fährt man etwa 4 km zuvor durch das nette Dorf Garz. Der Ortsname ist vom Slawischen »gardzkow« (Burg) abgeleitet. Das hübsche Bauerndorf liegt an einem Kreuzungspunkt alter Handelswege, welche die Sümpfe Schmollensee und Thurbruch umgingen und von Ückeritz über Pudagla, Katschow und Garz sich mit den von Süden her führenden kreuzten. Mitten in dem winzigen Ort zweigt der alte Landweg nach Kutzow ab.

✶ ◄ Kirche

Besonders malerisch ist die Dorfkirche. Bereits 1231 findet ein Garzer Pastor Erwähnung. Das turmlose Dorfkirchlein mit dem frei stehenden Glockenturm stammt allerdings aus dem 15. Jh. und ist von einer Mauer aus Findlingen umgebenen. Im Innenraum fallen ein Altar mit Feldsteinfundament sowie zwei bemerkenswerte Votivschiffe auf; darüber hinaus ist die Ausstellung »Golm und seine Umgebung« zu sehen (März bis Nov. von 9.00 – 17.00 Uhr, Führungen nach Voranmeldung: Tel. 03 83 76 / 2 01 24).

Flughafen Heringsdorf

Der Flughafen Usedoms heißt zwar Flughafen Heringsdorf, liegt aber nicht direkt beim Seebad. Bereits im Ersten Weltkrieg als Militärübungsplatz angelegt, wurde er 1935 als Fliegerhorst Garz der Deutschen Wehrmacht ausgebaut. Von 1945 bis 1992 waren hier sowjetische Luftstreitkräfte stationiert, parallel dazu nutzten die Anlage auch Teile der Luftverteidigung der Nationalen Volksarmee (1960 – 1990) sowie die Interflug der DDR als Zivilflughafen (1962 – 1981). Zwischen 1993 und 1996 wurde der Flughafen vollständig modernisiert und umgebaut.
Seit 2002 wird Heringsdorf wieder von verschiedenen Städten aus angeflogen (►Praktische Informationen). Zudem können hier Sportflugzeuge gemietet oder Rundflüge über Usedom, zu den Kreidefelsen nach Rügen und nach Hiddensee gebucht werden. Ein Transferbus verbindet den Flughafen mit den Kaiserbädern.

Karlshagen

C 7

Einwohnerzahl: 3150

Karlshagen ist ein ruhiger Erholungsort im Norden der Insel – genau das Richtige für Urlauber, die ihre Ferien etwas abseits vom Trubel in den See- bzw. Kaiserbädern verbringen möchten. Er liegt, umgeben von ausgedehnten Nadelwäldern, zwischen Ostsee und Peenestrom.

Im Jahre 1829 wurden im Swinemünder Amtsblatt auf Anregung des Oberregierungsrats Carl von Triest 29 Parzellen ausgeschrieben, die schnell Käufer fanden. In Anlehnung an den Vornamen des Initiators tauchte der Name »Carlshagen« 1837 dann erstmalig auf. Zunächst lebten die hier ansässigen Familien von der Fischerei. Doch mit der Entwicklung des Badewesens auf Usedom begann auch um 1880 in Karlshagen der Badebetrieb, der aufgrund der abseitigen Lage im Schatten der großen Badeorte blieb. Der Fischfang blieb immer wichtig, weshalb der Naturhafen um 1930 zum Fischereihafen ausgebaut und später auch für Sportboote vergrößert wurde.

Wohnstadt der Raketenbauer

Seit Mitte der 1930er-Jahre war Karlshagen eng mit Peenemünde verbunden. Mit der Errichtung der Heeresversuchsanstalt musste auch der Wohnungsbau für nahezu 10 000 Mitarbeiter forciert wer-

KARLSHAGEN ERLEBEN

AUSKUNFT

Tourist-Information Karlshagen
Hauptstr. 36, 17449 Karlshagen
Tel. 03 83 71 / 2 07 58, Fax 2 85 37
www.karlshagen.de

ESSEN

▶ Fein & teuer / Erschwinglich

Meeresrestaurant Die Auster
Strandpromenade 1 (im Strandhotel)
Tel. 03 83 71 / 26 90
Ausgefallene Köstlichkeiten aus regionalen Produkten, sehr gute Weinkarte und freundlicher Service

▶ Erschwinglich

Peenemünder Eck
Strandstr. 1a
Tel. 03 83 71 / 2 18 15
Gemütlicher Gasthof mit schmackhafter Hausmannskost

Veer Master
Am Hafen 2
Tel. 03 83 71 / 2 10 12
Maritime Atmosphäre, leckere Gerichte und wunderbarer Hafenblick.

ÜBERNACHTEN

▶ Komfortabel

Nordkap
Strandstr. 8
Tel. 03 83 71 / 5 50
Fax 5 51 00
www.hotel-nordkap.de
Hotel (38 Zi.) mit Wintergartenrestaurant; Kegelbahn und Sauna sind ebenfalls vorhanden.

den. So entstand in Karlshagen eine moderne Wohnsiedlung, aber auch ein Lager für KZ-Häftlinge und Zwangsarbeiter. In den Bombennächten von 1943/44 wurden große Teile des Ortes zerstört. Nach dem Krieg wurde der Badebetrieb wiederbelebt; es enstanden ein Campingplatz und zahlreiche Betriebsferienlager und -heime. Mit der Stationierung der Marine in Peenemünde und des Jagdfliegergeschwaders in Karlshagen lebten hier fast ausschließlich Soldaten mit ihren Familien.
Zwar sind die Wohnkomplexe der Armee nach wie vor nicht besonders schön anzuschauen, doch hat sich die Gemeinde erfolgreich bemüht, aus dem jüngsten Seebad Usedoms einen attraktiven Badeort zu machen. Nicht nur der Hafen mit seinen Ferienwohnungen, auch die Strandstraße mit den neu erbauten hübschen Häusern, Boutiquen und Restaurants sowie der neu gestaltete Strandaufgang zeugen von der Innovationskraft.

Sehenswertes in Karlshagen

✶ Hafen

Im neu herausgeputzten Fischerei- und Yachthafen am Achterwasser können die Fischer bei ihrer Arbeit beobachtet werden. Von hier aus fahren noch größere Kutter auf hohe See; man kann beim Anlanden des Fangs zusehen oder beim Instandsetzen der Netze und Boote. Auch ist der Hafen Ausgangspunkt für Ausflugsfahrten. Ausgesprochen lecker ist auch der hier angebotene Räucherfisch. Ein Highlight ist zudem das alljährliche Hafenfest am ersten August-Wochenende.

✶ Naturschutzzentrum Insel Usedom

Die Peenestraße führt in den Ort hinein und über die Strandstraße gelangt man zum Naturschutzzentrum Karlshagen, das Informationen über die Insel und den Naturpark Usedom liefert. Naturliebhaber erfahren alles über die heimische Flora und Fauna oder den Bernstein. Wer den Seeadler in der Natur verpasst hat, kann hier wenigstens ein schönes Präparat bewundern. Regelmäßig werden auch geführte Wanderungen angeboten (geöffnet: Mai bis Sept. Di.–So. 10.00–17.00 Uhr, Okt. bis April nur bis 16.00 Uhr). ⏲

Kirche

Die Bombenangriffe im August 1943 und im Juli 1944 zerstörten einen großen Teil des Ortes. Auch die 1912 erbaute Kirche war schwer getroffen und wurde erst 1953 in ihrer jetzigen Form wieder aufgebaut. Die Saalkirche wurde 1991 grundlegend restauriert.

Gedenkstätte

Auf dem Weg nach ►Trassenheide liegt eine Gedenkstätte, die an die Opfer des Haftlagers Peenemünde erinnert. 1970 entstand das Mosaikbild von Klaus Rößler mit dem Titel »Von der Nacht durch Kampf zum Sieg«. Neben dem Gelände wurde ein Friedhof für mehr als 2000 Menschen, die bei Bombenangriffen 1943/44 ums Leben kamen, angelegt. Ziel der Bomben war das Raketenforschungszentrum in Peenemünde; tatsächlich trafen sie aber die Wohnhäuser der Wissenschaftler und die Baracken der Zwangsarbeiter.

★ Kölpinsee · Loddin

G 10/11

Einwohnerzahl: 1060

Den meisten Usedom-Besuchern ist Kölpinsee ein Begriff, weniger dagegen Loddin. Doch eigentlich ist das Seebad nur ein Teil der Gemeinde Loddin, die sich in der Mitte der Insel auf einer besonders schmalen Landenge erstreckt und sowohl das Meer als auch das Achterwasser »berührt«.

Ursprung der Gemeinde war das Fischer- und Bauerndorf Loddin am Achterwasser. Erst mit dem Beginn des Badelebens gewann die »Kolonie Kölpinsee« an Bedeutung und wurde zum Seebad. Wie Kölpinsee liegt auch der dritte, nur wenige Häuser zählende Ortsteil Stubbenfelde an der Ostsee und zwar in Richtung Ückeritz. Gemeinsam heißen die drei Ortschaften »Seebad Loddin« und bilden eine Verwaltungseinheit.

Wie viele andere Usedomer Orte bekam auch Kölpinsee in der zweiten Hälfte des 19. Jahrhunderts den Status eines Seebades. Mit dem Anschluss der »Kolonie Kölpinsee« an das Eisenbahnnetz im Jahr 1911 nahm die Besucherzahl sprunghaft zu; zahlreiche neue Unterkünfte und die Seebrücke entstanden. Zu Beginn der 1930er-Jahre verfügte der Ort bereits über 40 Hotels und Pensionen, in denen hauptsächlich Berliner Urlaub machten. Kölpinsee galt als **Treffpunkt der UFA-Filmstars**, u. a. waren hier Willi Fritsch, Lilian Harvey, Hans Söhnker, Brigitte Horney und Grete Weiser zu Gast. Während des Zweiten Weltkriegs brach der Badebetrieb zusammen. In Kölpinsee wurde ein Gefangenenlager für Franzosen und Polen gebaut. Ende der 1940er-Jahre fanden dann viele Flüchtlinge und Umsiedler hier eine Unterkunft. Der Urlaubsverkehr lebte durch den gewerkschaftlichen Feriendienst der DDR und die Ferienunterkünfte zahlreicher Betriebe wieder auf. Heute ist Kölpinsee ein Ferienziel, in dem man sich wunderbar erholen kann. Es hat sich zudem als **Kurort**, vor allem für Mutter-Kind-Kuren, einen Namen gemacht.

! *Baedeker* TIPP

Bernstein für Anfänger und Fans

Auf dem Weg nach Loddin führt nach 200 m rechts ein Weg zur Waldsiedlung. Im Haus Nr. 4 findet man den »Bernsteinbasar«. Hier kann man das Gold der Ostsee in einer hübschen Ausstellung bewundern und kaufen. Der Inhaber gibt gute Tipps für eine erfolgreiche Bernsteinsuche und wie man echten Bernstein erkennt (täglich 16.00 – 19.00 Uhr, Tel. 03 83 75 / 2 06 49).

Sehenswertes in Kölpinsee und Loddin

★ Kölpinsee

Kölpinsee hat ein paar sehr schöne Ecken zu bieten, seien es die Fischerboote am Strand oder der Kurpark mit seiner Konzertmuschel. Von dort hat man einen wunderbaren Blick auf die Idylle um den

Kölpinsee, der dem Seebad seinen Namen gab. Nicht nur die Lage des 34 ha großen, schilfgesäumten **Binnensees** ist außergewöhnlich, auch die Wasservögel, die sich hier tummeln, tragen zu seinem Reiz bei. Der ca. 50 m tiefe See hat sich erst im Lauf der Zeit durch Sandanschwemmungen vom Meer abgetrennt. Man kann hier wunderbar verweilen, die Vögel beobachten, den Anglern zusehen, einen Spaziergang machen und dabei die Zeit vergessen. Um den See führt ein ca. 3,5 km langer Wanderweg, der teilweise auch als Trimm-dich-Pfad angelegt ist. Einkehren kann man im Café am See, von dessen Terrasse man einen schönen Blick auf das Wasser hat.

Kölpinsee · Loddin Orientierung

Essen

① Bricklebrit
② Ristorante Toscana
③ Waterblick

Übernachten

① Seeschlösschen
② Hotel zur Ostsee
③ Haus Nixe

KÖLPINSEE ERLEBEN

AUSKUNFT

Tourist-Information im Haus des Gastes
Strandstr. 23
17459 Seebad Loddin
Tel. 03 83 75 / 2 27 80, Fax 22 78 18
www.seebad-loddin.de

ÜBERNACHTEN

► **Komfortabel**

① ***Seeschlösschen***
Strandstr. 15
Tel. 03 83 75 / 26 10, Fax 26 14
www.hotel-seeschloesschen-usedom.de
Familiengeführtes, kleines Hotel (14 Zi.) für verwöhnte Ansprüche nur 5 Min. vom Strand entfernt. Auch das Restaurant ist empfehlenswert.

② ***Hotel zur Ostsee***
Strandstr. 14
Tel. 03 83 75 / 2 02 96, Fax 2 01 33
www.hotel-zur-ostsee.de
24 Zimmer verteilen sich auf zwei Häuser, darunter auch sehr preiswerte Angebote mit Etagenbad.

► **Günstig**

③ ***Haus Nixe***
Waldstr. 2
Tel. 03 83 75 / 2 01 77, Fax 2 01 79
Komplett sanierte Jugendstilvilla mit individuell gestalteten Räumen (8 Zi.); im Wald ca. 300 m vom Strand entfernt gelegen. Spezialität des Kellerrestaurants sind Steaks vom Lava-Grill.

ESSEN

► **Erschwinglich**

① ***Bricklebrit***
Am Achterwasser 10, Loddin
Tel. 03 83 75 / 2 02 80
Eine von zwei kulinarischen Perlen des Ortes: Die regionale Küche ist von ausgezeichneter Qualität, die Bedienung freundlich und es bietet sich ein schöner Blick auf das Achterwasser.

② ***Ristorante Toscana***
Strandstr. 4, Kölpinsee
Tel. 03 83 75 / 2 41 37
Italienische Küche; im Sommer lockt die große Terrasse.

Baedeker-Empfehlung

► **Erschwinglich**

③ ***Waterblick***
Am Mühlenberg 5, Loddin
Tel. 03 83 75 / 2 02 94
»Wenn wir sagen, wir machen das selber, dann machen wir das selber«, sagt Chef Peter Noack, weshalb das »Waterblick« nicht nur über eine eigene Räucherei, sondern auch eine Bäckerei verfügt und der Weinberg hinterm Haus(!) ca. 80 Flaschen Cabernet Sauvignon pro Jahr hergibt.
Die Speisekarte verrät außerdem, welches der sehr guten Fischgerichte wirklich von hier kommt: Der Fischer ist samt Kutter und Fang gleich mit ausgewiesen. Noch mehr Positives? Gern, denn die Aussicht auf das Achterwasser ist einfach phantastisch.

Strand Kölpinsee hat einen schönen, etwa 30 m breiten Sandstrand zu bieten, der in Richtung Koserow von flachen Dünen begrenzt wird. In entgegengesetzter Richtung folgt eine Steilküste mit Buchen- und Nadelwald. Das hohe Ufer schützt die Urlauber an dem etwa 250 m langen FKK-Strand (Richtung Ückeritz) vor allzu kühlen Winden.

Heimatstube

Im 1911 erbauten Bahnhof ist die Heimatstube untergebracht. Hier sind Gegenstände und Dokumente zusammengetragen, die von der Geschichte des Badeortes und vom früheren Leben an der Ostsee zeugen (geöffnet: Mo. – Fr. 9.00 – 12.00 Uhr, 15.00 – 17.00 Uhr).

★★ **Loddin**

Das am Achterwasser gelegene «Loddino« (Dorf an der Lachsbucht) konnte bereits zur Zeit des Dreißigjährigen Krieges sein 350-jähriges Bestehen feiern. Erst 1610 wurde in einer Karte nordöstlich am gleichnamigen See ein Dorf (Colpin od. Cölpin genannt) eingetragen, welches von Wallensteins Truppen ausgeraubt und niedergebrannt wurde. Mehrmals wechselten die Herren des Ortes. Seit der Revolution von 1848 ist Loddin Fischer- und Bauerndorf, das sich bis heute seinen ganz besonderen Charme bewahrt hat.
Die alten, rohrgedeckten Katen und Häuser, der kleine Hafen und der einmalige Blick auf die Halbinsel Loddiner Höwt und das Achterwasser machen den Ort zu einem wahren Kleinod. So wundert es nicht, dass immer mehr Urlauber auch nach Loddin kommen. Wegen der beiden hervorragenden Restaurants »Bricklebrit« und »Waterblick« lohnt der Ort auch für einen kulinarischen Ausflug. Für Abstecher auf das Achterwasser können im Ort außerdem alle erdenklichen Wassergefährte geliehen werden.

★★ **Loddiner Höwt**

Das Loddiner Höwt ist eine kleine, hügelige Halbinsel, die sich ins Achterwasser erstreckt. Mit »Höwt« oder »Höft« wurden bei den Slawen höher gelegene Uferstücke bezeichnet, und auch hier findet

Das Loddiner Höwt eignet sich hervorragend für Sonnenuntergangs-Romantik.

man eine wildromantische Steilküste. Ein Hochuferweg führt vorbei an bunten Wiesen hin zur Südspitze des Naturschutzgebiets, auch Galgenberg (16 m) genannt. Von ihm bietet sich eine wunderbare Aussicht über das Achterwasser hin zum Gnitz, zum Lieper Winkel und auf das Festland. Vom Bahnhof Kölpinsee führt auch ein ausgeschildeter Wanderweg (8 km) hierher, der mit einem waagrechten gelben Strich markiert ist.

Korswandt

K 14

Einwohnerzahl: 550

5 km Entfernung von Ahlbeck reichen aus, um in eine andere Welt zu tauchen. In Korswandt gibt es zwar kein Meer, dafür aber den idyllischen Wolgastsee. Herrliche Buchenwälder umgeben den friedlichen Ort. Den längeren Weg zum Strand bezahlt man mit wesentlich günstigeren Übernachtungspreisen.

Das kleine Dorf wurde bereits 1243 urkundlich erwähnt und gehörte nacheinander den Klöstern Stolpe und Pudagla, den pommerschen Herzögen und schließlich dem preußischen Staat. Wer von Zecherin auf der B 110 in Richtung der Kaiserbäder fährt, kommt zwangsläufig durch den Ort. Oder aber man wandert von Ahlbeck aus (Markierung: waagrechter roter Balken) durch den Ahlbecker Forst hierher.

*
Wolgastsee

Am See kann man wunderbar träumen. Es gibt viele ruhige Plätzchen zum Angeln, man sonnt sich an der kleinen Badestelle, schwimmt ein wenig oder mietet ein Tret- oder Ruderboot. Schön ist ebenfalls ein Spaziergang um den 16 m tiefen See; der 3,8 km lange Wanderweg ist mit einem grünen Punkt markiert. Beachtung ver-

KORSWANDT ERLEBEN

ÜBERNACHTEN

► **Komfortabel**
Hotel-Restaurant Idyll am Wolgastsee
Hauptstr. 9
Tel. 03 83 78 / 2 21 16, Fax 2 25 46
www.idyll-am-wolgastsee.de
Das Haus mit seinen 19 Zi. liegt hübsch zwischen See und Dorfstraße. Seinen Gästen bietet es Sauna, Solarium und einen Fitnessbereich.

Baedeker-Empfehlung

► **Günstig**
Pirol
Hauptstr. 10
Tel. 03 83 78 / 2 21 20, Fax 2 21 80
www.hotel-pirol.de
Nettes Familienhotel (34 Zi. und 7 FeWos), das seine Gäste per Shuttle auch zum Strand bringt. Das Restaurant serviert schnörkellose regionale Küche in riesigen Portionen.

Auf dem Wolgastsee kann jeder »zur See fahren«.

dient auch ein Naturdenkmal: Einer der riesigen Bäume auf dem Vorplatz vor dem »Idyll am Wolgastsee« ist die älteste, unter Naturschutz stehende **Rotbuche** auf Usedom. Fast unsichtbar ist dagegen die Gefahr, die dem See droht: Weil Swinemünde sein Trinkwasser aus diesem See bezieht, sinkt der Wasserspiegel kontinuierlich.

✶ Krebssee

Der Wanderweg zum Stettiner Haff – markiert mit einem gelben Kreis auf weißem Grund – biegt in der Mitte des Dorfes nach links ab; an der nächsten Gabelung muss man, um zum Krebssee (nicht zu verwechseln mit dem Großen oder Kleinen Krebssee in der Usedomer Schweiz!) zu gelangen, nach rechts abbiegen. Nach etwa 2 km erreicht man den romantisch in einer Waldschlucht liegenden See, in dem man auch baden kann.

✶ Ulrichshorst

Folgt man der Hauptstraße in südlicher Richtung, fährt man nach nur 1 km durch das unter Denkmalschutz stehende Straßendorf Ulrichshorst. Es entstand, als Friedrich II. 1774 Arbeitskräfte aus Schwedisch-Vorpommern und Mecklenburg zur Überwachung der Entwässerung des Thurbruchs (► Dargen) holen ließ und diese hier ansiedelte. Auffällig ist, dass die Häuser lediglich nördlich der Dorfstraße gebaut wurden. Das liegt zum einen an der hier nur schmalen Landzunge und zum anderen an dem Niedermoorgebiet, das sich im Süden erstreckt. Seinen Namen erhielt das Dorf nach dem preußischen Departementsrat Ulrich.

Zirchow Nach weiteren 3 km kommt man nach Zirchow, ebenfalls ein Dörfchen, durch das man meist nur schnell hindurchfährt. Interessant ist allerdings die erhöht auf einem Hügel gelegene Kirche **St. Jacobus**, die im Kern aus der 2. Hälfte des 13. Jh.s stammt. Reste mittelalterlicher Wandmalereien sind noch im Altarbereich zu erkennen, die sonstige Innengestaltung stammt weitgehend aus dem 19. Jahrhundert. Eine Besonderheit ist der Glockenstuhl, der bis zum Turmfundament herabreicht und durch Andreaskreuze verbunden ist. Unbekannt blieb die kompakte Dorfkirche keineswegs; Lyonel Feininger (► Baedeker Special S. 119) benutzte das Motiv in mehreren seiner Bilder (geöffnet in der Saison: Di. – Do. 11.00 – 16.00 Uhr).

★ Kirche ►

★★ Koserow

G 9

Einwohnerzahl: 1700

Zusammen mit Zempin liegt Koserow an der »Taille« Usedoms; Ostsee und Achterwasser sind zum Greifen nah. Jahrhundertelang lebte der Ort vom Fischfang, bis 1846 die ersten Badegäste kamen. Damals wie heute schätzen die Besucher an Koserow eine gewisse Abgeschiedenheit gegenüber den anderen Ostseebädern und die Ruhe und Unberührtheit der Natur.

Auch wenn man hier einige Sehenswürdigkeiten besichtigen kann, ist Koserow im Kern doch das gemütliche Fischerdorf geblieben, in dem auch Badelustige, Segler, Surfer, Wanderer und Radfahrer voll auf ihre Kosten kommen.

Nur selten erreicht die Ortsbeschilderung eine solche Genauigkeit wie in Koserow.

KOSEROW ERLEBEN

AUSKUNFT

Kurverwaltung Koserow
Hauptstr. 21
17459 Seebad Koserow
Tel. 03 83 75 / 2 04 15, Fax 2 04 17
www.seebad-koserow.de

ESSEN

► Erschwinglich

① ***Bernsteinhexe***
Meinholdstr. 4a
Tel. 03 83 75 / 2 02 83
Koserower Traditionsrestaurant; die Küche ist gut bürgerlich und der Fisch sehr lecker.

② ***Koserower Salzhütten***
Bei der Seebrücke
Tel. 03 83 75 / 2 06 80
Restaurant mit gutem Ruf: frischer Fisch in einer rekonstruierten Salzhütte direkt am Strand

► Erschwinglich / Preiswert

③ ***Kelchs Fischrestaurant***
Karlstr. 9
Tel. 03 83 75 / 2 04 58
Sehr große Auswahl für Fischfreunde, ein ganz besonderer Tipp sind jedoch die äußerst leckeren Bratkartoffeln!

ÜBERNACHTEN

► Komfortabel

① ***Forsthaus Damerow / Hotel Vineta***
Tel. 03 83 75 / 5 60, Fax 5 64 00
www.urlaub-auf-usedom.de
In der Nähe von Lüttenort zwischen Koserow und Zempin liegt diese Hotelanlage (68 Zi.) mit 56 Ferienhäusern und Bungalows idyllisch in einem Waldstück. Das Restaurant bietet Wild- und Fischgerichte in rustikaler Atmosphäre.

② ***Hotel Nautic***
Hauptstr. 46e
Tel. 03 83 75 / 25 50, Fax 2 55 55
www.nautic-usedom.de
Den Gästen der 28 Zi. steht ein eigener Wellnessbereich mit Schwimmbad und Saunalandschaft zur Verfügung. Zum Haus gehören weiterhin 30 Ferienwohnungen direkt am Strand im benachbarten Ückeritz.

③ ***Hotel & Restaurant Hanse-Kogge***
Hauptstr. 22
Tel. 03 83 75 / 26 00, Fax 2 60 77
www.hotelhansekogge.de
Das Haus (125 Z.) hat sich auf Senioren und Körperbehinderte spezialisiert. Die ganze Anlage ist (bis auf die Kegelbahn) barrierefrei. Einige Zimmer sind für die Bedürfnisse von Rollstuhlfahrern, Sehbehinderten und Gehörlosen ausgestattet. Zudem: hauseigener Fahrdienst und Abholservice sowie diverse Gesundheits- und Wellnessangebote im neuen Bernstein-Medical-Spa.

► Günstig

④ ***Ferienpension Elisabeth***
Jugendweg 7
Tel. 03 83 75 / 2 01 71
www.koserow.de/Elisabeth
Kleiner Familienbetrieb mit Pension und Ferienwohnungen

»Legendärer« Ort

Koserow, eine der ersten Siedlungen mit wendischem Ursprung auf Usedom, wurde erstmals im Jahre 1347 als »Cuzerowe« urkundlich erwähnt. Bereits Ende des 13. Jahrhunderts war die Koserower

Kirche aus Feldsteinen erbaut worden. Sie ist damit das älteste Gotteshaus an der Usedomer Ostseeküste. Über Jahrhunderte lebte das Dorf von Fischfang und Landwirtschaft – und bevor noch an einen Badebetrieb in Koserow zu denken war, wurde der Ort durch seine ereignisreiche (und sagenumwobene) Geschichte bekannt. So soll vor der Küste von Koserow einst die Stadt **Vineta** (►Baedeker Special S. 212) gelegen haben, die aufgrund der Gier ihrer Bewohner nach Reichtum vom Meer verschlungen worden sein soll.

Auch der gefürchtete Seeräuber **Klaus Störtebeker** soll in den Höhlen des Streckelberges einst seinen Schlupfwinkel gehabt haben, und vom Koserower Pfarrer Wilhelm Meinhold weiß man, dass er, angeregt durch einen Eintrag in einem alten Kirchenbuch, den Roman »Die Bernsteinhexe« verfasste. Es waren auch diese Geschichten, die 1846 die ersten Badegäste nach Koserow lockten.

Koserow *Orientierung*

Essen
① Bernsteinhexe
② Koserower Salzhütten
③ Kelchs Fischrestaurant

Übernachten
① Forsthaus Damerow
② Hotel Nautic
③ Hotel Hanse-Kogge
④ Pension »Elisabeth«

Badetourismus

Der Tourismus entwickelte sich in Koserow aufgrund der schlechten Verkehrslage anfangs nur schleppend. Erst mit dem Anschluss Usedoms an das Eisenbahnnetz und dem umfangreichen Chausseebau entstanden bessere Reisemöglichkeiten. Von da an kamen immer mehr Urlauber in den netten Ort. Am Strand entstanden ein Herren- und ein Damenbad, später sogar ein Familienbad und eine Seebrücke. Mit der Zeit verloren die Badeanstalten jedoch an Bedeutung; die Seebrücke wurde durch Eis und Sturm zerstört. Während des Zweiten Weltkrieges war der Badebetrieb weiter rückläufig und erlebt erst zu DDR-Zeiten einen neuen Aufschwung. Ein im Wald verborgener, riesiger Campingplatz und einige kleinere Ferienheime erinnern an die Zeit des gewerkschaftlich organisierten Urlaubs.
Heute macht man in Koserow – im Vergleich zu den kaiserlichen Preisen in den östlich gelegenen Seebädern – günstig Urlaub. Im Ort fällt außerdem das extrem detaillierte Beschilderungssystem auf, das ein Verlaufen praktisch unmöglich macht.

Sehenswertes in Koserow und Umgebung

✶✶ Dorfkirche

Nahezu versteckt hinter prächtigen Kastanien, umgeben von einer Findlingsmauer steht in der Fischerstraße die schöne Dorfkirche. Als einziges mittelalterliches Gotteshaus an der Ostseeküste Usedoms hat sie einige bauliche Besonderheiten vorzuweisen. Ende des 13. Jh.s als kleine Feldsteinkirche erbaut, ist das ursprüngliche Mauerwerk noch im Mittelteil der Nordseite mit kleinen frühgotischen Fensteröffnungen und dem schlichten dreistufigen Spitzbogen des alten Eingangs zu erkennen. Im 15. Jh. wurde sie durch den Bau des Altarraumes und des Turmes erweitert. Elemente der Hochgotik finden sich am Turmeingang wie auch an Teilen der Südfenster des Altarraumes und den geprägten Backsteinen. Bis zum Ende des 19. Jahrhunderts verfügte die Kirche im Inneren über eine schlichte Holzbalkendecke, deren letzter Balken am Westgiebel hinter der Orgel noch zu sehen ist.

Nordseite der Dorfkirche aus dem 13. Jahrhundert

Ausgesprochen kostbar ist der mittelalterliche, mit zahlreichen Schnitzfiguren verzierte **Flügelaltar**. Er ist der letzte vollständig erhaltene seiner Art auf der Insel Usedom. Dem ungewöhnlich großen Kruzifix, das von Fischern aus dem Meer geborgen wurde, gaben die Einheimischen den Namen **»Vineta-**

Kreuz«. Datierungen ergaben jedoch, dass das Kreuz erst im 15. Jahrhundert in Skandinavien gefertigt wurde. Bemerkenswert sind auch ein schönes Votivschiff und die Orgel.

Neben dem Gottesdienst-Betrieb finden in den Sommermonaten diverse kulturelle Veranstaltungen in der Kirche statt, darunter Konzerte und Lesungen aber auch das Theaterprojekt »Klassik am Meer« (►Praktische Informationen).

✶ Salzhütten

Am Ende der Hauptstraße liegt kurz vor dem Strand ein hübscher kleiner **Naturpark** mit über 200-jährigen Eichen. Weiter zum Meer stehen dann die um 1820 entstandenen Koserower Salzhütten, ein Resultat der königlichen Regierung, die Maßnahmen zur Förderung der Strandfischerei an der Usedomer Küste ergriff. Damals dienten die im Fachwerkstil mit einem Rohrdach errichteten Hütten als Lager für steuerfreies Steinsalz und während der Fangzeit wurde hier der Hering gesalzen und verpackt. Bei den Sturmfluten 1872 und 1874 zerstört, baute man sie um 1900 wieder auf. Heute sind die Salzhütten ein beliebtes Ausflugsziel auf der Insel: In »Fischer's Arbeitshütt« ist ein kleines Museum und ein Trauzimmer eingerichtet, zudem gibt es einen Souvenirladen und ein gutes Fischrestaurant.

Hinter den Salzhütten ragt die **Koserower Seebrücke** ins Meer. Diese ist zwar kein architektonisches Highlight, aber zum Flanieren und zum Genießen von Aussicht, Sonne, Wind und Meer reicht es allemal. Vom Anlegesteg verkehren außerdem die Ausflugsschiffe.

! *Baedeker* TIPP

Fisch direkt vom Fischer

Neben den historischen Salzhütten finden sich nicht nur die Arbeitshütten der heutigen Fischer, sondern diese verkaufen hier auch ihre Produkte. In der »Räucherei Sadewasser« und »Udos Fischräucherei« gibt es neben selbst Geräuchertem und Fischbrötchen auch einfache Fischgerichte, die so lecker wie günstig sind.

✶ Streckelsberg

Ein Pfad führt entlang der Steilküste durch einen Buchenwald auf die mit 60 m höchste Erhebung der Insel. Vom unter Naturschutz stehenden Streckelsberg hat man eine fantastische Aussicht auf das Meer, wo einst auch das sagenumwobene Vineta gelegen haben soll. Bei klarer Sicht erkennt man in westlicher Richtung das Hügelland von Mönchgut auf Rügen und oft auch die Kreidefelsen. Im Nordwesten sieht man die Greifswalder Oie. In südöstlicher Richtung erkennt man das Steilufer der Nachbarinsel Wolin. Zwischen den alten Buchen blüht im Vorfrühling ein blauer Teppich aus Leberblümchen und im Sommer kann man sogar einige Orchideenarten wie das Rote

Waldvögelein, die Weiße und Grünliche Waldhyazinthe und den Vogelnestwurz entdecken.
Auf dem Berg erzählt eine Tafel die Geschichte der »Bernsteinhexe«. Eine weitere erinnert an den Beobachtungsturm der Peenemünder Raketenforscher, die hier Flugbahnmessungen durchführten; der bunkerartige Bau wurde nach dem Krieg gesprengt und dessen Reste 1997 abgetragen. In den Höhlen des Berges soll außerdem der Seeräuber Klaus Störtebeker einen Unterschlupf gehabt haben. Unterhalb des Streckelsberges verhindern aufwändige Schutzmaßnahmen ein Abtragen der stark gefährdeten Steilküste.

Wieland Försters »Große Stehende« empfängt die Besucher des Gartens von Lüttenort.

★★ Atelier Otto Niemeyer-Holstein

Zwischen Koserow und Zempin an der B 111 liegt die schmalste Stelle Usedoms, wo nur 300 m zwischen Achterwasser und Ostsee liegen. Hier hatte sich der Maler Otto Niemeyer-Holstein (► Berühmte Persönlichkeiten) in sein **»Lüttenort«** zurückgezogen. Genau an der Stelle, wo er 1932 mit seinem Segelboot »Lütten« zum ersten Mal anlegte, schuf er sich seinen Malgarten, den er mit Plastiken und Skulpturen von Künstlerfreunden gestaltete. Während der Nazizeit suchte Niemeyer-Holstein in dieser Abgeschiedenheit Zuflucht und errichtete sein Haus aus einem ehemaligen S-Bahnwaggon. Da er bei seiner Arbeit nicht gestört werden wollte, schrieb er an die Tür seines Ateliers »Tabu«. Später erwarb Niemeyer-Holstein die Windmühle bei ►Benz. Bis zu seinem Tod 1984 lebte und arbeitete der Künstler im heutigen Museum »Lüttenort«. Das Atelier kann nur im Rahmen einer Führung (an den Öffnungstagen um 11.00, 12.00 und 14.00 Uhr) besichtigt werden. Die Neue Galerie veranstaltet Führungen, Konzerte, Lesungen, Vorträge und Malkurse. Im wechselnden Ausstellungsprogramm sind hier sowohl Werke Niemeyer-Holsteins, als auch des Usedomer Künstlerkreises (► Baedeker Special S. 38) und junger Künstler aus dem In- und Ausland zu sehen (Öffnungszeiten Galerie und Garten: 15. April bis 15. Oktober tgl. 10.00 – 18.00 Uhr, sonst nur Mi., Do., Sa. und So.; Tel. 03 83 75 / 2 02 13).

Gedenkstein

Ganz in der Nähe erinnert ein Gedenkstein an die Sturmfluten, die diese Stelle 1872 und 1874 durchbrachen, das Vorwerk Damerow zerstörten und die Ostsee mit dem Achterwasser verbanden. Den Damerowern blieb nichts weiter übrig, als ihren Ort zu verlassen und sich in Koserow anzusiedeln. Heute verhindert ein Deich zwischen Koserow und Zempin eine Wiederholung der Katastrophe.

Lassan

D 13

Einwohnerzahl: 1400

Nähert man sich dem Städtchen am Peenestrom von der Landseite her, so breitet sich ein nahezu freier Blick auf das Achterwasser aus. Es lohnt sich, durch die engen Straßen der sympathischen Stadt zu streifen, die übrigens die kleinste des Bundeslandes ist.

Lassan liegt auf dem Festland, ca. 15 km nordöstlich von Anklam. Aufgrund seiner günstigen Lage am Peenestrom war Lassan im Spätmittelalter Hafenplatz der aufstrebenden Hansestadt Anklam und erhielt zwischen 1264 und 1278 von dem Pommernherzog Barmin I. das Stadtrecht. Traditionell lebt der beschauliche Ort vom Fischfang, dem Holz verarbeitenden Handwerk und der Landwirtschaft; zunehmend spielt auch der Tourismus eine Rolle. Manchen ist die Stadt vielleicht aus Wolf Biermanns »Ballade von der alten Stadt Lassan«, die davon träumt, auf die Ostsee aufzubrechen, ein Begriff.

Sehenswertes in Lassan und Umgebung

★ Altstadt

Einen Bummel durch die stillen, etwas verschlafen wirkenden Gassen sollte man sich nicht entgehen lassen. Hier kann man die hübschen, eingeschossigen Ackerbürgerhäuser und zweigeschossige Bürgerhäuser aus dem 19. Jahrhundert bewundern. Bei letzteren fallen die schönen, **reich verzierten Türen** auf, Zeugen der Kunstfertigkeit des einst hier ansässigen holzverarbeitenden Gewerbes.

Das auffallendste Gebäude der Stadt ist die auf einer Anhöhe liegende Pfarrkirche **St. Johannis** (1250). Wie eine spätgotische Halle wurde ihr Langhaus angelegt, eine Haube mit achteckigem Pyramidendach (17. Jh.) bekrönt den Turm. Aus der Werkstatt des bekannten Stralsunder Künstlers Elias Keßler stammen der Altaraufsatz und die Kanzel (um 1727), beide sind mit reichem Figurenschmuck versehen. Die Kirche ist außerdem Ort für Ausstellungen und Konzerte. Westlich der Kirche findet man zudem Reste der um 1300 errichteten Stadtmauer.

LASSAN

AUSKUNFT

Fremdenverkehrsverein Lassan e. V.
Lange Straße 55 / 57, 17440 Lassan
Tel. 03 83 74 / 51 11, Fax 51 12
www.lassan.de

ÜBERNACHTEN

► **Günstig**

Ackerbürgerei Lassan
Lange Str. 55 / 57
Tel. 03 83 74 / 51 11, Fax 51 12
www.ackerbuergerei.de
Die nette Pension ist zwar recht klein (8 FeWos, 2 Zi.), dafür bietet sie aber ein sehr gutes Restaurant, einen schönen Garten, einen Verleih für Fahrräder, Kanus und Segelboote sowie Kräuterseminare für Frauen an.

✶ **Lassaner Mühle**

Eine Wassermühle in Lassan ist zwar seit 500 Jahren nachweisbar, doch der heutige Fachwerkbau in der Mühlenstr. 2a stammt aus dem Jahr 1907. Auf drei Etagen erhalten die Besucher Einblicke in die Geschichte der Stadt von ihrer Besiedlung bis in die 1950er-Jahre. Zudem werden einige Lassaner Persönlichkeiten vorgestellt: Bernt Notke, der bedeutendste Bildhauer des 15. Jh.s im Ostseeraum, wurde hier zwischen 1430 und 1440 geboren. Johann Joachim Spalding, der evangelische Pastor und »Begründer« der Aufklärung in Pommern, hatte 1749 bis 1757 in Lassan seine Wirkungsstätte. 1858 wurde hier Theodor Bartus geboren, dessen vier Expeditionen nach Turfan im heutigen China internationale Beachtung fanden. Da wesentliche Maschinen- und Anlagenteile erhalten geblieben sind, bekommt man außerdem einen nachhaltigen Eindruck, wie in der ehemaligen Wassermühle einst gearbeitet wurde (geöffnet von Juni bis September: Mo. – Fr. 10.00 – 12.00 u. 13.00 bis 16.00, Sa. 10.00 – 12.00 u. 14.00 – 16.00, So. 10.00 – 12.00 Uhr).

Zum Museum umgestaltet: die Lassaner Mühle

Hafen

Vom kleinen Hafen, der im Spätmittelalter einst als Hafenplatz Anklams große Bedeutung besaß, hat man einen wunderbaren Blick über das Achterwasser zum Lieper Winkel. Die Utensilien der noch aktiven Fischer haben mittlerweile ebenfalls einen fast historischen Anstrich. Jedes Jahr im Juli findet hier außerdem ein Hafenfest statt.

Buggenhagen

Drei Kilometer südlich von Lassan liegt Schloss Buggenhagen, das Anfang des 19. Jahrhunderts erbaut und in den 1990er-Jahren stilgerecht restauriert wurde. Bis zum Konkurs seines damaligen Inhabers gehörte es zu den besten kulinarischen Adressen der Region. Über die Vorhaben des neuen Betreibers ist noch nichts bekannt.

✶✶ Lieper Winkel (Halbinsel)

E/F 12/13

Umflossen von Peenestrom und Achterwasser gehört der Lieper Winkel auch heute noch zu den stillsten Ecken der Insel. In den kleinen, verstreuten Dörfern leben die Menschen in alten, rohrgedeckten Häusern. Ackerland erstreckt sich über weite Felder, Schilfgürtel säumen sie zum Wasser hin, stellenweise unterbrochen von kleinen Sandbuchten.

LIEPER WINKEL ERLEBEN

AUSKUNFT

Stadtinformation Usedom
Bäderstr. 5, 17406 Usedom
Tel. 03 83 72 / 7 08 90, Fax 7 10 72
www.rankwitz-im-lieper-winkel.de

ÜBERNACHTEN

► **Preiswert**

Landgasthof Am Achterwasser
Dorfstr. 12, Warthe
Tel. 03 83 72 / 75 20, Fax 7 52 52
www.am-achterwasser.de
13 Ferienwohnungen in vier schmucken Fachwerkhäusern, die sich um den empfehlenswerten Gasthof mit Fisch und Wildgerichten gruppieren.

ESSEN

► **Günstig**

Alte Fischräucherei
Am Hafen 1, Rankwitz
Tel. 03 83 72 / 7 05 21
Das traditionsreiche Lokal serviert hausgemachte Fischspezialitäten hauptsächlich aus eigenem Fang. Der Räucherfisch ist hervorragend; selbst die Usedomer machen vom Hausverkauf Gebrauch!

Baedeker-Empfehlung

► **Günstig**

Rankwitzer Hof
Dorfstr. 15, Rankwitz
Tel. 03 83 72 / 7 05 63
Das Landgasthaus (auch 10 Zi.) gilt unter Kennern als Geheimtipp: Zwar ist die Karte nicht wirklich ausgefallen, aber die Qualität der servierten Gerichte spricht für sich. Angeboten werden Fisch und Wild aus der Region.

Vergessener Flecken

Jahrhundertelang war der Lieper Winkel unbekanntes Land – abgelegen, einsam und noch dünner besiedelt als andere Gegenden der Insel. Umso mehr verwundert es, dass gerade im Dorf Liepe die erste Kirche Usedoms Erwähnung fand. Durch ihre isolierte Lage fern vom Badetourismus konnte sich die Gegend ihren ursprünglichen Charakter bewahren, was sich vor allem in eigenen, von den Slawen inspirierten Traditionen und Trachten zeigt.

Stille wie im Kloster

Als im Jahre 1187 die pommersche Herzogin Anastasia den Ort Liepe und seine Umgebung dem Prämonstratenserkloster Grobe bei ► Usedom vermachte, war die Halbinsel noch dicht bewaldet und von Sümpfen durchzogen. Erst die Mönche begannen, das Land urbar zu machen. Lange Zeit änderte sich hier nur wenig, die Einwohner der winzigen Dörfchen hatten kaum Kontakt mit der Außenwelt, denn sie waren darauf angewiesen, mit dem Boot über das Achterwasser zu fahren. Erst Ende des 19. Jahrhunderts wurde eine Straße gebaut, die eine Verbindung zur übrigen Insel schuf. Ähnlich wie auf dem Gnitz kann man hier »Natur pur« begegnen: Schön ist es, den Graureihern und Störchen auf den endlosen Fel-

← *Einen schönen Blick hat man von der Steilküste bei Quilitz.*

dern zuzusehen, durch die Fischerdörfer Rankwitz und Liepe zu bummeln, vom Hafen Rankwitz aus eine Kutterfahrt um den Lieper Winkel zu unternehmen oder bei Quilitz die einzigartige Aussicht auf den Peenestrom zu genießen. Wer Ruhe und Entspannung sucht, für den ist der Lieper Winkel genau die richtige Adresse. Selbst einige Badestellen finden sich am Ufer des Peenestroms bei Rankwitz und Quilitz sowie am Achterwasser in Warthe.
Von der B 110 führt eine schmale, von einer herrlichen Allee gesäumte Straße über Suckow (► Morgenitz), Rankwitz und Liepe hinaus bis in den äußersten Winkel nach Warthe.

Sehenswertes im Lieper Winkel

✶ Rankwitz

In den Sommermonaten ist der kleine **Hafen** von Rankwitz ein beliebter Anlegeplatz für Segelboote und Yachten. Von der Mole aus hat man einen herrlichen Blick auf die Peene, man kann hier wunderbar träumen und die Zeit vergessen. Gelegentlich brechen Boote zu Fahrten um den Lieper Winkel auf. Rankwitz selbst ist ein hübsches Dorf mit schiefen Fischerkaten und hübschen Bauernhäusern. Von der Landwirtschaft und der Fischerei zu Großmutters Zeiten erzählt der Heimathof an der Hauptstraße. Hauptattraktion ist ein etwa 200 Jahre alter Webstuhl (geöffnet nach Absprache: Tel. 03 83 72 / 7 05 35). Am Ortsrand ist auch die höchste Erhebung des Lieper Winkels zu finden: Vom 18,4 m hohen **Jungfernberg** hat man einen guten Blick über die Gegend.

> **! Baedeker TIPP**
>
> **180° Sonnenuntergang**
>
> Den schönsten Sonnenuntergang mit einem herrlichen Blick über das Achterwasser erlebt man im Sommercafé am Rankwitzer Hafen. Genießen kann man hier ab 11 Uhr die Fischgerichte und abends dann die leckeren Cocktails. Und weil man hier so herrlich sitzt, bleibt das Café oft bis weit nach Mitternacht geöffnet (Mai bis September; Am Hafen 2, Tel. 03 83 72 / 7 38 00).

Quilitz

Am Peeneufer entlang kann man von Rankwitz zum 2 km entfernten Weiler Quilitz spazieren. Bei gutem Wetter bietet sich vom Steilufer bei Quilitz eine wunderbare Aussicht: in südlicher Richtung zur Stadt Usedom und am gegenüberliegenden Ufer von Lassan bis zu den Hafenanlagen von Wolgast im Norden. Besonders romantisch sind Spaziergänge bei Sonnenuntergang am Hochufer. Wer gerne ein Bad im Peenestrom nehmen will und sich mit Haffsand zufrieden gibt, findet in der Nähe eine schöne, ruhige Badestelle.

✶✶ Liepe

Liepe, dessen Name auf das slawische »lipa« (Linde) zurückgeht, war Namensgeber für die gesamte Halbinsel. Das Dorf liegt im Zentrum des Lieper Winkels. Ausgerechnet in dieser abgelegenen Gegend steht mitten im Ort die malerische Dorfkirche **St. Johannes**. Die Geschichte der ältesten Kirche Usedoms geht bis in die Zeit der Christianisierung zurück. Bereits 1216 wurde das Lieper Gotteshaus erstmals urkundlich erwähnt. Von dem Ursprungsbau ist nur noch der Fuß des Taufsteins erhalten, der kleine, turmlose Feld- und Backsteinbau mit dem frei stehenden Glockenstuhl wurde Ende des Mittelalters errichtet. Besonders schön sind die mittelalterlichen Wandmalereien an der Ostwand, welche die Kreuzigung und die Auferstehung Christi zeigen. Ungefähr 300 Jahre jünger sind das Gestühl mit Kanzelaltar und die Orgel.

Warthe

Im hintersten Winkel der Halbinsel scheint das Dörfchen Warthe nahezu ungestört vor sich hin zu träumen. Auch die kleine Gaststätte scheint der Ruhe keinen Abbruch zu tun. Es lohnt sich, ein wenig zu verweilen, die schöne Umgebung zu erkunden und den Fischern bei der Arbeit zuzusehen. In der Nähe des Gasthofes ist eine malerische Idylle zu finden: das Blaue Haus mit seinem wild bewachsenen Vorgarten schmückt so manche Ansichtskarte. Ende Juni wird in Warthe seit einigen Jahren außerdem ein Kräutermarkt abgehalten.
Die Abgeschiedenheit des Ortes kann einen verzaubern, und so verwundert es nicht, dass Philipp Otto Runge (► Berühmte Persönlichkeiten) hier zu dem bekannten Märchen vom »Fischer und siner Fru« inspiriert worden sein soll.

*** Wanderweg**

Mit einem grünen Querbalken auf weißem Grund ist der Wanderweg markiert, der rund um den Lieper Winkel führt. Folgt man ihm, so kommt man auch durch Dörfchen wie Grüssow, Reestow und Schwenkenberg, wo sich Fuchs und Hase gute Nacht zu sagen scheinen. Alles geht in dieser ländlichen Idylle, ungestört von der Hektik der modernen Zeit, seinen gemächlichen Gang.

Das Blaue Haus in Warthe ist eines der beliebtesten Fotomotive der Insel.

✶ Mellenthin

G 14

Einwohnerzahl: 490

Mellenthin ist ein typisches Gutsdorf, dessen Charakter hauptsächlich durch die Kirche und das Wasserschloss geprägt werden. Im 16. Jahrhundert galt das Schloss als einer der stattlichsten Herrensitze der Region. Derzeit entsteht es in alter Schönheit wieder, wovon man sich bei einem Spaziergang um den Burggraben und den dahinter liegenden Park überzeugen kann.

✶ Kirche

Von einer Mauer umgeben, inmitten eines alten Friedhofs mit Baumbestand steht die um 1330 entstandene Mellenthiner Kirche, nach der Lieper Kirche das zweitältestes Gotteshaus auf Usedom. Ihre wechselhafte Baugeschichte lässt sich an mehreren architektonischen Details ablesen: Aus ihrer Entstehungszeit stammen der Rechteckchor aus Feldsteinen sowie die Sakristei. Das angebaute Langschiff aus Backstein und der Turm sind ein Werk des 15. Jahrhunderts, etwa 200 Jahre danach entstanden die Kanzel und der größte Teil der Inneneinrichtung, etwas später die Orgelempore. Erst 1930 waren bei Restaurierungsarbeiten mittelalterliche Fresken aus der Vorreformationszeit freigelegt worden.

MELLENTHIN ERLEBEN

ESSEN

► **Erschwinglich**

Restaurant im Wasserschloss
Dorfstraße 25
Tel. 03 83 79 / 2 89 30, Fax 2 89 32
Die Küche in den schön restaurierten Räumen im Erdgeschoss des Schlosses ist gut und gutbürgerlich und veranstaltet regelmäßig kulinarische Events wie Ritterbüfett oder Piratenschmaus. Bei schönem Wetter sitzt man herrlich draußen im Hof oder auf der Freitreppe im Park.

► **Preiswert**

Landgasthaus Klein
Chausseeberg 1
Tel. 03 83 79 / 2 02 46
Direkt an der Kreuzung zur B 110 steht das Landgasthaus. Spezialitäten des Hauses sind Flugentenbrust, Gänsekeule und Zwiebelfleisch vom Lamm. Auf der Karte findet man auch Hausgemachtes wie Petersiliensaft und Holunderlikör; Schmalz und Ökowurst im Glas werden zum Mitnehmen angeboten.

ÜBERNACHTEN

► **Komfortabel**

Gutshof Insel Usedom
Dorfstr. 24
Tel. 03 83 79 / 22 91 20, Fax 2 88 30
www.gutshof-usedom.de
Die 20 Zimmer und 4 Maisonette-Wohnungen in dem historischen Gebäude wurden sorgfältig im mediterranen Stil ausgestattet. Zum Haus gehören eine Sauna und ein gutes Café-Restaurant, von dessen Vorgarten aus man das auf dem Dach nistende Storchenpaar beobachten kann.

An die Erbauer des Schlosses, Rüdiger von Neuenkirchen und seine Frau Ilsabe von Eickstedt, erinnert eine Kalksteinplatte. Das Weihwasserbecken bildet ein alter Mahlstein und die Glocke aus dem Jahre 1654 ist ein Geschenk des Landgrafen von Hessen-Homburg und seiner schwedischen Gemahlin Margarethe de Brahe. Gut und Schloss waren nach dem Tod des letzten von Neuenkirchen in den Besitz des schwedischen Reichsrates von Oxenstierna gekommen.

✶✶ Schloss Mellenthin

Über eine von alten Bäumen gesäumte Allee gelangt man (vorbei an den ehemaligen und nun ausgebauten Gutsställen) zum Wasserschloss, das von einem flachen Wassergraben umgeben ist. Der als »einer der bedeutendsten Profanbauten der Renaissance in Norddeutschland« gerühmte Herrensitz wurde 1580 unter Rüdiger von Neuenkirchen fertig gestellt. Die Familie gehörte neben dem Kloster Pudagla zu den größten Landbesitzern auf der Insel. Mit dem Tod des Sohnes Christoph im Jahre 1641 starb das Geschlecht der Neuenkirchen aus, danach wechselte der Sitz mehrfach den Eigentümer. Wer das Restaurant im Schloss besucht, kann dort den farbenfrohen, mit Figuren und Reliefs geschmückten Kamin (1613) bewundern. Keller, Erdgeschoss und erstes Obergeschoss wurden renoviert und ein Restaurant und Café eröffnet. Der Öffentlichkeit ist nur das Erdgeschoss zugänglich. Für geschlossene Gesellschaften stehen Räume im ersten Obergeschoss zur Verfügung. Im Westflügel wurde 2007 ein sehr schönes **Hotel** mit 26 komfortablen Zimmern und einem großzügigen Wellnessbereich eröffnet.
Auch im nahe gelegenen alten **Gutshof** ist ein schönes Hotel untergebracht. Im Sommer zieht dort auf dem Dach ein Storchenpaar seine Jungen groß.

Schwedenschanze

Etwa 1,5 km nördlich liegt die so genannte Schwedenschanze, ein altslawischer Burgwall aus dem 8. und 9. Jahrhundert, in den sich in Krisenzeiten die Landbewohner flüchteten.

Pudagla

Der Sage nach verband ein unterirdischer Gang das Schloss mit dem 6 km entfernten Kloster Pudagla (► Neppermin). Einer der Herren von Neuenkirchen soll sich in eine Nonne verliebt haben. Um sie aus dem Kloster zu befreien, habe er einen Tunnel gegraben. Einer anderen Überlieferung zufolge waren es die im Kloster lebenden Mönche, die selbst den Tunnel gruben, um ungesehen ihren Liebesabenteuern auf der Burg nachgehen zu können.

Wanderung zur Suckower Eiche

Eine schöne Wanderung führt von Mellenthin zur Suckower Sockeleiche (►Morgenitz). Der Weg ist etwa 12 km lang, mit einem grünen Dreieck markiert und beginnt am Schloss Mellenthin. Er führt durch den ►Lieper Winkel, vorbei an Morgenitz und biegt in Krienke nach links ab. Weiter geht es dann in Richtung Suckow zum Naturdenkmal. Von Suckow führt auch ein kürzerer Landweg direkt nach Morgenitz, von dort gelangt man zurück nach Mellenthin.

★ Misdroy (Międzyzdroje)

H 4/5

Einwohnerzahl: 6000 **Land:** Republik Polen

Misdroy gilt als das schönste Seebad der Insel Wolin, wenn nicht ganz Polens, und wartet – ähnlich wie viele der Usedomer Bäder – mit einer Seebrücke und wunderschönen Villen und Häusern im Stil der Bäderarchitektur auf. Die Natur hat herrliche Sandstrände, Klippen und ein wunderschönes Hinterland zu bieten.

Von der Natur begünstigt

Östlich des Swinemünder Stadtteils Warszów und des Hafengebiets erstreckt sich ein schmaler Wald, der Międzyzdrowski Las (Forst Misdroy). Dieser trennt den Großen Vierzig See und das Große Haff von der Ostsee. An einem Ausläufer des Kleinen Vierzig Sees liegt Międzyzdroje (Misdroy). Östlich des Ortes befindet sich ein großes Waldgebiet, das zu weiten Teilen zum Woliner Nationalpark gehört, der auch viele Strandwiesen und Sumpfgebiete des Großen Vierzig Sees umfasst. Mehrere Hügel, wie der Kaffeeberg, der Gosanberg und der St.-Anna-Berg schirmen Misdroy vor den kalten Ostwinden ab. So zeichnet den Ort trotz der Seelage ein angenehmes Klima aus,

MISDROY ERLEBEN

AUSKUNFT

Informacja Turystyczna
ul. Bohaterów Warszawy 20
PL 72-500 Międzyzdroje
Tel. +48 / 91 / 3 28 27 78
www.miedzyzdroje.pl
www.misdroy.org

ESSEN

▸ Preiswert

Aurora
ul. Bohaterów Warzawy 17
Tel. +48 / 91 / 3 28 12 48
Schön kann man auf der Terrasse oder im Wintergarten gegenüber der Seebrücke sitzen und die vorbeiflanierenden Leute beobachten; gute polnische und internationale Gerichte.

ÜBERNACHTEN

▸ Komfortabel

Amber Baltic
Promenada Gwiazd 1
Tel. +48 / 91 / 3 22 85 00, Fax 3 28 10 22
www.hotel-amber-baltic.pl
Das moderne Vier-Sterne-Hotel liegt direkt an den Dünen, verfügt über ein Wiener Kaffeehaus, aber auch über ein Hallenbad mit Sau-na, Bowlingbahnen und einen Golfplatz (13 km entfernt). Das Gourmet-Restaurant »Chopin« gilt als beste Adresse Wolins. Hier verwandeln sich Buchweizen oder Knoblauch, nach alt-polnischer Art zubereitet, zu echten Überraschungen.

▸ Günstig

Hotel Nautilus
Promenada Gwiazd 8
Tel. +48 / 91 / 3 28 09 99, Fax 3 28 23 27
www.hotel-nautilus.pl
Die renovierte Villa (1913 erbaut) bietet Apartments für 2 bis 4 Personen, ausgestattet mit eigenem Bad, separater Teeküche, TV und z.T. mit Balkon oder Wintergarten.

Polnische Interpretation moderner Bäderarchitektur – die Seebrücke in Misdroy

das ihn zu einem der beliebtesten Ostseebäder Polens macht. Vom Bahnhof auf der Woliner Seite Swinemündes erreicht man mit Regionalzügen oder dem Bus nach rund 12 km das traditionsreiche Seebad Międzyzdroje (Misdroy). Auch per Schiff wird der Ort von Swinemünde und den Kaiserbädern aus angelaufen. Międzyzdroje eignet sich hervorragend als Ausgangspunkt für eine Tour durch den Woliner Nationalpark mit seinen einmaligen Naturschönheiten.

Geschichte

Ein Fischerdorf an der Stelle des heutigen Misdroy ist erstmals 1550 urkundlich nachweisbar. Seit 1579 war der Ort im Besitz der pommerschen Fürsten. Nur sechs Jahre nachdem die ersten Sommerfrischler nach Swinemünde gekommen waren, begannen sie, auch das benachbarte Misdroy zu bevölkern. Seit 1835 wurde der Badebetrieb gezielt ausgebaut. Bereits 1850 kamen auf jeden der 300 Einwohner zwei Gäste. Ähnlich wie in Heringsdorf und Bansin logierten hier vorwiegend Adel und Großbürger. 1899 wurde die Anbindung durch die Eisenbahnlinie Richtung Wolin und eine direkte Dampferverbindung über das Haff nach Stettin gesichert. Obwohl Swinemünde und Wolin gegen Ende des Zweiten Weltkriegs noch stark zerstört wurden, entging Misdroy diesem Schicksal. Die **historische Bausubstanz** wurde bewahrt, ein Kapital, das heute den Charme des Ortes ausmacht. Da Misdroy nach 1990 recht früh zum Ziel für polnische und internationale Investoren wurde, sind mittlerweile viele Gebäude saniert.

Sehenswertes in Misdroy

Seebrücke

Die heutige Seebrücke knüpft an eine lange Tradition an, denn bereits 1885 wurde in Misdroy der erste Seesteg gebaut, den jedoch eine gewaltige Sturmflut im Jahr 1913 fortriss. Dem Nachfolgerbau von 1921 erging es nicht besser. Heute steht stattdessen ein moderner Bau mit Ladenpassage, Kneipen, Cafés mit einem 400 m langen Seesteg.

Promenade und Kurpark

Die Flaniermeile Misdroys ist die fast 3 km lange Promenade. Neben prunkvollen Villen und Hotels mit gehobener Gastronomie, bietet sich hier das lebhafte Bild, das man aus den großen Seebädern kennt: Imbiss-Stände, Kioske, Straßenmusikanten und Spaziergänger bevölkern die Promenade. Am östlichen Ende liegt der hübsche Park Zdrojowy (Kurpark): Eine kleine Freilichtbühne ist u. a. Schauplatz für das internationale **Chorfestival**, das jährlich im Sommer veranstaltet wird.

Parallel zum Strand verläuft in Richtung Osten die Promenada Gwiazd, an der mit dem Hotel »Amber Baltic« und dem »Hotel Nautilus« zwei der nobelsten Häuser liegen. Die vielen kleinen Häuser im Stil der Bäderarchitektur entlang der Promenade und der Nebenstraßen bieten hingegen familiäre Atmosphäre zu günstigen Preisen.

Richtung Westen geht die Promenada Gwiazd in die Bohaterów Warszawy über. Im Haus Nr. 20, einer schön renovierten Villa, sind sowohl die **Tourist-Information** als auch das Haus der Kultur untergebracht (aktuelle Veranstaltungen: www.mdkmiedzyzdroje.com).

Im Haus gegenüber kann – wenn man es mag – ein Wachsfigurenkabinett bewundert werden (tgl. 10.00 – 18.00 Uhr).

Nationalpark-Museum

Neben dem Strand sind die Natur und der Woliner Nationalpark die Hauptattraktionen Misdroys. Bester Ausgangspunkt für Entdeckungstouren in Sachen Natur ist das Nationalpark-Museum an der Hauptstraße (Niepodlegości 3, geöffnet: Di. – So. 9.00 – 17.00 Uhr). Das moderne Gebäude beherbergt eine Ausstellung, die geologische Grundlagen vermittelt, aber vor allem die seltenen Pflanzen und Tiere des Nationalparks vorstellt.

✶✶ Woliner Nationalpark

Der Nationalpark beginnt sozusagen gleich im Ort: Rundwege fangen hinter dem Misdroyer Bahnhof, am Ende der Promenade und an der Jugendherberge an. Um die gefährdete Natur zu schützen, darf man den 46 km² großen Nationalpark nur auf den gekennzeichneten Wegen durchwandern.

Der Türkissee ist ein populäres Ausflugsziel.

Man braucht vom Ort nur knapp 20 Minuten zum 2,5 km entfernten **Wisente-Reservat** (Rezerwat pokazowy żubrów), das seit 1972 besteht. Spezielle Aussichtspunkte eignen sich hervorragend für die Beobachtung der massigen, zotteligen Tiere. Eine andere Route führt entlang der Steilküste zu imposanten Aussichtspunkten. Direkt am östlichen Ortsausgang erhebt sich der fast 60 m hohe **Kaffeeberg**, von dessen Steilküste man einen schönen Blick über den Ort und

den Strand hat. Weiter geht es durch einen – auch an heißen Sommertagen angenehm kühlen – Buchenwald Richtung Gosanberg: Der Aussichtspunkt schwebt förmlich auf einer Klippe 95 m über dem Meer, das die Steilküste hier immer weiter unterspült. Über die Straße nach Wisetka und Koczewo ist die Steilküste auch mit dem Auto zu erreichen (ausgeschilderte Parkplätze).
In dem südlich gelegenen Waldgebiet Richtung Großes Haff verstecken sich mehrere kleine Seen. Ein beliebtes Ausflugsziel ist der schön gelegene Jezioro Turkusowe bei Wapnica (Kalkofen). Übersetzt bedeutet der Name der alten Kreidegrube **Türkissee**, da er bei Sonnenschein türkisblau zu schimmern beginnt.

✶ Morgenitz

F 14

Einwohnerzahl: 230

Dörfliche Idylle – das ist es, was man mit dem kleinen Morgenitz verbindet. Mag es am Kopfsteinplaster, den alten Bäumen, den dicht stehenden Häusern, dem Storchennest oder am Frieden, den der Ort ausstrahlt, liegen. Seine Lage nahe dem Südufer des Krienker Sees, einer lang gestreckten Bucht im Achterwasser, mit romantischen Uferpartien und einsamen Mooren tut ein Übriges.

Zwar war Morgenitz einst unter dem Namen »Murignevitz« von den Slawen gegründet worden, doch die Trogmühlen aus der Bronzezeit und die frühslawischen Mahlsteine zeugen davon, dass die Gegend bereits vorher besiedelt worden war. Besehen kann man sich die Sammlung bei einem Besuch der Dorfkirche. Zu Zeiten des Klosters Grobe – 1156 erbaut und 1307 nach Pudagla verlegt – wurden nördlich des Usedomer Stadtforstes niedersächsische Bauern angesiedelt. Noch heute bestimmen die kleinen Gehöfte, die von den Siedlern beiderseits der holprigen Straße angelegt wurden, das Dorfbild.

MORGENITZ

ESSEN

► **Preiswert**

Bauernstube
Dorfstraße 32
Tel. u. Fax: 03 83 72 / 7 09 24
www.bauernstube-morgenitz.de
In der rustikal eingerichteten Gaststätte serviert man fangfrischen Fisch. Zum Haus gehört außerdem eine kleine Pension (6 Zi.).

Sehenswertes in Morgenitz und Umgebung

✶ **Dorfkirche**

Morgenitz ist bekannt für seine turmlose mittelalterliche Backsteinkirche. Sie wurde im 15. Jh. errichtet, bereits 1318 wurde ein Vorgängerbau erwähnt. Bis ins 18. Jahrhundert hinein wurde sie mehr-

Die Kirche in Morgenitz hat einen frei stehenden Glockenstuhl.

mals verändert, der Innenraum ist barock ausgestaltet. Die Malereien an Kanzel und Altar (1777) sowie die Blumendarstellungen am Gestühl stammen vom Usedomer Künstler Peter Christopf Hiert.
Auffallend sind der schöne, frei stehende Glockenstuhl und die Sammlung von Trogmühlen vor dem spätgotischen Westgiebel. Diese Mahlsteine, auf denen man einst Getreidekörner zu Mehl zerrieb, wurden dabei fast ausgehöhlt und erhielten so ihre heutige Form. Der 1945 verstorbene Pfarrer Hörstel trug sie auf dem **Kirchhof** zusammen und schützte die Steine so vor Zerstörung. In ihrer Nähe liegt auch ein wuchtiger **Findling**, vom dem es heißt, 16 Pferde hätten ihn aus dem Gothensee hierher gezogen. Um die steinernen Zeugnisse herum stehen eiserne Grabkreuze, auf denen Namen, Lebensdaten und teilweise auch Todesursachen der Verstorbenen genannt sind. Größtenteils stammen sie aus dem 19. Jahrhundert. Selbst die Linden- und Maulbeerbäume haben eine Geschichte zu erzählen, erinnern sie doch an ein gescheitertes Projekt Friedrichs II., der in Morgenitz eine Seidenraupenzucht einrichten wollte.
Die älteste Grabstätte ist die des schwedischen Obristen Paul Weedecke von Borcke und seiner Frau, einer schwedischen Gräfin. Seit 1699 liegt der Sarkophag der beiden in der Gruft unter dem Altar der Kirche, der einzig erhaltenen Usedoms.

! Baedeker TIPP

Keramikhof Danegger

In einem jahrhundertealten Gehöft nahe der Kirche lebt und arbeitet das Künstlerehepaar Danegger. Sie präsentieren und verkaufen keramische Plastiken, Fayencen, glasiertes Steinzeug und Gebrauchsgeschirr (Öffnungszeiten: Mo. – Sa. 11.00 – 13.00 Uhr u. 14.00 – 18.00 Uhr, Tel. 03 83 72 / 7 09 10).

Etwas außerhalb des Dorfes Suckow in Richtung ► Lieper Winkel begegnet man einem Naturdenkmal, der Suckower Sockeleiche. Einst befanden sich hier ausgedehnte Eichenwälder, in denen die Mönche des Klosters Grobe Schweine hüten ließen. Darauf weist auch der ursprüngliche Name des Ort »Szuinaruitz« (Schweinehüterei) hin. Man nimmt an, dass der Baum bereits bei der Gründung Suckows 1270 entsprechend groß war, denn Bogislaw IV. wählte ihn 1298 als Bezugspunkt bei der Feststellung des Grenzverlaufs der Gemarkung Usedom. Möglicherweise hatte die Eiche auch kultische Bedeutung, denn sie steht auf einem vorgeschichtlichen Grabhügel. Der Stammumfang des imposanten Baumes beträgt 6,50 m. Die einst 30 m breite Krone zerstörte ein Sturm im Juli 1997, bei dem ein waagerecht gewachsener Starkast wegbrach.

✶ **Sockeleiche**

Neppermin

H 13 / 14

Einwohnerzahl: 350

Auf den ersten Blick wirkt Neppermin nicht besonders interessant, doch wenn man ein wenig durch das kleine Dorf spaziert, lernt man seine unverfälschte Art schätzen. Bei seinen Streifzügen auf Usedom verschlug es auch Lyonel Feininger in diesen ruhigen Ort, in dem einige alte, rohrgedeckte Häuser und hübsche Vorgärten hervortreten.

NEPPERMIN ERLEBEN

ÜBERNACHTEN

► **Luxus**

Golf- und Wellnesshotel Balmer See
Drewinscher Weg 1
Tel. 03 83 79 / 2 80, Fax 2 82 22
www.golfhotel-usedom.de
Die 89 Zi. und Suiten sind in fünf rohrgedeckten Residenzen sowie 31 Ferienwohnungen in zwei weiteren Häusern untergebracht. Das erstklassige Restaurant bietet internationale und regionale Küche.
Neben Golf spielt auch Wellness eine große Rolle; so ist die angeschlossene Tai-Chi-Schule in einem eigens errichteten asiatischen Meditationstempel untergebracht.

Die Tai-Chi-Schule liefert dieses für einen Ostseereiseführer völlig unerwartete Bildmotiv.

Sommer im Hinterland

Dem Maler schien es gefallen zu haben, denn 1910 quartierte er sich zwei Monate lang hier ein (► Baedeker Special S. 119). Während dieser Zeit und auch danach entstanden einige Werke, die Neppermin zum Motiv hatten.

Von der fast 300 m langen Promenade am Achterwasser kann man die vorgelagerten Inseln Böhmke und Werder sehen. Badestellen gibt es hier an der Liegewiese und auch am Ufer des Balmer Sees.

Sehenswertes in Neppermin und Umgebung

Das Naturschutzgebiet im Nepperminer See mit seinen **Vogelschutzinseln Böhmke und Werder** ist die Heimat vieler tausend Seevögel, deren Schwärme besonders im Frühjahr und Herbst einen imposanten Anblick bieten. Die beiden kleinen Inseln dürfen nicht betreten werden. Man kann die Vögel lediglich mit dem Fernglas beobachten.

Golfanlage am Balmer See

Die Ruhe und Idylle am Balmer See hat man sich als Platz für Usedoms einzige Golfanlage ausgesucht (► Praktische Informationen). Die Anlage bietet weiterhin ein Hotel mit Unterkünften der Luxusklasse sowie eine der besten Gastronomien der Insel.

✶ Pudagla

Auf den ersten Blick ist das **Schloss** in dem 4 km nördlich gelegenen Pudagla kaum von einem Wohnhaus zu unterscheiden. Über dem Renaissanceportal befindet sich als einziger Schmuck ein Kalksteinrelief mit dem Landeswappen der Herzöge von Pommern-Wolgast, das von zwei »wilden Männern« getragen wird. Das schlichte zweigeschossige Traufenhaus entstand 1574 auf den Mauern des ehemals mächtigen Prämonstratenserklosters als Wohnsitz der Herzogin Marie, Mutter des Herzoges Ernst Ludwig von Pommern-Wolgast.

Vom Schloss führt ein Weg (gelbes Dreieck) zum Achterwasser, wo ein großer Findling im Wasser liegt. Im Volksmund heißt er **Teufelsstein**, da er der Sage nach einst dem Teufel aus den Händen glitt, als er ihn auf das Kloster Pudagla werfen wollte. Die schilfgesäumte Stelle unterhalb der Steilküste lädt zum Verweilen ein. Schön ist die 3 km lange Wanderung um den Glaubensberg (gelbes Quadrat).

Südlich des Ortes am Westufer des Schmollensees steht eine Bockwindmühle, die bereits 1693 in einer Karte verzeichnet war. Bei diesem Mühlentyp wurden die Flügel mit dem ganzen Gehäuse um den Bock herum in den Wind gedreht. Wegen dieser schweren Handhabung wurde die Bockwindmühle mit der Zeit von der einfacher zu bedienenden Holländer-Windmühle abgelöst. Die 1937 stillgelegte Mühle ist nach erfolgreicher Rekonstruktion (1997) durch den rührigen »Mühlenverein« wieder voll funktionstüchtig und kann besichtigt werden (Pfingsten bis Mitte Okt. Sa. + So. 13.00 – 16.00 Uhr, in den Sommerferien tgl. 10.00 – 16.00 Uhr oder nach Voranmeldung: Tel. 03 83 78 / 3 48 72). Zu besonderen Anlässen wird die Mühle in Betrieb genommen und anschließend frisches Brot gebacken (Infos: www.usedom-bockwindmuehle-pudagla.de).

◄ Bockwindmühle

Eine schöne Tour für Radfahrer und Wanderer bietet der 16 km lange, mit einem waagerechten grünen Strich markierte Weg zum **Naturschutzgebiet Cosim**. Er beginnt auf dem Dorfplatz von Neppermin, führt in Richtung Balm vorbei am Naturschutzgebiet Cosim mit Blick auf die Inseln Bömke und Werder, geht dann weiter über Dewichow und Morgenitz nach Mellenthin, um den Fuchsberg herum bis kurz vor den Ortseingang Balm. Dort biegt man rechts ab und gelangt zurück nach Neppermin.

Touren

! *Baedeker* TIPP

Kolonie der Langschnäbel

Für die Tour nimmt man am besten ein Fernglas mit. Denn auf dem Weg kommt man an einer Reiherkolonie vorbei, die hier hoch in den Wipfeln der Bäume ihre Nester hat.

✶✶ Peenemünde

B 6

Einwohnerzahl: 340

Peenemünde liegt seeabgewandt am Peenestrom, der hier an der Spandowerhagener Wiek in die Ostsee mündet. Die militärische Vergangenheit und insbesondere die Anlagen der Raketenforschung unter Wernher von Braun prägen noch immer das Bild das Ortes. Eine Vielzahl von Museen und Attraktionen machen aber den Besuch von Peenemünde zu einem unbedingten Muss.

Lange vorbei sind die Zeiten, als Peenemünde Zentrum der Raketenentwicklung und der gesamte nordwestliche Teil Usedoms militärische Sperrzone war. Vergessen sind die Jahre jedoch nicht, als **Wernher von Braun** (► Berühmte Persönlichkeiten) hier während des Dritten Reiches Raketen und V-Waffen entwickelte, was den Ort zum Hoffnungsträger der deutschen Wehrmacht, doch auch zum Ziel alliierter Bomberstaffeln machte. Peenemünde blieb auch nach

PEENEMÜNDE ERLEBEN

AUSKUNFT

Peenemünde-Information
Zum Hafen 4
17449 Peenemünde
Tel. u. Fax 03 83 71 / 2 14 64
www.peenemuende.info
www.peenemuende.com

ESSEN

► Erschwinglich

① ***Die Flunder***
Hafenpromenade 7
Tel. 03 83 71 / 2 19 95
Fisch- und Grillrestaurant mit Blick auf den Hafen

► Preiswert

② ***Hotel & Restaurant Zur Zwiebel***
Peeneplatz 3
03 83 71 / 2 64 39, Fax 2 64 41
www.zwiebelseiten.de
Das Gasthaus war einst für NVA-Matrosen einziger wie erster Anlaufpunkt im Ort. Sehr günstige Tagesgerichte und eine Räucherfisch-»Flatrate«; außerdem 15 schnörkellose Zimmer.

ÜBERNACHTEN

► Günstig

① ***Café & Pension Am Deich***
Feldstr. 1a
Tel. 03 83 71 / 2 85 82, Fax 2 85 12
www.usedom-hotel.de
Sechs hübsch eingerichtete Zimmer. Im dazugehörigen Café gibt es Kaffeespezialitäten und leckeren Kuchen.

② ***Alte Wache***
Zum Hafen 4
Tel. 03 83 71 / 2 14 64
www.altewache-peenemuende.de
In der Alten Wache sind nicht nur die Auskunft, ein Café und ein Verlag untergebracht, sondern auch ein paar Ferienwohnungen (auf Anfrage mit Frühstück).

dem Zweiten Weltkrieg Stützpunkt des Militärs. In den umliegenden Wäldern sollte man sich deshalb unbedingt an die gesicherten Wege halten, da trotz intensiver Räumungsbemühungen immer noch Minen im Boden lauern können. Bunker, Befestigungen, ehemalige Abschussrampen, Panzersperren – nur allmählich bedeckt die Natur die Unmengen an Stahl und Beton.

Rundherum Natur Der Ort Peenemünde ist in westlicher Richtung Endstation der Bäderbahn (ab Umsteigebahnhof Zinnowitz). Abseits der von Trassenheide und Karlshagen kommenden Hauptstraße gibt es um Peenemünde fast ausschließlich ehemalige Militärstraßen. Die Landschaft ist von ausgedehnten Strandwiesen, Heide- und Waldlandschaften geprägt. Östlich des Ortes liegen der Kölpien- und der Cämmerersee. Seitdem die Odermündung bei Śxi-

! Baedeker TIPP

Strandgeheimnis

Nördlich von Karlshagen führt die Straße an einem wunderbaren und ruhigen Strand mit herrlich feinem Sand vorbei. Ein Parkplatz mit Strandzugang ist vorhanden.

noujście (Swinemünde) zu Polen gehört, bildet der **Peenestrom** die einzige schiffbare Verbindung zwischen Ostsee, Achterwasser und Oder auf deutschem Staatsgebiet. Die Einfahrt markiert auf der Peenemünde gegenüberliegenden Festlandseite ein Leuchtturm. Der Peenemünder Haken bildet nicht nur den nordwestlichsten Teil Usedoms, sondern gemeinsam mit der Halbinsel Struck und der Insel Ruden ein Naturschutzgebiet. Aufgrund der einzigartigen Natur lohnt sich ein Abstecher auf die Inseln Ruden und Greifswalder Oie, die früher ebenfalls militärisches Sperrgebiet waren. Der ehemalige Militärflughafen wird heute als Segelflughafen genutzt.

Bewegte Geschichte

Im Jahre 1935 entstand die Idee, die strategisch günstige Lage Peenemündes zu nutzen und hier eine Raketen-, Forschungs- und Versuchsanlage zu errichten. Der nördlichste Ort Usedoms wurde

Peenemünde Orientierung

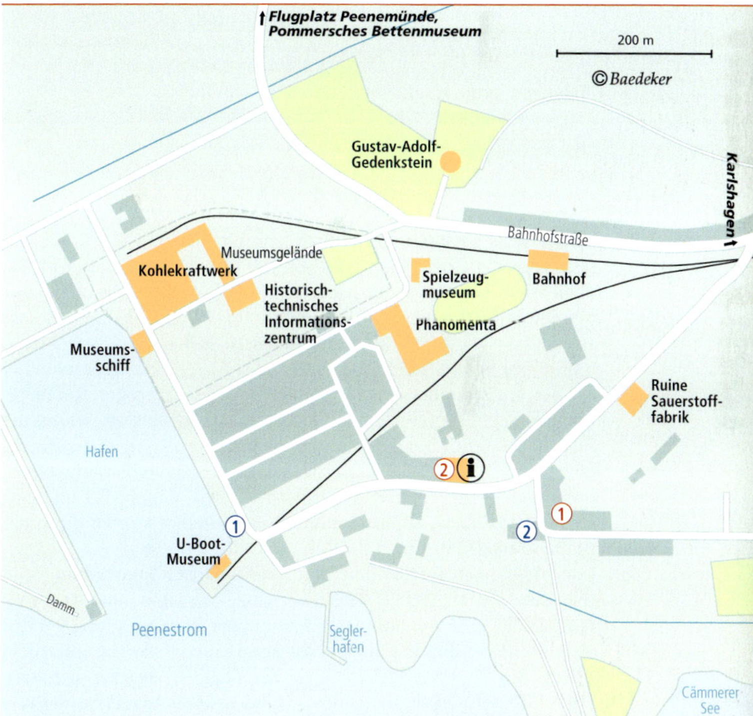

Essen
① Die Flunder
② »Zur Zwiebel«

Übernachten
① »Am Deich«
② »Alte Wache«

Allein die Dimension des ehemaligen Kraftwerks verdeutlicht den Aufwand, der für die Peenemünder Raketenforschung getrieben wurde.

bereits 1282 erstmals urkundlich erwähnt. Das Dorf mit seinem Hafen gehörte der Stadt Wolgast, bis im Dreißigjährigen Krieg Wallenstein hier Befestigungen errichten ließ. In den folgenden Jahrhunderten wechselten sich Schweden und Dänen mit ihren Besitzansprüchen ab. Auch für Preußen hatten Hafen und Dorf Peenemünde vor allem strategische Bedeutung.
Abseits des Bädertourismus schien diese Gegend Wernher von Braun besonders günstig für seine große **Heeresversuchsanstalt**, womit der Ausbau des Ortes begann, der sich heute gerne als Wiege der Raumfahrt darstellt. Der historische Ort wurde für das militärische Großprojekt aufgelöst, Fischer und Bauern wurden umgesiedelt und entschädigt. Die späteren Luftangriffe der Alliierten zerstörten die miltärischen Anlagen wie auch die Reste des alten Dorfes.
Nach 1945 blieben Dorf und Hafen **militärisches Sperrgebiet**: NVA und Rote Armee nutzten den tiefseetauglichen Hafen und den Militärflughafen. Die militärische Vergangenheit des Ortes endete 1995, als der letzte Bundeswehr-Soldat Peenemünde verließ. Mit dem Abzug der Truppen verließ auch der Hauptarbeitgeber den Ort. Hohe Arbeitslosigkeit, ungenutzte Militärgelände, leer stehender und verfallender Wohnraum prägen heute das eher traurig stimmende Bild Peenemündes. Dennoch ziehen die verbliebenen Spuren der Geschichte jährlich mehrere hunderttausend Besucher hierher.

Die Startrampen der V2 waren in kreisförmigen Arenen installiert. Diese kann man noch heute auf Luftaufnahmen oder mit Hilfe von Google Earth identifizieren.

RAKETENRAUSCH

Schuld war die Entenjagd – als Wernher von Braun zu Hause erzählte, dass er ein abgelegenes Gelände als Standort für eine Raketen-Versuchsanstalt suche, erinnerte sich seine Mutter an Peenemünde, wo der Vater zur Entenjagd war. Wenige Tage später reiste von Braun zu einer ersten Besichtigung.

Diese Besichtigung lief möglichst unauffällig ab, denn die Raketenforschung unterlag der **Geheimhaltung**. Peenemünde schien der ideale Ort für die Projekte des Raketeningenieurs Wernher von Brauns (► Berühmte Persönlichkeiten): Der Nordwestzipfel Usedoms war nur schwach besiedelt, und die geografische Lage ermöglichte kilometerlange Testflüge über der Ostsee.

Gigantisches Bauprojekt

Schon wenige Wochen später, Anfang 1936, begann der Bau der Versuchsanlage: Zuerst wurden die wenigen Bewohner umgesiedelt und die gesamte Gegend zum **militärischen Sperrgebiet** erklärt. Man stampfte einen Flugplatz, Kraftwerke und Fabrikationshallen aus dem Boden. Ferner entstanden Wohnsiedlungen für die Wissenschaftler und ihre Angestellten in Karlshagen. Es folgte der Bau von aufwändigen Entwässerungsanlagen, Abschussrampen, Straßen, einer Werksbahn, Beobachtungsposten, Verteidigungsanlagen sowie eines **Lagers für Zwangsarbeiter** in Trassenheide. Die Großbaustelle Peenemünde verschlang 350 Mio. Reichsmark.

Material und Energie

Kern der gesamten Anlage waren das **Kraftwerk**, das gigantische Energiemengen erzeugte, sowie das Werk zur Produktion von flüssigem Sauerstoff zum Antrieb der Raketen, das als Ruine auch heute noch beeindruckend ist in seinen Ausmaßen. Ein weiterer gigantischer Bau war das **Versuchsserienwerk**: In der 200 m langen und 20 m hohen Halle konnten die Raketen stehend montiert werden. In Peenemünde befand sich auch der damals modernste Wind-

Die Aggregat 4 (A4) war 14 m hoch und 13,5 t schwer. Joseph Goebbels gab der ersten voll funktionsfähigen Großrakete der Welt den Propagandanamen »V 2«.

kanal der Welt, in dem die Versuche bei fünffacher Schallgeschwindigkeit durchgeführt werden konnten.

Startschwierigkeiten

Zwar wurden schon früh Probestarts unternommen, doch schienen die Forscher zunächst von Pleiten, Pech und Pannen verfolgt. Wernher von Braun musste seinen Lebenstraum, die Grundlagenforschung zur Raumfahrt, zurückstellen. Die Wehrmacht als Geldgeber setzte das Peenemünder Raketenteam **unter Erfolgsdruck** und forderte für die Rüstung verwertbare Ergebnisse. 1942 gelang der Durchbruch: Eine Rakete vom Typ A 4 erreichte eine Höhe jenseits der Erdatmosphäre und eine Weite von rund 200 km. Sie konnte eine Nutzlast von 1000 kg transportieren – 1000 kg Sprengstoff, die die Nazis mit der »V 2« getauften Wunderrakete auf London, Antwerpen und Lüttich abwarfen.

Aus die Träume

»V« stand für »Vergeltungswaffe« – die sollte letztlich, in Massenproduktion hergestellt, den Krieg entscheiden. Doch die britische Flugaufklärung schlief nicht: 1943 erfolgte die **Bombardierung Peenemündes**. Auf Grund eines Berechnungsfehlers wurden jedoch statt der Fabrikationshallen, die Wohngebiete in Karlshagen und das Zwangsarbeiterlager in Trassenheide zerstört. Über 700 Menschen verloren ihr Leben, größtenteils Zwangsarbeiter. Die eigentliche Raketenforschung hätte auch nach den Angriffen in Peenemünde fortgesetzt werden können, doch sprachen so-

Wernher von Braun (Mitte) ergibt sich mit mehr als 100 Mitarbeitern bei Kriegsende den US-Truppen.

wohl der akute Mangel an Zwangsarbeitern, als auch die Gefahr weiterer Bombardements dagegen. Noch 1943 fiel die Entscheidung: Die Raketenproduktion im großen Stil sollte in den Harz verlegt werden, wo in **Mittelbau-Dora** KZ-Häftlinge aus Buchenwald unter unmenschlichen Bedingungen ein unterirdisches Werk errichteten, in dem bis 1945 die »V 2« produziert wurden.

Für die Alliierten

Peenemünde wurde Anfang 1945 evakuiert, Wernher von Braun und sein Team arbeiteten aber schon geraume Zeit im Harz. Ihnen gelang es, rechtzeitig Raketenteile und die wichtigsten Forschungsunterlagen in Sicherheit zu bringen und sich bei Kriegsende in die Hände der Amerikaner zu begeben. Von Braun wurde mitsamt seinem Forscherstab in die USA transferiert, wo die Arbeiten in der texanischen Wüste fortgesetzt wurden. Unter der charismatischen Führung Wernher von Brauns arbeiteten die Raketenbauer weiter und gehörten bald zur **technischen Elite der Vereinigten Staaten**. Sie waren maßgeblich an der Entwicklung der US-amerikanischen Raumfahrt- und der Satellitenprogramme beteiligt.

Auch den Sowjets gelang es, Peenemünder Forscher anzuwerben, die wiederum das russische Raketenprogramm mit voran brachten.

Rückblickend ist festzustellen, dass die »Peenemünder« stets ihre Technikbegeisterung und den Forschungsauftrag ins Zentrum ihrer Selbstdarstellungen rückten. Es darf jedoch nicht verschwiegen werden, dass Peenemünde ein Rad im Rüstungsgetriebe der Nationalsozialisten war. Grundlage für die Privilegien der Forscher und die großzügige finanzielle Unterstützung des Projekts war die **Entwicklung von Massenvernichtungswaffen**. Später lieferten diese Forschungsergebnisse nicht nur die Grundlagen für die Raumfahrt, sondern auch für das atomare Wettrüsten zwischen Ost und West. Wer Peenemünde also nur die »Wiege der Raumfahrt« nennt, blendet die negativen Folgen aus. Das Historisch-Technische Informationszentrum (HTI) dokumentiert beides – den Fortschritt und das Leid, das von Peenemünde ausging.

Sehenswertes in Peenemünde

Sauerstoff-Fabrik

In Peenemünde gibt es keine weiten Wege zu bewältigen, sowohl der Bahnhof, als auch die zentralen Parkplätze an der Hafenpromenade liegen unweit der wichtigen Attraktionen. Aus Richtung Karlshagen kommend, führt die Hauptstraße vorbei an der beklemmenden Ruine der ehemaligen Sauerstoff-Fabrik, die sich in Privatbesitz befindet. Wie ein gigantisches Gerippe ragt die Betonkonstruktion in den Himmel. Hier wurde Sauerstoff produziert, der bei der Treibstoffverbrennung als Oxydator zum Einsatz kam. Die Ausmaße dieser Industrieanlage geben einen Vorgeschmack auf die Dimensionen des Geländes der ehemaligen Raketenproduktion.
Der Straße weiter Richtung Hafen folgend, erreicht man bald die Peenemünde-Information. Im Gebäude der **Alten Wache** werden neben einem umfassenden Literaturangebot auch Souvenirs verkauft.

★★ HTI

Wer sich nach Peenemünde begibt, kommt vor allem wegen der Raketen und dem Historisch-Technischen Informationszentrum. Es ist untergebracht im ehemaligen Kraftwerk der Versuchsanstalt und eingebettet in ein weitläufiges Gelände, in dem unter freiem Himmel diverse Flugobjekte, Raketen und Flugzeuge zu sehen sind. Der wuchtige Kraftwerksbau aus der Nazizeit beherbergt über zwei Etagen eine interessante und informative Multimedia-Ausstellung von den ersten Raketenversuchen bis zur Entwicklung und zum Bau der von den Nazis als Vergeltungswaffe propagandistisch ausgeschlach-

Die hervorragende Ausstellung beleuchtet alle Facetten des Themas.

teten V 2-Raketen (geöffnet: April bis Sept. tgl. 9.00 – 18.00 Uhr, Okt. bis März tgl. 10.00 – 16.00 Uhr, November bis März Mo. geschlossen; Tel. 03 83 71 / 50 50, www.peenemuende.de).

Die **Ausstellung** beginnt bei den ursprünglich wissenschaftlichen Zielen und der Zukunfts- und Weltraumbegeisterung der 1920er-Jahre und zeigt anschaulich deren spätere Instrumentalisierung durch Reichswehr und Nationalsozialisten. Neben den technischen und militärischen Fakten werden politische und soziale Aspekte gleichermaßen beleuchtet. Porträtiert werden nicht nur Persönlichkeiten wie Wernher von Braun und andere Raketenforscher, sondern auch die Geschichte der Zwangsarbeiter und Häftlinge wird aufgearbeitet. Während der Produktion der Raketen starben allein 20 000 Menschen – mehr als durch den Einsatz der Waffe. Dokumente zur Raketen- und Weltraumforschung nach 1945, über den Wettlauf der Weltmächte USA und UdSSR zum Mond sowie ein Ausblick auf die heutige Raumfahrt ergänzen die Ausstellung.

Viel Mühe hat man für die Vermittlung aufgewendet: Mit historischen Ton- und Bilddokumenten, ergänzenden Dokumentarfilmen, Sound- und Rauminstallationen wird dieser Museumsbesuch zu einem beeindruckenden wie abwechslungsreichen Streifzug durch die Geschichte. Das Informationszentrum versucht dabei überzeugend den Spagat zwischen faszinierender Technikgeschichte und Weltraumbegeisterung einerseits sowie dem politischen Missbrauch und den sozialen Negativfolgen andererseits.

★ Phänomenta

Wo kann man Blitze anfassen oder ein Astronautentraining absolvieren, wo können sogar Kinder Trabbis stemmen? Die Phänomenta, ein Überbleibsel der Hannoveraner EXPO, macht dies alles möglich und bietet darüber hinaus noch eine Menge weiterer faszinierender Erlebnisexperimente. **»Berühren erwünscht«** könnte das Motto des interaktiven Museums sein, dass mit über 250 Experimenten naturwissenschaftliche Phänomene in Erlebnisräumen erklärt. Denn wenn Papa beim Gewichte heben scheitert, Junior aber diese mit dem Flaschenzug mühelos stemmt, wird so einiges klar. Allgemeinverständliche Erklärungen geben Aufschluss über die wissenschaftlichen Hintergründe. Ein Museum für alle Sinne, mit Tastquiz, Barfußpfad und Hörräumen. Ein Museum zum Sehen, Staunen und vor allem zum Be-Greifen – das ist hier durchaus wörtlich zu nehmen, so dass die Phänomenta Jung und Alt faszinieren kann (geöffnet: 9. – 22. Febr. tgl. 10.00 – 16.00, 15. März bis 31. Okt. tgl. 10.00 – 18.00 Uhr; 20. Dez. bis 4. Jan. sowie Winterferien 10.00 – 16.00 Uhr).

Spielzeugmuseum

Gegenüber von HTI und Phänomenta haben ein Unternehmer und ein Sammler aus Thüringen das »Museum für Spielzeug(en), Kinder- und Märchenwelten« eröffnet. Zu sehen sind Exponate aus drei Jahrhunderten, die – gemeinsam mit der Phänomenta – einen wohltuenden Gegenpol zu den militärischen Attraktionen des Ortes bilden (Öffnungszeiten: tgl. 10.00 – 18.00 Uhr).

Beim Durchkriechen der schmalen Gänge im Innern kann man sehr gut das Leben auf einem U-Boot nachvollziehen, das man sonst höchstens aus Filmen kennt.

✶ U-461 Wer klaustrophobisch veranlagt ist, sollte sich besser nicht in den Bauch des riesigen U-Bootes begeben, das im Peenemünder **Hafen** 1998 vor Anker gegangen ist. Von den ehemaligen Besitzern zeugt nur noch eine nostalgische rote Flagge mit Hammer und Sichel. Nach dem Stapellauf 1962 kreuzte das Boot mit max. 82 Mann Besatzung fast 30 Jahre lang für die sowjetische Marine durch die Meere, bevor der 86 m lange Koloss 1993 ausgemustert wurde. Auch wenn das Boot nicht mehr abtauchen kann: Die beklemmende Atmosphäre im Bauch des Kolosses wird hier für jeden sofort spürbar (April bis Juni 10.00 – 18.00 Uhr, Juli bis 15.09. 9.00 – 21.00 Uhr, 16.09. bis Okt. 10.00 – 18.00 Uhr, Nov. bis März 10.00 – 16.00 Uhr).

Gedenkstätte Gustav II. Adolf In der Nähe des Historisch-Technischen Informationszentrums steht an der Bahnhofstraße eine kleine achteckige Kapelle. Im Jahre 1876 ursprünglich als Friedhofskapelle erbaut, wurde sie 1993 restauriert und im Inneren als Gedächtniskapelle für die Opfer von Peenemünde umgestaltet. 1930 wurde hier an der Stelle, an der Schwedenkönig Gustav Adolf 1630 gelandet sein soll, ein Gedenkstein errichtet.

Pommersches Bettenmuseum Wohltuend unmilitärisch und ganz und gar nicht technisiert geht es im Pommerschen Bettenmuseum zu. Etwas abseits der übrigen Attraktionen auf dem **Flughafengelände**, darunter Rundflugangebote und eine Gokart-Bahn, kann man im Pommerschen Bettenmuseum so mancher Geschichte rund ums Bett nachspüren. Schlafgewohnheiten, historische Betten, Nachthemden und -geschirre stehen auf dem Programm. So wird gezeigt, wie die Uroma zu Bett ging und wie ein Kosmonaut schläft. Wer sich als »alte« Schlafmütze verewigen möchte, kann sich zudem in einem der historischen Schlafgewänder fotografieren lassen. (geöffnet: tgl. 10.00 – 18.00 Uhr).

Umgebung von Peenemünde

★★ **Greifswalder Oie**

Von Peenemünde aus wird das »Helgoland der Ostsee« angefahren (► Touren), wie die 54 ha große Greifswalder Oie wegen ihrer Steilküste gern genannt wird. An ihrer höchsten Stelle erreicht diese 17 m. Einst war die Insel mit eiszeitlichem Ursprung viel größer; so ragen bei Niedrigwasser im Südwesten Steinblöcke aus dem Wasser. Seit dem 13. Jh. war die Oie besiedelt. Von 1937 bis 1945 testete die Peenemünder Heeresversuchsanstalt auch von hier aus ihre Raketen. 1950 übernahm die Volksmarine die Insel, bevor dann 1995 aus dem Sperr- ein **Naturschutzgebiet** wurde. Bestechend sind die landschaftliche Schönheit und die Artenvielfalt der Insel. Durch ihre exponierte Lage ist sie nicht nur ein wichtige Anlaufstelle für den Vogelzug. Insgesamt wurden hier bereits über 200 Arten gesichtet, von denen 50 auf der Insel brüten.

Wahrzeichen der Greifswalder Oie ist ihr **Leuchtturm**, der 1855 in Betrieb genommen wurde. Der achteckige Turm schmückt auch die 45-Cent-Marke des beliebten Briefmarkensatzes der Deutschen Post.

Das Leuchtfeuer der Greifswalder Oie ist das einzige linksdrehende im gesamten Ostseeraum.

Nur 2 km von der Usedomer Nordspitze entfernt liegt die 22 ha große **Insel Ruden**, die man ebenfalls von Peenemünde aus per Schiff erreicht. Bis zur Sturmflut 1320 war die Insel Bestandteil einer Landverbindung mit der zu Rügen gehörenden Halbinsel Mönchsgut. Von der Mitte des 17. Jahrhunderts an lebten hier Lotsen, die die Schiffe durch den Peenestrom und zum Wolgaster Hafen begleiteten; der letzte Lotse verließ erst 1972 die Insel.

Prägendes Bauwerk ist der letzte erhaltene **Messturm** der Heeresversuchsanstalt, von dem aus die Flugbahn der Rakten beobachtet und analysiert wurde. Heute befindet sich hier ein Informationszentrum. Wie auch die Greifswalder Oie ist die Insel ein wichtiger Rast- und Brutplatz für zahlreiche Vogelarten. Mit etwas Glück kann man außerdem Seeadler bei der Jagd beobachten.

★ Swinemünde (Świnoujście)

D/E 5

Einwohnerzahl: 41 050 **Land:** Republik Polen

Quirliges Leben, ein betriebsamer Hochseehafen, Verbindungen in die weite Welt mit Zug und Fähre – Swinemünde hat im Vergleich mit den beschaulichen Badeorten Usedoms städtischen Charakter. Der EU-Beitritt Polens im Jahr 2004 brachte dem Ort neuen Aufschwung. Und Swinemünde wird aufgrund der wesentlich günstigeren Preise immer mehr zum Ziel ausländischer Touristen.

Świnoujście Orientierung

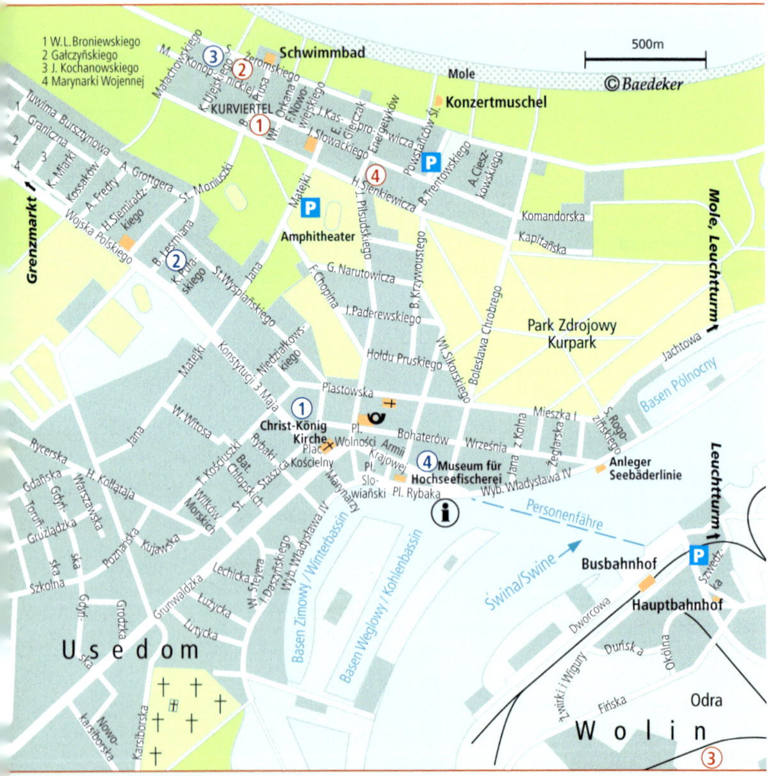

Essen
① Albakora
② Fogt-Tak
③ Cafe Paw
④ Central

Übernachten
① Atol
② Promenada
③ Wyspa Skarbów
④ Delfin Spa

Manche behaupten, dass der Ostseestrand umso schöner wird, je weiter man nach Osten geht. So sieht er jedenfalls bei Swinemünde aus.

Seit dem Zweiten Weltkrieg gehört die Stadt mit dem bedeutenden Hafen zu Polen. Die deutschpolnische Grenze trennte lange die einstige Inselhauptstadt vom restlichen Teil Usedoms. Jetzt wächst langsam wieder zusammen, was immer schon zusammengehörte. Arbeitspendler und Schulpartnerschaften, aber auch Einkaufsbummler, die den Grenzmarkt und Touristen, die die Sehenswürdigkeiten der Stadt besuchen, erwecken den Ort zu neuem Leben.

Grenzsituation

Swinemünde ist zweigeteilt, der westliche Teil mit dem historischen Zentrum, Kurpark und Kurviertel liegt links der Swine auf der Insel Usedom. Der östliche Teil mit den Stadtteilen Warszów (Ostswine), Klicz (Klüss) und Ognica (Werder) liegt auf der rechten Swineseite und gehört zur Insel Wolin. Zwischen beiden Inseln, die das Stettiner Haff von der Ostsee trennt, fließt die **Swine** als größter schiffbarer Mündungsarm der Oder. Die deutschpolnische Grenze verläuft nur knapp 3 km östlich von Ahlbeck. Man kann zu Fuß gehen oder mit dem Fahrrad bzw. dem Auto bis zum Grenzübergang, hinter dem ein kilometerlanger Straßenmarkt liegt, fahren. Wer die Bahn bevorzugt, steigt am Ahlbecker Bahnhof in die UBB (Usedomer Bäderbahn), die einen fast ins Zentrum Swinemündes bringt. Am schönsten allerdings eine Anreise per Schiff von den Seebrücken in Ahlbeck, Heringsdorf, Bansin, Koserow oder Zinnowitz aus. Diese Fahrt durch die Swine bis zum Hafen mit dem Anblick der Hafenanlagen ist wirklich beeindruckend.

? WUSSTEN SIE SCHON ...?

- Swinemünde ist auch heute noch von strategischer Bedeutung, da es den einzigen eisfreien Tiefseehafen in der südlichen Ostsee besitzt.

SWINEMÜNDE ERLEBEN

AUSKUNFT

Centrum Informacji Turystycznej
Wyb. Władysława IV
PL – 72-600 Świnoujście
Tel. +48 / 91 / 3 22 49 99, Fax 3 27 16 29
www.swinoujscie.pl
Freundliche, deutschsprachige Auskunft mit informativer Internetseite

ÜBERNACHTEN

► Günstig

① ***Atol***
ul. Orkana 3
Tel. u. Fax +48 / 91 / 3 21 38 46
www.hotelatol.pl
Modernisiertes Haus mit Sauna, Solarium und umfangreichen Wellnessangeboten. Im Hotel befindet sich auch das Restaurant »Hemingway«.

② ***Promenada***
ul. Žeromskiego 20
Tel. +48 / 91 / 3 27 94 18
www.promenada-odnowa.pl
Dass nur 50 m vom Strand entfernte »Promenada« (23 Z.) knüpft mit seinem Wellnessangebot an die alte Kurtradition an.

③ ***Wyspa Skarbów***
ul. Legowa 3, Karsibór
www.wyspa-skarbow.pl
Die polnische Variante des Agritourismus überrascht mit Feng-Shui und Esoterik. Übernachtet wird im Bauwagen oder im eigenen Zelt. Nicht nur für Kinder ein Erlebnis!

④ ***Delfin Spa***
ul. Slowackiego 19
Tel. +48 / 91 / 321 27 57
30 komfortable Zimmer und ein großes Wellnessangebot; Gäste ab 55 J. erhalten 25% Ermäßigung auf alle physiotherapeutischen Anwendungen

ESSEN

► Preiswert

① ***Albakora***
ul. Konstytucij 3 Maja 6
Tel. +48 / 91 / 3 21 21 61
Deftige, preiswerte Küche

② ***Fogt-Tak***
ul. Pułaskiego 1
Tel. +48 / 91 / 3 27 94 59
Internationale Küche in der Nähe des Grenzmarktes

③ ***Cafe Paw***
ul. Żeromskiego 25
Tel. +48 / 6 06 10 81 81
Hübsches Promenadencafé

Baedeker-Empfehlung

④ ***Central***
ul. Armii Krajowej 3
Tel. +48 / 91 / 3 21 26 40
Das »Central« ist Café, Restaurant und Jazzclub in einem. Die Küche bietet polnische und internationale Gerichte auf hohem Niveau. So günstig essen Sie nie wieder so gut!

Preußische Geschichte

Swinemünde entstand erst 1765 aus zwei Dörfern zu beiden Seiten der Swinemündung, die von den Preußen als Stettiner Vorhafen befestigt und ausgebaut wurden. Dies war von strategischer Bedeutung, da Peenemünde mit Wolgast zu Schweden gehörte. Ein gesicherter Zugang zum Oderhaff und zur Ostsee war für Preußen wichtig, wes-

halb die Swine auch schiffbar gemacht wurde. Hafen und Stadt wuchsen schnell, 1818 begann man mit dem Bau der Hafenmolen, die u. a. die Versandung der Odermündung verhindern sollten, und die beeindruckenden Verteidigungsanlagen entstanden.
Seit der Mitte des 19. Jh.s markiert der 68 m hohe historische **Leuchtturm** die Swine-Einfahrt, damals einer der höchsten Europas. Doch erst 1875 – 1880 sicherten aufwändige Kanalarbeiten endgültig den Zugang zur Ostsee: Gegen das Problem der Versandung hilft seitdem der Kanal Mielinski (Mellinfahrt) und der Piatowski Kanal (Kaiserfahrt). Swinemünde wurde preußischer Marinehafen und Schauplatz zahlreicher Seeparaden unter kaiserlicher Beteiligung.

Ältestes Ostseebad

Im Jahr 1824 begann mit der ersten Badesaison der rasante Aufstieg Swinemündes zum mondänen Seebad. Im ältesten Ostseebad ermöglichten Moor und Heilwasser den Kurbetrieb. Da die kaiserliche Familie in Swinemünde oft zu Gast war, war es schick, dort ebenfalls den Urlaub zu verbringen. An der Küste entstand das Kurviertel, welches ein großer Kurpark von Hafen und Stadt trennte. Erst später entdeckten die Gäste den Reiz der benachbarten Fischerdörfer Ahlbeck und Heringsdorf.
Seehandel, Marine und Kurbetrieb bestimmen seitdem das Leben in Swinemünde. Sie brachten der Stadt Wohlstand, sind jedoch auch Grund für ihre Zerstörung gegen Ende des Zweiten Weltkriegs. Am 12. März 1945 wurden die mit Flüchtlingen und Soldaten überfüllte Stadt sowie der Hafen bombardiert und zu großen Teilen zerstört. Vermutlich verloren 20 000 Menschen dabei ihr Leben; sie sind auf dem Golm (►Kamminke) südlich der Stadt beigesetzt.

! *Baedeker* TIPP

Strand-Gut für Sammler

Im Gegensatz zu den benachbarten deutschen Ostseebädern kommen in Swinemünde Muschel- und Strandgutsucher voll auf ihre Kosten: Wegen der geschwungenen Küstenform, der sichelförmigen Wellenbrecher an der Swinemündung und der Meeresströmung spült hier die Ostsee wesentlich mehr souvenirtaugliche Meeresschätze an Land als auf der deutschen Seite.

Nach dem Krieg

Nach 1945 wurde die deutsche Bevölkerung vertrieben. In Swinemünde siedelten sich hauptsächlich Polen aus dem Osten des Landes an, die dort oft selbst von der Sowjetarmee vertrieben worden waren. Der Überseehafen und die Werften wurden wieder aufgebaut; die Bevölkerung wuchs rasch. Der Wohnungsnot begegnete man mit dem Bau der unansehnlichen Viertel, die das heutige Stadtbild prägen. In der Innenstadt, insbesondere im Kurviertel, haben sich jedoch einige Gründerzeit- und Jugendstilhäuser erhalten. Geschlossene Ensembles der Bäderarchitektur findet man allerdings hier nicht mehr. Im **Überseehafen** Swinemünde an der Ostseite der Swine werden vor allem Eisen, Kohle und Phosphor umgeschlagen. Der Hochseefischereihafen und die Fischverarbeitung sind zwar rückläufige Wirtschaftsfaktoren, gehören aber immer noch zu den größten Arbeitgebern.

Sehenswertes in Swinemünde

✶ **Grenzmarkt**

Direkt hinter der Grenze führt eine baumbestandene Allee Richtung Innenstadt. Entlang dieser Straße erstreckt sich der so genannte Polenmarkt: In den Budenstraßen werden Waren aller Art angeboten; in den abzweigenden Straßen sind zahlreiche Kneipen und Restaurants zu finden. Neben dem üblichen Ramsch und Kitsch locken vor allem billige Zigaretten- und Alkoholangebot, Parfumimitationen, CD-Raubkopien oder günstige Pelz- und Lederjacken. Wer die Augen offen hält, findet Korbwaren, Leinen, Glas und Keramik von guter Qualität. Empfehlenswert sind auch die polnischen Kunstgewerbeprodukte: Neben Spielzeug und Küchenutensilien gibt es günstige und gute Lederwaren, kunstvoll verzierte Ostereier und – nicht zu vergessen – Silber und Bernsteinschmuck.

Kościół Chrystusa Króla

Kurz vor dem Ende der ins Stadtzentrum führenden Hauptstraße steht auf der linken Straßenseite die Kościół Chrystusa Króla (**Christ-König-Kirche**). Gegen Ende des 18. Jh.s erbaut, zeugen die Emporen davon, dass sie ursprünglich eine evangelische Kirche war. Im Krieg zerstört und später modernisiert, ist die Hauptsehenswürdigkeit ein fast 2 m langes Schiffsmodell aus Holz, das im Mittelschiff hängt. Auch die schönen alten Altarbilder und die ausdrucksstarken modernen Glasfenster lohnen einen Blick ins Innere.

Das ehemalige Rathaus ist heute ein Museum.

Einkaufsmeile

Um die verkehrsreichen Plätze Plac Wolności und Plac Słowiański herum sowie in der ul. Armii Krajowej befinden sich zahlreiche Geschäfte. Wer möchte, kann hier zu günstigen Preisen Hemden, Hüte, Schlipse, Schuhe oder eine komplette Brautausstattung kaufen.

Anlegestelle

Direkt an der Swine befindet sich die Anlegestelle. Hier stoppt die Bäderlinie ebenso wie die Stadtfähre. Diese bringt von hier aus Fußgänger und Radfahrer kostenlos auf die andere Swineseite. Von hier starten auch Schiffe nach Międzyzdroje (►Misdroy), Szczecin (Stettin) und zu Haffrundfahrten. Im Gebäude an der Anlegestelle ist außerdem die **Tourist-Information** untergebracht.

✶ **Museum für Hochseefischerei**

Zwischen dem Plac Rybaka und der ul. Armii Krajowej steht das historische **Rathaus**, das heute das Museum für Hochseefischerei beherbergt. Neben Exponaten zur Stadt- und Regionalgeschichte Swinemündes steht die Entwicklung der Hochseefischerei im Vordergrund: Schiffsmodelle, historische Navigations- und Fangmethoden werden ebenso präsentiert, wie diverse Fischarten (geöffnet: Di. – Fr. 9.00 – 16.00, Sa./So. 11.00 – 16.00 Uhr). Gegenüber starten im Sommer auch **deutschsprachige Hafenrundfahrten**.

✶ **Leuchttürme**

Die Einfahrt in die Swine ist mit langen sichelförmigen Wellenbrechern geschützt und durch zwei Leuchttürme markiert – der westliche hat die Form einer Windmühle (Stawa Młyny) und gehört zu den Wahrzeichen Swinemündes. Der Leuchtturm (Latarnia) auf der Wolliner Seite wurde 1858 erbaut und ist mit 68 m der höchste im gesamten Ostseeraum (geöffnet: tgl. 10.00 – 18.00 Uhr).

✶ **Festungsanlagen**

Beiderseits der Swine erstrecken sich die **Molen**, früher Flaniermeilen der betuchten Badegäste. Bei einem Spaziergang kann man die beeindruckenden Reste der Befestigungsanlagen aus der Mitte des 19. Jh.s besuchen, die die Hafeneinfahrt von Swinemünde auf beiden Seiten umschließen. Aufgrund der strategisch bedeutsamen Lage standen hier in der Vergangenheit bereits Verteidigungsanlagen der pommerschen Herzöge, der Dänen, Schweden und Franzosen. Als sich 1849 ein Konflikt mit Dänemark anbahnte, begann die preußische Armee mit dem Bau umfangreicher Befestigungen. 1863 wurde die Stadt zur Seefestung ernannt und später Standort der preußischen Marine. Die Ziegelbauten der Anfangszeit wurden im 20. Jh. durch weitere Gebäude aus Beton ergänzt.

Eine der ältesten Anlagen ist das **Fort Anioła** (Werk II), wegen seiner Ähnlichkeit mit dem Bau in Rom auch »Engelsburg« genannt. Der ursprüngliche dreistöckige Bau wurde 1858 vollendet. Die zu dieser Zeit üblichen Schießscharten verloren mit der Entwicklung der Militärtechnik ihre Funktion. Später wurde auf den Turm eine Flakstation mit Betonbunker aufgesetzt. Heute bietet sich hier ein kurioses Angebot aus Aussichtspunkt, Imbiss, Kunstausstellung und Schießübungen im Gelände (geöffnet: tgl. 9.00 – 18.00 Uhr).

Mehrfach erweitert: Fort Anioła

Fort Anioła bildet zusammen mit dem näher zum Meer gelegenen **Fort Zachodni** den so genannten Westkomplex, der von einem Wassergraben umschlossen war. Mit dem Bau des pentagonal angelegten Fort Zachodni wurde 1856 begonnen. Von diesem »Westbatterie« genannten Stützpunkt aus kontrollierte man mit weitreichenden Küstengeschützen die Hafeneinfahrt. Sie wurde bis 1962 – zuletzt von der Roten Armee – militärisch genutzt. In den unterirdischen Räumen befindet sich heute ein kleines Militärmuseum (geöffnet: 9.00 Uhr bis zur Dämmerung, www.westbatterie.prv.pl).

Am anderen Swineufer liegt **Fort Wschodni**, die »Ostbatterie« der Anlage. Das zweistöckige, ovale Hauptgebäude umgibt ein Wassergraben. Es diente vorrangig als Kaserne; die Geschützstellungen wurden erst nach 1870 angebracht. Zum Programm gehören heute Besichtigungen in Begleitung preußischer Soldaten, Nachtaufenthalte oder Exerzierübungen (geöffnet: 9.00 Uhr bis zur Dämmerung).

Kurpark Vom alten Glanz des großen Swinemünder Kurparks haben die Bomben des Jahres 1945 nicht viel übrig gelassen. Nur noch wenige alte Bäume, die heute unter Naturschutz stehen, lassen erahnen, welch beeindruckender Baumbestand diesen weitläufigen Park einst geziert haben muss. Die ursprüngliche Anlage aus der Mitte des 19. Jh.s ging auf den berühmten Landschaftsarchitekten Lenné zurück.

★ **Kurviertel** Hauptattraktion Swinemündes ist der feine Ostseestrand und das Kurviertel, die westlich der Mole liegen. Hinter dem Dünengürtel verläuft zwischen dem Schwimmbad im Westen und der Konzertmuschel im Osten die breite **Kurpromenade** mit ihren Souvenirständen, Cafés und Restaurants. Das Kurviertel prägen heute einige Großbauten, die Kureinrichtungen, Spezialkliniken, Erholungsheime oder Hotels beherbergen. Ihr architektonischer Stil steht im krassen Gegensatz zur ursprünglichen Bebauung im Stil der Bäderarchitektur. Doch auch in Swinemünde sind einige Häuser aus der Bäderboomzeit erhalten, die mittlerweile wieder im alten Glanz erstrahlen.

Trassenheide

D 8

Einwohnerzahl: 970

Im nordwestlichen Teil Usedoms, eingebettet zwischen Heide, Moor, Kiefernwäldern und Dünen, liegt ganz unspektakulär das ruhige Ostseebad Trassenheide. Hauptattraktion des an Sehenswürdigkeiten armen Ortes ist der herrliche, 4 km lange Strand.

Namensgeschichten

Eine erste Siedlung aus dem 17. Jh. hieß »Schafstall«. Auch als der Ort 1823 als Fischerkolonie gegründet wurde, trug er noch den Namen »Hammelstall«. Der Name erwies sich mit dem aufkommendem Fremdenverkehr nicht gerade als werbewirksam, worauf es 1913 zur Umbenennung kam: Herr Trassen war ein Förster, der in einem nahe gelegenen Moor den Tod fand …
Trassenheide konnte nie wirklich aus dem Schatten der großen Seebäder heraustreten, obgleich es seit 1995 ein staatlich anerkannter Erholungsort ist. Auch heute noch gilt der nördliche Teil der Insel mit Karlshagen und Peenemünde als ruhiges Eck.

Abseits von Lärm, Stress und Hektik können Urlauber in Trassenheide Ruhe und Erholung finden.

TRASSENHEIDE ERLEBEN

AUSKUNFT

Kurverwaltung Trassenheide
Strandstr. 36, 17449 Trassenheide
Tel. 03 83 71 / 2 09 28, Fax 2 09 13
www.seebad-trassenheide.de

ESSEN

► Erschwinglich

Jagdstübchen Krummin
Schwarzer Weg 4a
Tel. 0 38 36 / 20 65 74
Das rustikale Restaurant im ca. 6 km entfernten Krummin ist bekannt für seine wunderbaren Wild- und Fischgerichte. Sehr zu empfehlen sind das Hirschsteak mit Waldpilzen und Rotweinbutter sowie der Rotbarsch.

Fischstübchen
Dorfstr. 17a
Tel. 0 38 36 / 60 21 98
Der Ausflug ins 8 km entfernte Neeberg lohnt wegen der frischen Fischgerichte in gemütlicher Atmosphäre.

► Preiswert

Zum Kraftwerker
Zeltplatzstr. 3
Tel. 03 83 71 / 209 42
Mitten in den Dünen liegt die Feriensiedlung mit 18 Bungalows und 7 Zimmern. Dazu gehört auch ein Restaurant, das schmackhafte und preiswerte Hausmannskost anbietet.

ÜBERNACHTEN

► Komfortabel

Reit- und Freizeithotel Friesenhof
Bahnhofstr. 48
Tel. 03 83 71 / 26 10, Fax 2 61 11
www.friesenhof-trassenheide.de
An der Verbindungsstraße zwischen Trassenheide und Karlshagen findet man im rohrgedeckten »Friesenhof« 23 Zi., eine Reithalle und einen Reitplatz sowie ein Kamin-Restaurant.

Baedeker-Empfehlung

► Erschwinglich

Hotel & Restaurant Kaliebe
Zeltplatzstr. 5
Tel. 08 00 / 525 43 23, Fax 5 22 99
www.kaliebe.de
Die 35 Zi. und 6 finnischen Blockhäuser liegen mitten im Wald vor der Düne und sind wunderbar geschmackvoll eingerichtet. Eine Sauna und das angeschlossene Restaurant komplettieren den perfekten Aufenthalt. Das mehrfach ausgezeichnete Restaurant hat sich v. a. auf mecklenburgische Küche spezialisiert.

► Günstig

Hotel & Restaurant Seeklause
Bahnhofstr. 89
Tel. 03 83 71 / 26 70, Fax 26 72 67
www.hotel-seeklause.de
Neben den 75 Zi. und 8 FeWos gibt es ein Freizeitgebäude mit Tischtennisplatten, einen Abenteuerspielplatz sowie Badminton- und Volleyballfelder.

Sehenswertes in Trassenheide

✶ **Strand**

Wer unberührte Natur sucht und nach Herzenslust baden möchte, der findet in Trassenheide sein Urlaubsziel. Sehr schön ist es, sich an dem fast 4 km langen steinfreien Strand zu sonnen und zu baden. Da er flach ins Meer übergeht, ist er besonders für Familien mit Kleinkindern geeignet. Auch FKK-Anhänger haben hier ihren eigenen Platz. Den angrenzenden Küstenwald kann man bei Spaziergängen oder Fahrradtouren erkunden und auch ein Abstecher in die Moor- und Heidelandschaft lohnt.

✶ **Schmetterlingsfarm**

Am Ortseingang wurde eine ehemalige Sportstätte zur größten Schmetterlingsfarm Europas umgebaut. In der Freiflughalle können auf einer Gesamtfläche von 5000 m² tausende tropische Schmetterlinge und andere Insekten bewundert werden. Interessant ist die »Puppenstube«; hier kann man die fragilen Schönheiten beim Schlüpfen aus ihren Kokons beobachten (geöffnet: Februar bis März 10.00 – 17.00 Uhr; April bis Oktober 10.00 – 19.00 Uhr; November bis Dezember 10.00 – 16.00 Uhr).

Holländer-Windmühle

Das stille Trassenheide hat kaum architektonisch interessante Gebäude vorzuweisen. Eine Ausnahme macht die hübsche Holländer-Windmühle am Mühlenweg Richtung Karlshagen.

Usedom-Park

Besonders Kindern bietet der »Usedom Park« im Wiesenweg viele Vergnügungen vom Abenteuerspielplatz über Karusselle und Hüpfburgen bis zum Streichelzoo (geöffnet: April bis Okt. tgl. 10.00 bis 19.00 Uhr; Nov. bis März nur Sa., So., feiertags und in den Ferien).

Umgebung von Trassenheide

✶ **Kulturhof Mölschow**

Zur Gemeinde Mölschow gehören die Orte Bannemin, Zerechin und Mölschow. Etwa 2 km südwestlich von Trassenheide und nur 4 km von der Ostsee entfernt liegt inmitten herrlicher Natur das Dorf Mölschow, die Ufer des Peenestroms erreicht man gut mit dem Fahrrad. Mittelpunkt ist eine alte Gutsanlage aus der 2. Hälfte des 19. Jahrhunderts, in der heute der Kulturhof untergebracht ist. Die dortige Ausstellung zeigt eine Vielzahl von Modellen, darunter technische Bauwerke der Insel, aber auch eine große Modelleisenbahn. Ein weiterer Bereich mit wechselnden Ausstellungen ist den Künstlern vorbehalten. Ein netter Anlaufpunkt ist das dazugehörige **Bistro**, in dem auch verschiedenste Veranstaltungen stattfinden. Zum Anwesen gehört weiterhin der Jugendhandwerkerhof. In den **Schauwerkstätten** wird traditionelles Handwerk wie Korbflechten, Töpfern, Filzen, Weben und Spinnen gepflegt, aber auch Seidenmalerei betrieben oder Objekte aus Speckstein hergestellt.

Am Ortseingang ist der **landwirtschaftliche Erlebnisbereich** zu finden. In einem ehemaligen Schweinestall und auf dem umliegenden

Einblicke in bäuerliches Leben

Freigelände sind Landmaschinen, Haus- und Hofrat sowie allerhand Tiere zu sehen. Interessantes über Kräuter, Pflanzen sowie über ökologischen Landbau erfährt man im Bauerngarten.
Alle Einrichtungen des Kulturhofs haben geöffnet: Mai bis Oktober Mo. – Fr. 10.00 – 18.00 Uhr, Sa. und So. 11.00 – 18.00 Uhr sowie November bis April Mo. – Fr. 10.00 bis 16.00 Uhr.

Kleine Galerie im Garten Arbeiten des Landschaftsmalers und Grafikers Hans Seifert werden in der Kleinen Galerie in der Trassenheider Str. 7 angeboten. Hier findet man mit großer Wahrscheinlichkeit seine schönste Urlaubserinnerung als Ölbild oder Miniatur – oder lässt sich diese einfach malen.

Bannemin Von Trassenheide sind es nur etwa 4 km in das südlich gelegene Dörfchen Bannemin. Im Ort findet man in der Galerie »Holz + Keramik« schöne Souvenirs. Für Pferdefreunde ist der **Reiterhof** Bannemin eine gute Adresse. Neben Unterricht und Kutschfahrten gibt es hier auch im Sommer ein »Pferdetheater«.

★ Krummin Es gibt etliche schöne Alleen auf Usedom, doch als allerschönste gilt die alte **Lindenallee** Richtung Krummin. Man scheint beinahe durch einen Tunnel zu fahren, so dicht ist das Dach aus Blättern und Zweigen. Sie führt von der B 111 zwischen Trassenheide und Wolgast in das stille Krummin, wo einst der Pastor Meinhold, Autor der »Bernsteinhexe«, predigte.
Die Kirche ist heute das einzige klösterliche Relikt auf der Insel. Die Klostergebäude wurden im Dreißigjährigen Krieg zerstört, das Gotteshaus danach mehrfach umgebaut und mit einem Uhrenturm versehen. Um St. Michael sind schöne alte Grabplatten aufgereiht. Idyllisch ist auch der Hafen des kleinen Ortes.

Neeberg Die Reise ins 8 km südwestlich von Trassenheide gelegene Dorf lohnt nicht nur wegen dem »Fischstübchen«, sondern auch wegen der **»Galerie im Hühnerstall«**. Hier sind Collagen, Landschaften und Stillleben der hier lebenden Künstlerin Margret Schreiber-Gorny sowie Keramiken ausgestellt (tgl. 10.00 – 18.00 Uhr). Im Feng-Shui-Garten kann man entspannen. Außerdem wird ein hübsches Ferienhaus vermietet (Tel. 0 38 36 / 20 06 58).

Ziemitz Kurz bevor man Wolgast erreicht, biegt die Straße in Richtung Ziemietz ab, durchquert die Halbinsel Wolgaster Ort und endet in dem kleinen, vollkommen ruhigen und friedlichen Dorf am Peenestrom.

Ückeritz

H 11

Einwohnerzahl: 990

Das einstige Fischer- und Bauerndorf Ückeritz liegt mit seinen kleinen Straßen und meist niedrigen Häusern am Achterwasser. Doch die offene Ostsee ist nur 1 km entfernt und bequem zu Fuß oder mit dem Rad zu erreichen.

Metropole der Camper

Zum Strand gelangt man über eine Straße, die durch Buchen- und Kiefernwald führt. Von der Steilküste bietet sich ein herrlicher Blick auf die See. Zu DDR-Zeiten wurde der Zeltplatz von Ückeritz mit 7500 Plätzen zum größten der Republik, den 65 000 Urlauber pro Saison besuchten. Der direkt im Küstenwald am Meer gelegene Campingplatz ist mit 4 km Länge noch heute der größte auf der Insel; dazu gesellt sich ein weiterer am Achterwasser.

Geschichte

Wie bei vielen anderen Orten auf Usedom reicht die Siedlungsgeschichte von Ückeritz bis in die altslawische Zeit zurück. Urkundlich erwähnt wurde das Dorf allerdings erst im Jahre 1270, damals unter dem Namen »Ukertz«. In der Folgezeit war die Geschichte weitgehend vom Prämonstratenserkloster Grobe bestimmt, das später nach Pudagla umzog. Bis ins 18. Jh. war dann das Waldgebiet in der Umgebung Jagdrevier der Herzöge. Heute besteht das »wald-

ÜCKERITZ ERLEBEN

AUSKUNFT

Kurverwaltung Ückeritz
Bäderstr. 5
17459 Seebad Ückeritz
Tel. 03 83 75 / 25 20, Fax 2 52 18
www.ueckeritz.de

ÜBERNACHTEN

► **Komfortabel**
Hotel Nussbaumhof
Feldstr. 2
Tel. 03 83 75 / 23 80, Fax 2 38 88
www.nussbaumhof.de
Nettes Hotel (14 Zi.) in ruhiger Lage am Ortsrand; das Frühstück wird im Wintergarten serviert, vom Kaminzimmer hat man eine wunderbare Aussicht über das Achterwasser.

ESSEN

► **Preiswert**
Utkiek
Am Strand
Tel. 03 83 75 / 2 04 08
Maritimes Restaurant mit direktem Blick auf die Ostsee

Baedeker-Empfehlung

► **Erschwinglich**
Deutsches Haus
Nebenstr. 1
Tel. 03 83 75 / 2 09 40
Seit 60 Jahren existiert der Familienbetrieb. Die regionale Küche wird hier ideenreich variiert. Gästezimmer vorhanden.

reichste Seebad« aus dem Fischerdorf und einem in den 1930er-Jahren von Malern errichteten Ortsteil. Zu den Künstlern, die sich im Laufe der Zeit in dem ruhigen Ort an der Waldstraße ansiedelten, gehörten Otto Manigk, Herbert Wegehaupt, Karen Schacht, Manfred Kandt und dessen Frau Susanne Kandt-Horn (► Baedeker Special S. 38).

Sehenswertes in Ückeritz und Umgebung

Hafen

Am Achterwasser gibt es einen kleinen Sportboothafen mit 50 Liegeplätzen, Bootsverleih und einer **Surfschule**. Die Stelle hier eignet sich optimal, da das Wasser sehr flach ist. Ein Spielplatz und ein kleines Café runden das Angebot ab.

Hafen Stagnieß ►

In Richtung Bansin zweigt nach etwa 1 km der Weg zum Hafen Stagnieß ab. Von der 15 m hohen Kuppe oberhalb des Hafens hat man eine wunderbare Aussicht auf das Loddiner Höwt (► Kölpinsee).

Freizeit

Auf dem Weg vom Hafen Richtung B 111 biegt links der Mühlenweg ab. Folgt man ihm, so gelangt man schließlich zu den **Angelteichen**, wo man sich im Fang von Regenbogen- und Lachsforellen, Aalen, Karpfen und Stören versuchen kann (Tel. 03 83 75 / 2 04 47; Juli und August tgl. 7.00 – 17.00 Uhr, sonst Mi. – So. 8.00 – 17.00 Uhr).

Wer sich seine Zeit mit Skaten vertreiben möchte, findet in der Straße »Zum Achterwasser« eine **Skaterbahn**.

Vor allem Familien lieben im Sommer den breiten **Strand**, der hier flach ins Meer verläuft. FKK-Anhängern sind sowohl in Richtung Kölpinsee als auch in Richtung Bansin Strandabschnitte reserviert.

✶ Naturlehrpfad Wockninsee

In Ückeritz beginnt ein Naturlehrpfad um den östlich des Ortes gelegenen Wockninsee, der 1967 zum Naturschutzgebiet erklärt wurde. Der flache Strandsee besteht bereits aus zwei durch Röhricht getrennte Wasserflächen, die immer mehr verlanden. Eine Reihe seltener Pflanzen und Tiere lebt hier, darunter Graugänse und Kraniche, die hier brüten. Schwimmblasen von Fischen auf der Wasseroberfläche weisen auf die Existenz von Sumpfschildkröten hin.

Usedomer Gesteinsgarten

Kurz hinter der Abfahrt zum Hafen fährt man durch den Wald zum Usedomer Gesteinsgarten am Forstamt Neu-Pudagla ab. Hier wurden 150 Steine zusammengetragen, die die Eiszeiten nach Usedom brachten. Anhand ihrer geologischen Beschaffenheit wurde das jeweilige Herkunftsgebiet bestimmt. So führte die weiteste Reise eines Steins über 1000 km hierher. Der größte der hier versammelten Findlinge wiegt 8,4 t, der älteste ist etwa 2 Mrd. Jahre alt.

! *Baedeker* TIPP

Von Baum zu Baum

Sechs Parcours mit 98 Kletterelementen stellen im Kletterwald beim Forstamt Pudagla Nerven, Geschicklichkeit und Gleichgewichtssinn auf die Probe (www.kletterwald-usedom.de).

Das **Waldkabinett** in der Scheune des Fortshauses informiert über die heimische Flora und Fauna. Die Ausstellung über den Wald zeigt Fossilien und Baumkalender (geöffnet: Mo. – Fr. 8.00 – 15.30 Uhr). Von hier führen außerdem Lehrpfade hinaus in die Natur.

★ Usedom (Stadt)

E 16

Einwohnerzahl: 1950

Das beschauliche Usedom mit seinen Fachwerkäusern und dem kleinen Hafen ist der älteste Ort und Namensgeber der Insel. Usedom ist zudem die einzige Stadt im deutschen Teil der Insel.

Im Südosten an einer Landenge gelegen war Usedom im Mittelalter das politische und wirtschaftliche Zentrum und erhielt schon 1298 von dem Pommernherzog Bogislaw IV. das Lübische Stadtrecht, das Zollfreiheit, Fischereirechte, die Mühlenkonzession und andere Privilegien einschloss. Auch die Christianisierung der Insel ging von hier aus: 1128 nahmen die slawischen Fürsten Vorpommerns den neuen Glauben an. Nach wechselvoller Geschichte gelangte Usedom 1720 in preußischen Besitz. Als die Insel in der zweiten Hälfte des 19. Jh.s als Urlaubsziel entdeckt wurde, baute man 1876 eine Bahnstrecke, die

Usedom Orientierung

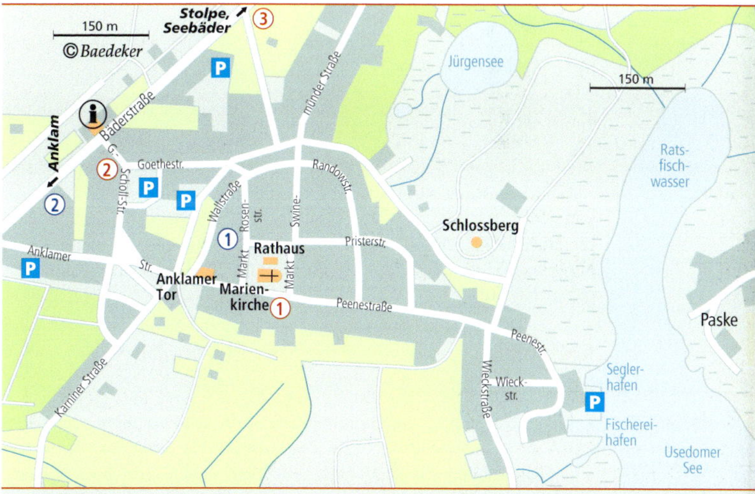

Essen
① Roseneck
② Haffschänke

Übernachten
① Norddeutscher Hof
② Pension Natzke
③ Stolperhof

STADT USEDOM ERLEBEN

AUSKUNFT

Stadtinformation Usedom
Bäderstr. 5, 17406 Usedom
Tel. 03 83 72 / 7 08 90, Fax 7 10 72
www.stadtinfo-usedom.de

ESSEN

► **Preiswert**

① *Roseneck*
Rosenstr. 8
Tel. 03 83 72 / 7 67 37, Fax 7 67 45
www.roseneck-usedom.de
Das Haus mit hübschem Garten ist gleichzeitig Eiscafé, Brasserie und Pension mit günstigen Zimmern.

② *Haffschänke*
Dorfstr. 19, Karnin
Tel. 03 83 72 / 7 03 75
Einfaches Lokal im ca. 2 km entfernten Karnin; täglich ist fangfrischer Fisch im Angebot.

ÜBERNACHTEN

► **Komfortabel**

① *Norddeutscher Hof*
Markt 12
Tel. 03 83 72 / 7 02 66, Fax 7 07 12
www.norddeutscherhof.de
Traditonsreiches Haus (8 Zi.) direkt am historischen Markt. In einigen Zimmern hat man die Gelegenheit, den Schlafkomfort eines Wasserbetts zu testen. Das Restaurant mit ideenreicher, regionaler Küche wird sehr gelobt.

► **Günstig**

② *Gasthaus und Pension Natzke*
Geschwister-Scholl-Str. 5
03 83 72 / 7 03 98
Die Pension offeriert 17 Zimmer, das Gasthaus regionale Küche.

Baedeker-Empfehlung

► **Günstig**

③ *Stolperhof*
Ausbau 1, Stolpe
Tel. 03 83 72 / 7 10 81
www.stolperhof.de
Der Hof mit 16 Zi. liegt in Stolpe und wurde ökologisch rekonstruiert. Dazu gehören 200 000 m² Land und diverse Tiere. Tagsüber ist die Gastronomie mit Deftigem und Süßem aus der Region für alle geöffnet; abends nur nach Anmeldung.

von 1932 bis 1945 mit der Eisenbahnhubbrücke im nahen Karnin ein technisches Meisterwerk krönte. Die nach der Sprengung verbliebenen Reste künden noch immer von dieser eindrucksvollen Ingenieursleistung.

Sehenswertes in Usedom und Umgebung

✶ **Anklamer Tor** Nähert man sich dem Zentrum, sticht als Erstes das Wahrzeichen der Stadt ins Auge: das Anklamer Tor – ein schön gegliederter Backsteinbau aus dem Jahre 1450. Der historische Kern war einst von einer Ringmauer mit drei Toren umgeben, wovon nur das Anklamer Tor mit einem Mauerrest erhalten blieb. Heute ist hier die **Heimatstube** untergebracht, deren Sammlung vom Leben der Fischer,

Bauern und Handwerker erzählt (tgl. 10.00 bis 14.00 Uhr). Von dem hübschen Turmzimmer bietet sich ein weiter Blick über die Insel, das Haff und den Peenestrom.

Marienkirche und Anklamer Tor sind die weithin sichtbaren Wahrzeichen der Stadt.

Schön ist es, den **historischen Marktplatz** mit seinen hübsch renovierten Gebäuden und die umliegenden Straßen zu erkunden. Beachtung verdienen das imposante Rathaus und die zum Teil kunstvoll verzierten Türen der einstöckigen Häuser. In der Platzmitte steht die spätgotische **Marienkirche**. Bereits 1337 wurde ein Vorgängerbau erwähnt. Ihre heutige Gestalt erhielt sie von 1726 bis 1893, als man bei einer Erneuerung den vorhandenen Chorraum verkleinerte. Auch die Inneneinrichtung stammt aus dieser Zeit. Älter sind die Altarschranke (1743) und der Ralibor-Stein, die spätmittelalterliche Grabplatte des Herzogpaares Ralibor und Pribislawa. Ralibor, der 1155 das zweite Kloster Pommerns in Grobe bei Usedom gründete, war der Nachfolger Wartislaws.

★ Klaus-Bahlsen-Haus

Im denkmalgeschützten Gebäude des ehemaligen Bahnhofs (Bäderstr. 5) befinden sich seit 2003 die **Tourist-Information** sowie das **Naturpark-Informationszentrum**. Neben Tierpräparaten und Aquarien informieren Schautafeln über den Naturpark (geöffnet: Mo. – Fr. 10.00 – 18.00 Uhr, Sa. 10.00 – 15.00 Uhr). Wer die Landschafts- und Naturschutzgebiet der Insel erkunden will, kann sich hier auch zu einer geführten Wanderung anmelden (Tel. 03 83 72 / 76 30).

Schlossberg

Vom Schlossberg hat man einen herrlichen Blick über die Stadt und den Usedomer See. »Gott will nicht erzwungenen, sondern freiwilligen Dienst« lautet die Inschrift am Sockel des Granitkreuzes, das an die Christianisierung der Insel erinnert. Auf dem Berg Uznam, wo einst eine Burg stand, versammelten sich 1128 Bischof Otto von Bamberg und die slawischen Fürsten Vorpommerns, um den christlichen Glauben anzunehmen. Das Kreuz auf dem Schlossberg wurde zum »Jubiläum« 1928 errichtet.

! *Baedeker* TIPP

De Spinndönz

Ein kleiner Laden hat sich auf Naturtextilien spezialisiert. In der Schauwerkstatt kann mann sehen, wie auf historischen Webstühlen das Pommersche Leinenentsteht. Außerdem werden Web- und Spinnkurse angeboten (Markt 16, www.spinndoenz.de; tgl. 9.00 – 18.00 Uhr; Okt. bis März nur Di. und Fr.).

EISENBAHNHUBBRÜCKE KARNIN

Bei Karnin ragen aus dem Peenestrom die Überreste der einstmals modernsten Hubbrücke Europas. Auch heute noch gilt das Bauwerk, bei dem das Ausfahren der Überbauten der Brücke unter Beibehaltung des Schiffs- und Bahnverkehrs möglich war, als Meisterleistung der Ingenieurskunst.

① Eisenbahnstrecke mit Brücke
Die knapp 38 km lange Strecke zwischen Ducherow und Swinemünde wurde 1876 als zweigleisige Bahnlinie eröffnet. Die erste Brücke mit Drehvorrichtung war bald zu langsam und zu ströranfällig geworden und wurde 1933 nach nur zweijähriger Umbauzeit durch eine neue Konstruktion, die sich am Schiffshebewerk Niederfinow orientierte, ersetzt. Die neue Brücke passierten in den Sommermonaten 1935 täglich 26 Züge, die diese mit einer Höchstgeschwindigkeit von 100 km/h befahren konnten.

② Mittelpfeiler der alten Drehbrücke
Um die Schiffsdurchfahrt durch den Eisenbahnverkehr nicht zu behindern, konnte man bereits die erste Brücke mittels einer Drehvorrichtung öffnen: Der Ausleger lag dabei auf dem Mittelpfeiler auf. Anfangs wurde dieser per Hand bedient, was ca. 1,5 Std. dauerte; ab 1908 verkürzte nach einer Generalüberholung der alten Brücke ein elektrischer Antrieb diese Zeit auf 30 Minuten.

③ Türme
Vier 35 m hohe Stahltürme bilden das Grundgerüst für die Hebekonstruktion.

④ Schalthaus
Im Schalthaus war die Steuerung der Brückentechnik untergebracht. Um ein reibungsloses Arbeiten auch bei schlechter Sicht zu gewährleisten, kam dafür ein Bau an Land nicht in Frage. Das Schließen der Hubkonstruktion dauerte lediglich 2 Minuten.

⑤ Hubüberbau
Jeder der beiden Hubüberbauten wog 134 t; acht Stahlseile mit einem Durchmesser von 48 mm verbanden diesen mit 132 t schweren Gegengewichten, so dass der Motor nur die Differenz von 2 t anheben musste. Im Normalzustand waren die Überbauten hochgezogen, da damals noch sehr starker Schiffsverkehr herrschte.

⑥ Hubwerk
Für das Heben der Überbauten war jeweils ein 33 PS starker Motor zuständig.

⑦ Laufsteg
12 Personen durften das Spektakel auf eigene Gefahr miterleben und sich mit hochziehen lassen. Fotoapparate mussten vorher allerdings abgegeben werden.

Die Gleise am Bahnhof von Karnin führen heute ins Nichts.

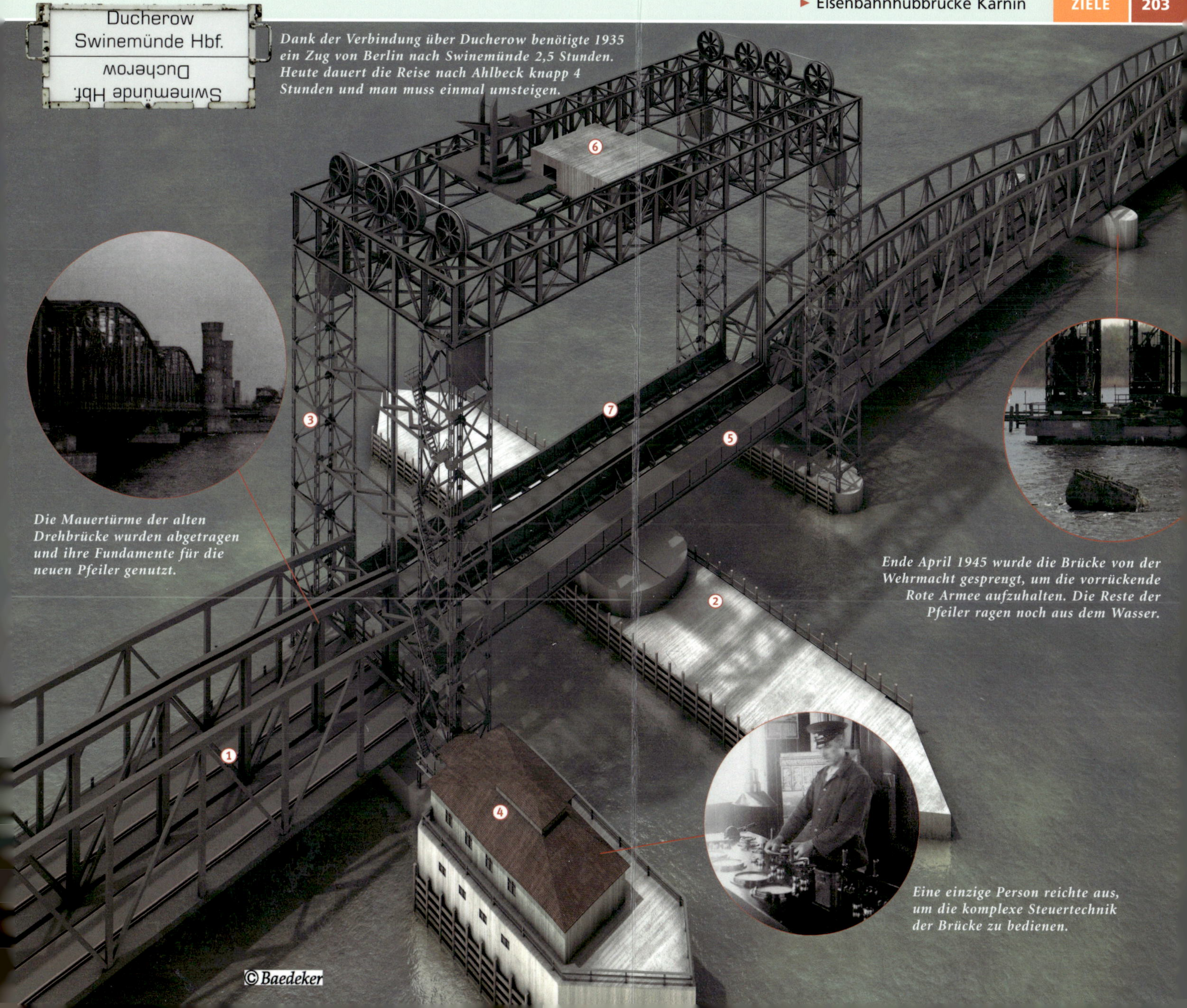

Dank der Verbindung über Ducherow benötigte 1935 ein Zug von Berlin nach Swinemünde 2,5 Stunden. Heute dauert die Reise nach Ahlbeck knapp 4 Stunden und man muss einmal umsteigen.

Die Mauertürme der alten Drehbrücke wurden abgetragen und ihre Fundamente für die neuen Pfeiler genutzt.

Ende April 1945 wurde die Brücke von der Wehrmacht gesprengt, um die vorrückende Rote Armee aufzuhalten. Die Reste der Pfeiler ragen noch aus dem Wasser.

Eine einzige Person reichte aus, um die komplexe Steuertechnik der Brücke zu bedienen.

Das Stolper Schloss wird nach und nach saniert.

Stolpe Auf dem Weg nach Dargen kommt man ungefähr 5 km östlich der Stadt Usedom durch den hübschen Ort Stolpe. Am idyllischen Dorfteich steht die im 17. Jh. erbaute Anlage des Schlosses. Das imposante Gebäude zerfiel nach dem Krieg zusehends und wurde teilweise sogar als Steinbruch genutzt. Seit ein paar Jahren saniert die Gemeinde das Schloss. Die Türme und die Erdgeschossräume sind bereits wiederhergestellt; hier finden regelmäßig Veranstaltungen statt, darunter auch Konzerte des Usedomer Musikfestivals.
Ein Blitzschlag zerstörte 1867 die mittelalterliche Kirche des Ortes; der heutige Backsteinbau stammt aus dem Jahr 1873; vieles geht auf die Entwürfe einheimischer Maurer und Tischler zurück.

Karnin In Karnin kann man noch die Reste der einstigen Bahnverbindung zwischen der Insel und dem Festland und der dazugehörigen Hubbrücke bewundern. Im Bahnhof steht außerdem noch ein Wagon aus den 1930er-Jahren. Nach der Wiedervereinigung war geplant, die Brückenreste zu demontieren, doch eine Bürgerinitiative konnte dies verhindern. Hubbrücke und Bahnhof stehen nun unter Denkmalschutz. Die Wiederaufnahme des Betriebes wird aber vorerst ein Traum bleiben. Wenige Gehminuten vom Bahnhof entfernt steht ein Lotsenturm, und die Haffschänke lädt zum Verweilen ein.

Wanderung im Usedomer Winkel Der Usedomer Winkel ist der südwestliche Teil der Insel, der von Peenestrom, Stettiner Haff und Usedomer See umgeben ist. In der Stadt Usedom beginnt beim Anklamer Tor ein Wanderweg nach Mönchow. Ein Spaziergang am Usedomer See dauert etwas länger, ist aber lohnenswert. Ungefähr auf dem halben Weg nach West-Klüne (2 km) wurde auf einem Landvorsprung einst das **Kloster**

Grobe errichtet. Vom ersten Kloster Usedoms hat man bei archäologischen Grabungen nur Reste der Grundmauern freilegen können. Äußerst friedlich geht es in dem winzigen Haffdorf **West-Klüne** zu. Wer einen Abstecher auf die gegenüberliegende Seite des Usedomer Sees machen möchte, wird mit dem Ruderboot (auch mitsamt Fahrrad) nach Ost-Klüne gebracht. Nach **Mönchow** kann man nun die Abkürzung über den Wanderweg wählen oder sich weiter am Oderhaff halten. Zwei Besonderheiten sind in dem kleinen Ort zu sehen: die Kirche mit Fachwerkturm und bemalter Balkendecke sowie das neobarocke Mausoleum auf dem Friedhof. Über Karnin geht es zurück nach Usedom.

! *Baedeker* TIPP

Legendärer Kuchen

Die Bäckerei Langhoff in Stolpe bäckt angeblich den besten Kuchen Usedoms. Besonders Napfkuchen und Bienenstich haben eine große Fangemeinde. Im Sommer gibt es draußen Cafébetrieb (Alte Dorfstr. 30, Tel. 03 83 72 / 7 04 47, Mo. – Fr. 7.00 – 17.00 Uhr, Sa. 7.00 – 12.00 Uhr; im Winter montags geschlossen).

Zecherin

Nach dem wirtschaftlichen Aufschwung in den 1930er-Jahren errichtete man in Zecherin die Bäderbrücke, die ebenfalls gegen Ende des Zweiten Weltkrieges zerstört wurde. 1956 enstand die Zecheriner Klappbrücke.

✶✶ Wolgast

B 9/10

Einwohnerzahl: 12 650

Die Kleinstadt am Peenestrom hat einen Abstecher verdient. Ein hübscher Museumshafen, das Runge-Museum oder die wuchtige Erscheinung der St.-Petri-Kirche sind nur einige der Sehenswürdigkeiten, die die sympathische Stadt zu bieten hat.

Auch der Veranstaltungskalender der Stadt ist vielfältig und spricht sowohl Kulturinteressierte (Orgelsommer), Sportfreunde (Marathon und Motocross) als auch Kinder mit dem Tierparkfest an (► Praktische Informationen).

Geschichte

In früheren Zeiten war die Stadt weit mehr als nur Durchgangsstation. Bischof Otto vom Bamberg, der 1128 auf seiner Missionsreise nach Usedom durch Wolgast kam, ließ hier den Gerowit-Tempel zerstören. Die Wolgaster Linie der Pommernherzöge residierte von 1285 bis zu deren Aussterben im 17. Jh. in Wolgast. Aus Rache dafür, dass die Schweden Altona abgebrannt hatten, ließ Zar Peter I. 1713 die Stadt niederbrennen – nur die Kirche, zwei Kapellen und vier weitere Gebäude blieben erhalten. Im 19. Jh. erlebte Wolgast durch die Segelschifffahrt und den Getreidehandel eine neue Blütezeit.

Sehenswertes in Wolgast

Rathaus

An seinem geschweiften Giebel erkennt man das Rathaus, das am Marktplatz im Zentrum von Wolgast steht. Das Gebäude ist im Kern mittelalterlich, wurde aber nach dem verheerenden Stadtbrand im Jahr 1713 barock erneuert. Vor dem Rathaus erzählen 10 Tafeln auf dem 1936 von Kurt Baer geschaffenen Brunnen die Geschichte der Stadt. Im Gebäude ist auch die **Tourist-Information** untergebracht.

Stadtgeschichtliches Museum

Das daneben stehende Fachwerkgebäude (Rathausplatz 6), in der Mitte des 17. Jahrhunderts als Kornspeicher erbaut, wird wegen seiner eigenwilligen Form von den Wolgastern **»Kaffeemühle«** genannt. Das Haus überstand den großen Brand von 1713 und ist eines der ältesten Gebäude der Stadt.

Auf fünf Etagen wird die Stadtgeschichte vom Tempel des Gerovit bis zum Bau der Werft erzählt. Historische Schauwerkstätten sowie eine Galerie mit Kunsthandwerken füllen ebenfalls die Etagen (Öff-

Wolgast Orientierung

Essen

① Alter Speicher
② Fischer Klaus
③ Ratsstuben
④ Zum alten Schweden

Übernachten

① Petris Garten
② Weiberwirtschaft
③ Weidehof

WOLGAST ERLEBEN

AUSKUNFT

Wolgast-Information
Rathausplatz 6
17438 Wolgast
Tel. u. Fax 0 38 36 / 60 01 18
www.wolgast.de

ESSEN

▸ Erschwinglich

① ***Alter Speicher***
Hafenstr. 4
Tel. 0 38 36 / 20 59 94
www.alter-speicher-wolgast.de
Uriges Restaurant im ersten Stock des schön restaurierten Speichers. Regelmäßig Live-Events.

② ***Fischer Klaus***
Hafenstr. 6 (Schlosspassage)
Tel. 0 38 36 / 23 42 72
Fischspezialitäten aller Art

▸ Preiswert

③ ***Ratsstuben***
Rathausplatz 8
Tel. 0 38 36 / 23 28 70
Hübsches, zentral gelegenes Restaurant mit gutbürgerlicher Küche

④ ***Zum alten Schweden***
Breite Straße 18 b
Tel. 0 38 36 / 2 73 70, Fax 27 37 20
www.zum-alten-schweden.de
Gemütliches, unkonventionelles Gasthaus. Mittagstisch gibt's ab 3,50 €; außerdem kleiner Pensionsbetrieb.

ÜBERNACHTEN

▸ Günstig

① ***Petris Garten***
Langestr. 1
Tel. 0 38 36 / 23 77 35
www.hotel-petris-garten.de
Preiswerte Unterkünfte (7 Zi.) in einem schönen alten Speicherhaus aus dem 18. Jh. Die Küche ist regional und italienisch inspiriert.

② ***Weiberwirtschaft***
An der Stadtmauer 10
Tel. 0 38 36 / 20 50 60, Fax 20 50 61
Das Frauen- und Familienzentrum betreibt eine kleine, sympatische Pension (4 Zi.) am Altstadtrand.

③ ***Hotel-Pension Weidehof***
Tannenkampweg 52b
Tel. 0 38 36 / 23 40 20
www.weidehof-wolgast.de
Ehemaliges Landgut an der Peene und mit Blick auf die Insel Usedom. Hotel (12 Zi.), Restaurant mit rustikaler Küche sowie Angebote für Dressur- und Freizeitreiter sowie Reitunterricht

nungszeiten: Juni bis August Di. – Fr. 10.00 – 18.00 Uhr, Sa. + So. 10.00 – 16.00 Uhr, September bis Mai Di. – Fr. 10.00 – 17.00 Uhr, Sa. 10.00 – 14.00 Uhr).

★ **St.-Petri-Kirche**

Vermutlich im späten 14. Jh. wurde die St.-Petri-Kirche errichtet – an der Stelle des slawischen Gerowit-Tempels bzw. über einem frühgotischen Vorgängerbau. Durch den von Zar Peter I. veranlassten Stadtbrand von 1713 verlor die Kirche einen Teil ihrer wertvollen Ausstattung. An der Südwand des Chores entdeckte man den so genannten Gerowit-Stein: Ein Flachrelief, das eine stehende Männer-

Unscheinbares Relikt aus dem alten Tempel: der Gerowit-Stein

figur mit Lanze zeigt. Der bedeutendste Teil der Innenausstattung stammt ursprünglich aus der nahe gelegenen Gertrudenkapelle: der Bilderzyklus **»Der Totentanz«** von Caspar Siegmund Köppe. Er entstand um 1700 nach der berühmten Holzschnittfolge von Hans Holbein dem Jüngeren.

Die **Fürstengruft** im Chor beherbergt die frisch restaurierten Sarkophage der Mitglieder des Herzoghauses Pommern. Eine hervorragende Arbeit ist das Messing-Epitaph für Herzog Philipp I., das 1560 in der Werkstatt des Freiberger Meisters Wolf Hillinger entstand.

✶ Runge-Museum

In der Kronwiekstraße 45 wurde Philip Otto Runge (► Berühmte Persönlichkeiten), der nach Caspar David Friedrich bekannteste romantische Maler Deutschlands, geboren. Wolgast besitzt bedauerlicherweise kein einziges Originalgemälde des Künstlers, doch die Stadt hat aus der Not eine Tugend gemacht und Runges Geburtshaus in ein interessantes und ungewöhnliches Museum verwandelt. Mit Hilfe von Zeitzeugnissen, Reproduktionen seiner Bilder und Medieninstallationen werden Runges Neuerungen, insbesondere seine Symbolsprache im Zyklus »Die Zeiten« und seine berühmte Farbenlehre, anschaulich vermittelt und sein Einfluss auf die Moderne deutlich gemacht. Im Erdgeschoss werden vor allem Runges Elternhaus und seine ersten kreativen Versuche beleuchtet (geöffnet: Juni bis Sept. Di. – Fr. 10.00 – 18.00 Uhr, Sa. 10.00 – 14.00 Uhr; Okt. bis Mai Di. bis Fr. 10.00 – 17.00, Sa. 9.00 – 12.00 Uhr).

Museumshafen

Vom Runge-Haus sind es nur ein paar Schritte zum ehemaligen Fischereihafen, der im 19. Jh. auch ein wichtiger Getreideumschlagplatz war. Hier liegt das Dampffährschiff »Stralsund« vor Anker. Das älteste Originalfahrzeug seiner Art lief 1890 vom Stapel und brachte bis 1990 Waggons, Personen und Güter über das Wasser.

Durch den Brand in der Nacht vom 6. zum 7. Juni 2006 wurde das einstige Wolgaster Wahrzeichen, der größte Getreidespeicher der Ostseeküste, komplett zerstört. Bis zu 5000 t konnten in dem imposanten Fachwerkgebäude, das auf 99 Eichenpfählen errichtet wurde, gelagert werden.

Gertrudenkapelle

Bereits außerhalb der Altstadtgrenzen liegt auf dem Friedhof an der Chausseestraße die Gertrudenkapelle. Der schlichte Bau mit dem ungewöhnlichen 12-eckigen Grundriss wurde 1420 nach dem Vorbild der Jerusalemer Erlöserkirche errichtet. Schön ist das Sternengewölbe im Inneren, das von einem Mittelpfeiler getragen wird. Die unregelmäßigen Öffnungszeiten erfährt man in der Wolgast-Information.

Tierpark Tannenkamp

Der Tierpark im Ortsteil Tannenkamp (Straße Richtung Weidehof) ist eines der beliebtesten Ausflugsziele der Stadt. Auf einer Fläche von 10 ha können Groß und Klein etwa 400 Tiere aus 52 Arten kennen lernen (geöffnet: Mai bis Sept. tgl. 9.00 – 18.00, Okt. bis April tgl. 9.00 – 16.00 Uhr). Bei Kindern besonders beliebt ist die **Mäuseküche** im Tierpark. Hier wuselt eine muntere Mäusefamilie durch eine nachgebaute Küche, knabbert vom Brötchen auf dem Teller oder balgt sich im Zuckerbecher.

Blaues Wunder

»Blaues Wunder« – so wurde die Brücke über den Peenestrom wegen ihrer Farbe genannt. Erst konnten nur Fußgänger, Rad- und Autofahrer die 1996 erbaute Peenebrücke nutzen, die Wolgast mit der Insel Usedom verbindet, doch seit Mai 2000 rollen hier auch Züge.

Blick von der Petrikirche auf den Museumshafen

Umgebung von Wolgast

Skulpturenpark Katzow Moderne Kunst mitten auf der Wiese – das gibt es in Katzow, einem Dorf etwa 7 km westlich von Wolgast. Auf dem Gelände fonden regelmäßig Workshops, Ausstellungen und Konzerte statt.

Wusterhusen Rund 10 km nordwestlich von Katzow wartet Wusterhusen mit einer schönen Dorfkirche auf. In eine spätgotische Halle wurde der Feldsteinchor der Vorgängerkirche integriert. Sehenswert sind die Innenausmalungen aus dem 13. – 15. Jh., die Renaissancekanzel und der barocke Altaraufsatz, der einen gotischen Flügelaltar einfasst.

Lubmin Am Greifswalder Bodden, 2 km von Wusterhusen entfernt, liegt Lubmin. 1273 wurde der Ort als Besitz des Klosters Eldena erstmals erwähnt. Obwohl seit Beginn des 20. Jh.s Badegäste hierher kommen, ist Lubmin ein vergleichsweise ruhiges Bad geblieben. Das Kernkraftwerk aus DDR-Zeiten ist mittlerweile stillgelegt. Direkt hinter dem nicht besonders breiten Strand mit Seebrücke verläuft ein schöner Spazierweg unter Bäumen.

Zempin

F 9

Einwohnerzahl: 900

Zempin ist das kleinste Seebad auf der Insel Usedom. Es liegt nahe der schmalsten Stelle Usedoms und ist gewissermaßen zwischen Achterwasser und offener Ostsee »eingequetscht«. Für Urlauber ist das eher günstig, denn so kann man bequem zwischen den beiden Gewässern hin- und herlaufen.

Es heißt, die Gegend um Zempin sei bereits in der Jungsteinzeit besiedelt gewesen, doch die erste urkundliche Erwähnung fand es 1571. Urspünglich lag das einstige Fischer- und Bauerndorf Zempin am Achterwasser, doch mit dem Badetourismus dehnte sich der Ort zur Ostsee hin aus. Mit der Anbindung an den Schienenverkehr 1911 stieg die Zahl der Badegäste. Hotels und Pensionen entstanden. Eine 1933 errichtete Seebrücke fiel Sturm und Eis zum Opfer. Zu DDR-Zeiten wurde Zempin mit der »organisierten Erholung der Werktätigen« ein beliebtes Urlaubsziel.

Sehenswertes in Zempin und Umgebung

Fischerdorf Zempin hat keine besonderen Sehenswürdigkeiten zu bieten. Hübsch sind die mehr als 40 Häuser mit Rohrdächern, häufig ehemalige Fischerkaten. Sie sind in der Peenestraße, Rieckstraße, Fischer- und Dorfstraße zu finden. Unmittelbar am Weg zum Strand befinden sich linkerhand die Zempiner Salzhütten, die ursprünglich zum Lagern des Salzes benutzt wurden, das die Fischer zum Haltbarmachen des Herings benötigten.

In und um Zempin ließen sich einige **Künstler** nieder (► Baedeker Special S. 38). In die Rieckstr. 8a, dem ehemaligen Atelier der Malerin **Rosa Kühn**, lädt heute in den Sommermonaten die **Puppenbühne Sonnenberg** zu ihren Aufführungen. Der Maler **Hugo Scheele** wohnte und arbeitete von 1921 bis zu seinem Tod 1960 in der Waldstraße im Haus Baltica.

> ! *Baedeker* TIPP
>
> **Künstlerleben**
>
> An der Straße zwischen Zempin und Zinnowitz, ein wenig versteckt in der Hexenheide, befindet sich das Atelier des Malers Kurt-Heinz Sieger (1917 – 2002), das heute als Ferienwohnung vermietet wird. Dabei sind die Künstlerutensilien noch vorhanden und können genutzt werden (www.ferienatelier.de).

Uns olle Schaul

In der ehemaligen Grundschule (Fischerstr. 11) zeigt eine Ausstellung die Bootsmodelle des Fischers Konrad Tiefert. Außerdem ist hier der Kolonialwarenladen Schichlein mit Mobiliar aus dem Jahr 1928 aufgebaut (geöffnet: Mi. + Sa. 15.00 – 18.00 Uhr).

Ehemalige Abschussrampen

Am Rand des Campingplatzes sowie am Radwanderweg zwischen Zempin und Zinnowitz kann man Reste der »V1«-Abschussrampen entdecken. Im Zweiten Weltkrieg gehörte Zempin zum Sperrgebiet Peenemünde West. Hier wurde den Mannschaften die Rakete erklärt und Probeabschüsse entlang der Ostseeküste durchgeführt.

ZEMPIN ERLEBEN

AUSKUNFT

Fremdenverkehrsamt Zempin
Fischerstr. 1
17459 Zempin
Tel. 03 83 77 / 4 21 62, Fax 4 24 15
www.seebad-zempin.de

ESSEN

► **Erschwinglich**

Tau'n Fischer und sin Fru
Waldstr. 11
17459 Zempin
Tel. 03 83 77 / 4 00 54
Ein Besuch lohnt wegen des selbst gefangenen Fischs und den Produkten der hauseigenen Räucherei. An der Hauptstraße gelegen, aber trotzdem ist der Eingang leicht zu übersehen!

► **Preiswert**

Restaurant Walhalla
Seestr. 6 (im Hotel Wikinger)
Tel. 03 83 77 / 7 50
Von außen nicht gerade einladend, doch das Essen enttäuscht nicht! Gute Gerichte und reichhaltige Portionen.

ÜBERNACHTEN

► **Komfortabel**

Hotel Wikinger
Seestr. 6
Tel. 03 83 77 / 7 50, Fax 7 51 15
www.hotel-wikinger.de
Das Hotel (68 Zi. und FeWos) in einem Zweckbau aus DDR-Zeiten bietet Sauna, Solarium, Fitnessraum und Bowlingbahn.

ATLANTIS DER OSTSEE

Die Dächer ihrer Häuser sollen aus purem Gold gewesen sein, und die Kinder spielten mit echten Perlen. Um Vineta, die reiche Handelsstadt an der Odermündung, ranken sich viele sagenhafte Erzählungen. Wo sie vor ihrer Zerstörung durch die Dänen im 12. Jh. wirklich lag, weiß man bis heute nicht.

Schon lange rätseln Wissenschaftler und Bewohner der Boddenküste um den Verbleib der sagenhaft reichen Stadt. Im Meer versunken wie einst Atlantis oder schlichtweg zerstört von bewaffneten Eindringlingen? Stutzig machte archäologische Forscher von jeher, dass Vineta nach ihrem Verschwinden jahrhundertelang in keiner Chronik auftauchte. Das bot schon unseren Vorfahren allerlei Stoff für Legenden. Im 16. Jh. pilgerte alles, was Rang und Namen hatte – darunter Herzöge und andere Würdenträger – zum so genannten **Vineta-Riff** vor Usedom. Viele glaubten, die Überreste der versunkenen Stadt in den Wellen zu erkennen. Abenteurer suchten den Meeresgrund nach Schätzen ab. Kupferstecher schufen Souvenirs in Form von Platten mit abgebildeten Marktszenen.

Venedig der Ostsee

Doch was war mit Vineta wirklich geschehen? In seiner 1075 entstandenen »Hamburger Kirchengeschichte« beschreibt **Adam von Bremen**, der erste international bekannte deutsche Geograf, äußerst detailliert **Aussehen und Lage** der sagenumwobenen Stadt. »Es ist wirklich die größte von allen Städten, die Europa birgt (…). Die Stadt ist angefüllt mit Waren aller Völker des Nordens, nichts Begehrenswertes oder Seltenes fehlt (…). Die Insel wird von drei Meeren bespült, eins davon soll von tiefgrünem Aussehen sein, das zweite weißlich; das dritte wogt ununterbrochen wildbewegt von Stürmen. Von dieser Stadt aus setzt man in kurzer Ruderfahrt nach der Stadt Demmin in der Peenemündung über, wo die Ranen wohnen (…).«

Versunken im Meer

Wissenschaftler schätzen, dass Vineta Ende des 12. Jh.s dänischen Eroberern zum Opfer fiel. Lange Zeit galt es als relativ sicher, dass Vineta tatsächlich im Meer vor Usedom versunken ist. Zu Beginn des 20. Jh.s glaubten Forscher wie Carl Schuchardt, die Lage der Stadt am linken der drei Oderarme, **an der Mündung des Peenestroms** nachweisen zu können. Traditionell finden daher auf Usedom

Das Vineta-Kreuz in der Koserower Kirche ist nicht alt genug, um echt zu sein.

als alljährlicher Publikumsmagnet die Vineta-Festspiele in Zinnowitz statt. Doch es gibt wissenschaftlich fundiertere Theorien: In den 1950er-Jahren entdeckte der Archäologe Filipowiak **vor der polnischen Halbinsel** Überreste einer slawischen Siedlung. Bis heute hat der Stettiner Professor vier Häfen, Handwerkerviertel und Friedhöfe mit insgesamt rund 50 000 Fundstücken freigelegt. Einige der Hafenbauten stammen aus dem 8. Jh., genug Beweise für Vineta, sollte man meinen. Dem Berliner Wissenschaftler Klaus Goldmann zufolge spricht wiederum vieles dafür, dass sich **Vineta im Barther Bodden** befand. Mittels Satellitenaufnahmen und der genauen Beobachtung des Jahrunderthochwasserverlaufs der Oder von 1997 hat er die ursprüngliche Odermündung ausfindig gemacht und die geografischen Verhältnisse der Vergangenheit aufgedeckt. Goldmanns Erkenntnis: Nach dem Abschmelzen der eiszeitlichen Gletscher floss die Oder westlich von Rügen, bei Ribnitz-Damgarten, ins Meer. Das von ihren Fluten geformte Urstromtal bildet bis heute die natürliche Grenze zwischen Mecklenburg und Pommern. Da Vineta nach Aussagen zeitgenössischer Chronisten an der Mündung der Oder lag, könnte die Stadt also im Schlamm des Barther Boddens begraben liegen.

Barth oder Zinnowitz?

Goldmanns Theorie zufolge verfügte Vineta über ein **ausgeklügeltes Damm- und Deichsystem**, das den Bodden entwässerte. Durch kriegerische Zerstörungen dieser Schutzmaßnahmen könnte die Stadt tatsächlich buchstäblich im Meer versunken sein. Weitere Untersuchungen sollen nun Klarheit schaffen. Von Pollenanalysen in den vermoorten Tälern von Recknitz und Peene, Altersbestimmungen mit Dendrochronologie und Luftbildauswertung bis hin zur Unterwasserarchäologie werden alle verfügbaren Forschungsmethoden eingesetzt. Den Bewohnern der Stadt Barth kann das nur recht sein. Forscher brauchen schließlich während ihres Aufenthalts auch ein Dach über dem Kopf. Zudem bevölkern Touristen das Städtchen in wachsender Zahl. Flugs haben die Bewohner des Boddenstädtchens ein Vineta-Museum und, ähnlich wie in Zinnowitz, Vineta-Festspiele ins Leben gerufen. Obendrein ließen sie sich den Namen Vineta 1998 beim Patentamt **als Markenzeichen** schützen. Der Zorn der Usedomer über diesen Schachzug war gewaltig. Mittlerweile haben sich die Wogen geglättet und die Stadt Barth hat den Usedomern versichert, gegen andere Nutzer des Namens nicht vorzugehen. Die Festspielkasse kann also an zwei Orten klingeln.

★ Zinnowitz

E 8/9

Einwohnerzahl: 3750

»Perle der Ostsee« – so wurde Zinnowitz einst genannt und die will das Seebad im Norden Usedoms auch wieder werden. Umgeben von herrlichem Laub- und Nadelwald, ausgestattet mit besonders hübschen, sorgfältig restaurierten Gebäuden im Stil der Bäderarchitektur und einem gepflegten 40 m breiten Sandstrand zieht es immer mehr Urlauber hierher.

Ein Publikumsmagnet sind die alljährlich stattfindenden **Vineta-Festspiele**, ein buntes Spektakel aus Theater, Tanz und Musik.

Geschichte Erstmals wurde Zinnowitz unter seinem slawischen Namen »Tzys« 1309 erwähnt. Nach dem Dreißigjährigen Krieg wurde der Ort schwedisch, 1721 gelangte mit der Insel Usedom auch das mittler-

Zinnowitz Orientierung

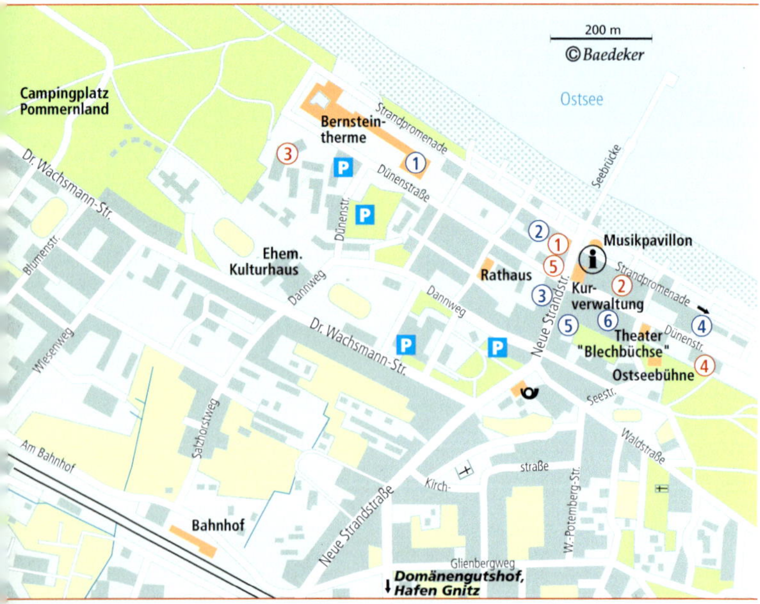

Essen
① Brasserie Gynt's
② Belle Époque
③ Gezeiten
④ Piccolo Mondo
⑤ San Remo
⑥ Kartoffelburg

Übernachten
① Strandpalais Prinz von Preußen
② Strandhotel
③ Baltic
④ Hotel Asgard
⑤ Hotel Dünenschloss

ZINNOWITZ ERLEBEN

AUSKUNFT

Kurverwaltung Zinnowitz
Neue Strandstr. 30, 17454 Zinnowitz
Tel. 03 83 77 / 49 20, Fax 4 22 29
www.zinnowitz.de

ESSEN

▸ Fein & teuer

① ***Brasserie Gynt's***
Dünenstraße
Tel. 03 83 77 / 70 00
Spitzengastronomie von Küchenchef Claus Preuß (vormals u. a. Landhaus Scherer in Hamburg)

▸ Erschwinglich

② ***Belle Époque***
Dünenstr. 10 (im Hotel Preussenhof)
Tel. 03 83 77 / 3 94 60
Sehr gutes Restaurant, das sich von der asiatischen Suppe bis zum Mecklenburg-Vorpommern-Menü durch die Welt kocht. Ein Tipp ist auch das im Stil der 1920er-Jahre eingerichtete »Museumscafé« im gleichen Haus.

③ ***Gezeiten***
Neue Strandstr. 32
Tel. 03 83 77 / 378 47
Ambitionierte Küche in stilvollem Restaurant; angeboten werden z.B. Rotbarbe und Wolfsbarsch auf karamellisierten Schoten.

▸ Preiswert

④ ***Ristorante Piccolo Mondo***
Dünenstr. 24
Tel. 03 83 77 / 4 11 70
Bodenständige italienische Küche

⑤ ***San Remo***
Neue Strandstr. 33
Tel. 03 83 77 / 3 67 30
Café mit sehr schöner Terrasse. Große Kaffee- und Teeauswahl, Kuchen und kleine Gerichte.

⑥ ***Kartoffelburg***
Dünenstr. 36
Tel. 03 83 77 / 3 58 43
Kartoffelvariationen ohne Ende

ÜBERNACHTEN

▸ Luxus

① ***Strandpalais Prinz von Preußen***
Dünenstr. 10, Tel. 03 83 77 / 390
www.schoener-inseln.de
Elegantes Hotel an der Strandpromenade mit luxuriösem Spa-Bereich

② ***Travel Charme Strandhotel***
Dünenstr. 11
Tel. 03 83 77 / 3 80 00, Fax 3 85 55
www.travelcharme.com
75 Zi. in zentraler Lage. Highlights: bei Wellness die Aromagrotte und bei den Zimmern die Turmsuiten.

▸ Komfortabel

③ ***Baltic***
Dünenstraße
Tel. 03 83 77 / 7 07 91, Fax 7 01 00
www.hotelbaltic.de
Das »Baltic« hat traditionell viele (Spitzen-)Sporter im Haus, die u. a. die vielen Fitnessangebote schätzen.

④ ***Hotel Asgard***
Dünenstr. 20
Tel. 03 83 77 / 46 70, Fax 46 71 24
www.hotelasgard.de
Hotel (34 Z.) in einer prächtigen Villa an der Promenade; angeschlossen ist die Appartmentanlage (40 App.).

⑤ ***Hotel Dünenschloss***
Neue Strandstr. 27
Tel. 03 83 77 / 790
www.hotel-duenenschloss.de
Ruhiges, familiär geführtes 3-Sterne-Haus in ansprechendem Bäderarchitektur-Gebäude; ca. 100 m vom Strand entfernt

weile »Zitz« genannte Dorf in den Besitz der Preußen. 1851 erhielt auch Zinnowitz das Recht, an der Ostsee ein Seebad anzulegen. Mit der verkehrstechnischen Erschließung wuchs der Zulauf an Touristen. Zwischen 1878 und 1905 entstanden entlang der Promenade Hotels und Pensionen. Das Strandhotel mit Tanzsaal (heute »Preussenhof«) und »Schwabe's Hotel« (heute »Hotel Palace«) waren die »ersten Häuser am Platz«.

Bereits vor der Machtergreifung der **Nationalsozialisten** war der Ort eine Hochburg der Deutschnationalen. Man gab sich »rein deutsch« und die Kurkapelle beschloss jedes Konzert mit »Fern bleibt der Itz von Zinnowitz«. 1938 wurde der gesamte Peenemünder Haken zum Sperrbezirk erklärt. Noch heute kann man Relikte dieser Zeit sehen: vor dem Hotel Baltic eine Funkmess-Stelle und im Wald zwischen Zinnowitz und Zempin eine Abschussrampe für die V1-Rakete.

Nach dem Krieg übernahm der Feriendienst der SDAG Wismut die Hotels und Pensionen als Quartier für Bergleute. Die Gäste kamen von nun an in Scharen. So zählte man in den 1980er-Jahren pro Saison nahezu 100 000 Gäste. Nach der Wende wurden die alten Häuser saniert, die Seebrücke wieder errichtet und mit der 2001 eröffneten »Bernsteintherme« bietet Zinnowitz nun ganzjährigen Badespaß.

Sehenswertes in Zinnowitz und Umgebung

★★ Strandpromenade

Entlang der breiten Promenade findet man viele Bauten im Stil der Bäderarchitektur, die den Ort fast mehr als im mondäneren Heringsdorf zu prägen scheinen. Zur Pause vom Spaziergang lädt eine der zahlreichen Gastronomien ein. Kinder haben ihren Spaß in der kleinen Freizeitanlage oder den »steinernen Möbeln« im Westteil der Promenade. An der Ostpromenade wartet der Erlebnispfad mit physikalischen Experimenten zum »Begreifen«.

★ Vineta-Brücke

Öffnungszeiten: Juni – Sept. 10.00 – 21.30 Sept. – Mai 10.00 bis Einbruch der Dunkelheit

Der heutige Bau ersetzt den 1942 durch Eisgang zerstörten Vorgänger, dessen Reste man in den 1950er-Jahren abriss. Die 315 m lange Vineta-Brücke wurde 1993 eingeweiht. Seit Juli 2006 verfügt die Seebrücke über eine besondere Attraktion: In einer 27 t schweren UFO-ähnlichen **Tauchgondel** können bis zu 26 Passagiere auf den Meeresgrund reisen. Weil es auf dem Ostseeboden außer Sand nicht viel zu bestaunen gibt, werden in der Glocke zusätzlich 3D-Filme über die Weltmeere gezeigt. Außerdem denkt man über die Anlage eines künstlichen Riffs nach, auf dem sich Leben ansiedeln soll. Ein Spektakel ist die Tauchreise aber bereits jetzt (www.tauchgondel.de).

Preussenhof

Direkt an der Strandpromenade wurde 1890 das Kurhaus-Stadthotel erbaut, das heute unter dem Namen »Preussenhof« bekannt ist. 1925 logierte hier der preußische Kronprinz Wilhelm. Im Haus befindet sich auch Deutschlands einziges **Bademuseum**, das, von der Ansichtskarte bis zur Schwimmmode, Historisches wie Kurioses zum Thema zeigt (Fr. + Sa. 15.00 – 18.00 Uhr).

Die futuristische Tauchglocke ist die jüngste Attraktion des Seebads.

Das nur fünf Minuten vom Strand entfernte **Theater** in der Seestraße leugnet seine Herkunft nicht: In der Wellblechhalle lagerten einst Strandkörbe, bevor sie 1997 zur Bühne umgebaut wurde. Hier wird das ganze Jahr über Programm geboten. Besonders im Sommer erweitern Lesungen und Konzerte das Theaterrepertoire. Um Silvester kann man hier aber auch Neujahrskonzerte genießen (Informationen: Tel. 03 83 77 / 4 09 36, www.blechbuechse.de). ✶ **Blechbüchse**

In der Nähe der Blechbüchse ist in der 1886 erbauten Villa Meyer (Wilhelm-Potenberg-Str. 1) das **Usedomer Kunsthaus** zu finden. Die Galerie zeigt zeitgenössische Malerei, Objektkunst und Keramik (in der Saison Di.–Sa. 16.00 – 18.00 Uhr, sonst 15.00 – 17.00 Uhr).

Interessante Bauwerke

Im Park von Zinnowitz kann man das verfallene einstige **Kulturhaus** betrachten. In dem erst 1956 errichteten Bau im Stil der Stalinzeit traten einst DDR-Stars vor bis zu 900 Personen auf.

Im Jahre 1895 wurde die neugotische **Backsteinkirche** erbaut, die heute die Silhouette des Seebads bestimmt. Auffallend ist ihre trapezförmige Holzdecke sowie eine umlaufende Empore.

Der alte Ortskern erstreckt sich in Richtung Achterwasser. An der Verlängerung der Strandstraße in Richtung ►Gnitz ist im Neuendorfer Weg 21 das älteste Haus des Ortes zu finden; den einstigen **Domänengutshof** aus dem 18. Jh. umgibt Agrartechnik aus DDR-Zeiten.

Hafen

Nach einem kurzen Spaziergang durch eine wunderschöne kopfsteingepflasterte Baumallee gelangt man zu dem hübschen Yachthafen. Wer nicht mit dem eigenen Boot vor Anker geht, kann hier Boots- und Angelfahrten buchen.

REGISTER

a

Ahlbeck **103**
Ahlbecker Forst **105**
Ahlbecker Hof **101, 104**
Aktion Rose **31**
Angeln **79**
Anklam **105**
Anklamer Tor **200**
Anreise **52**
Apotheken **63**
Architektur **35**
Ardenne, Manfred von **43, 137**
Ärztliche Hilfe **63**
Ausflüge **92**
Auskunft **54**

b

Backsteingotik **35**
Bademuseum **216**
Badestrände **54**
Badetourismus **138**
Balm **175**
Bannemin **196**
Bansin **112**
Bargischow **111**
Bäderarchitektur **36, 104, 140**
Bäderbahn **90**
Beek **100**
Behindertenhilfe **55**
Benz **120**
Bernstein **148**
Bernsteinbäder **23**
Bernsteinhexe **40, 66, 156**
Bernsteintherme **84**
Bockwindmühle **175**
Bootsverleih **71**
Braun, Wernher von **43, 179**
Brückenöffnungszeiten **53**
Buchfinksberg **142**
Buggenhagen **161**
Butterfahrt **33**
Böhmke **174**

c

Campingplätze **74**
Cämmerersee **176**
Cosim **175**
Curio, Sabine **39**

d

Dargen **123**
Delbrück, Hugo **29, 132**
Delbrückstraße **140**
Dewichow **175**
Dietzsch, Franka **44**

e

Einkaufen **72**
Eisenbahnhubbrücke **202**
Eislaufen **80**
Erdölpumpen **128**
Essen und Trinken **56**

f

FDGB **31**
Feininger, Lyonel **119, 120, 132, 154**
Film **40**
Fische **21, 56**
Fischerei **23**
Fischerteppich **125**
FKK **32, 54**
Fläche **16**
Flughafen Heringsdorf **53, 145**
Fontane, Theodor **41, 45**
Fort Anioła **191**
Fort Wschodni **192**
Fort Zachodni **192**
Forum Usedom **137**
Freest **124**
Freizeitaktivitäten **79**
Friedrich, Caspar David **38**

g

Garz **145**
Geld **53**
Geschichte **24**
Gesteinsgarten **198**
Gesundheit **63**
Glaubensberg **174**
Gnitz **127**
Golf **80**
Golfpark Balmer See **174**
Golm **19, 144**
Gorki, Maxim **40, 132, 141**
Gothen **142**
Gothensee **118**
Greifswalder Oie **92, 177, 185**
Grenzmarkt **190**
Grenzübertritt **52**
Großer Wotig **127**
Großsteingrab Lütow **25, 130**
Grüssow **165**
Görmitz **129**

h

Hafen Stagnieß **198**
Handys **67**
Heeresversuchsanstalt **178**
Heringe **21**
Heringsdorf **132**
Historisch-Technischen Informationszentrum (HTI) **182**
Hubbrücke **202**
Hundestrände **54**

i

Inlineskater **80**
Insel-Safari **91**
Internet-Cafés **67**

j

Jugendherberge **76, 140**
Jungfernberg **164**

k

Kachliner Windkraftschöpfwerk **124**
Kaffeeberg **170**
Kaiser Wilhelm II. **114**
Kaiserbäder **23**
Kajak **70**
Kamminke **142**
Kandt, Manfred **39, 198**
Kandt-Horn, Susanne **39, 198**
Kanu **70**
Karlshagen **146**
Karnin **204**
Katzow **210**
Kinder **63**
Kino **65**
Kiten **70**
Klima **69**
Kloster Grobe **26, 205**
Kopetz, Vera **39**
Kormorane **20**
Korswandt **152**

Koserow **154**
Krebsseen **118, 153**
Kremser **83**
Krienker See **171**
Krummin **196**
Kröslin **126**
Kulturhof Mölschow **195**
Kunst-Kabinett Usedom **122**
Kuren **84**
Kurtaxe **68**
Kutschen **83**
Kölpinsee **148, 176**
Kückelsberg **120**
Kühn, Rosa **39, 211**

l

Labömitz **122**
Langer Berg **118**
Lassan **160**
Leptien, Rudolf **144**
Liepe **164**
Lieper Kirche **164**
Lieper Winkel **161**
Lilienthal, Otto **107**
Literatur **40, 66**
Loddin **148**
Loddiner Höwt **151**
Loriot **41**
Lubmin **210**
Lütow **130**
Lüttenort **38, 159**

m

Manigk, Oskar **39**
Manigk, Otto **38, 198**
Marina Kröslin **126**
Meinhold, Johann Wilhelm **40, 129, 156, 196**
Mellenthin **166**
Międzyzdroje **168**
Misdroy **168**
Mobiltelefone **67**
Morgenitz **171**
Murchin **110**
Muschelmuseum **134**
Mölschow **195**
Mönchow **205**
Möwen **20**
Möwenort **131**
Müggenburg **111**
Mümmelkensee **118**

n

Nationalpark Wolin **17**
Natur **15**
Naturpark-Informationszentrum **201**
Naturschutz **17**
Naturschutzgebiete **18**
Naturschutzzentrum Karlshagen **147**
Neeberg **196**
Neetzkow **111**
Neppermin **173**
Netzelkow **129**
Neu-Sallenthin **118**
Neuendorf **128**
Niemeyer-Holstein, Otto **38, 46, 120, 159**
Notke, Bernt **161**
Notrufe **67**
NSG Südspitze Gnitz **131**

o

Oderhaff **142**
Öffnungszeiten **73**
Ostseetherme **84, 105**

p

Peenebrücke **205, 209**
Peenemünde **175**
Peenestrom **177**
Peenetal **110**
Peenetalmoor **110**
Pflanzen **18**
Polen **52**
Pommern **21, 26**
Präsidentenberg **142**
Preußen **27**
Pudagla **167, 174**

q

Quilitz **164**

r

Radfahren **91**
Rankwitz **164**
Reedereien **70**
Reestow **165**
Reetdach **35**
Reisedokumente **52**
Reisezeit **69**
Reiten **81**
Restaurants **60**
Richter, Hans Werner **40, 48, 117**
Ruden **92, 177, 185**
Rudern **70**
Rundflüge **83, 145**
Runge, Philipp Otto **38, 47, 165, 208**
Rügen **92**

s

Salzhütten **158, 210**
Schacht, Karen **39, 198**
Scheele, Hugo **211**
Schiffstouren **70**
Schloss Mellenthin **167**
Schmetterlingsfarm **195**
Schmollensee **118, 120**
Schweden **27**
Schwedenschanze **167**
Schweidler, Maria **40**
Schwenkenberg **165**
Seeadler **20, 129**
Seebrücke **133, 169**
Segeln **70**
Sellin **118**
Sieben-Seen-Blick **122**
Sieger, Kurt-Heinz **211**
Slawen **26**
Sockeleiche **173**
Sonneninsel **69**
Souvenirs **72**
Spalding, Johann Joachim **161**
Spantekow **111**
Spielcasino **137**
Spielzeugmuseum **183**
Sport **79**
Sportcenter **81**
St. Jacobus **154**
St. Johannes **164**
St.-Petri-Kirche **207**
Stagnieß **198**
Stern, Carola **41, 49, 117**
Stolpe (bei Anklam) **111**
Stolpe (bei Usedom) **204**
Storchenpark **142**
Streckelsberg **19, 158**
Stubbenfelde **77, 148**
Störche **20**
Störtebeker, Klaus **156**

Suckow **173**
Suckower Sockeleiche **167**
Surfen **70, 198**
Swine **187**
Swinemünde **186**

t

Tauchen **82**
Tauchgondel **216**
Taxi **83**
Technik- und Zweiradmuseum Dargen **123**
Tennis **79**
Thalassotherapie **85**
Theater **65, 217**
Thermen **84**
Thurbruch **19, 124**
Tiere **18**
Tierpark Tannenkamp **209**
Tourismus **22**
Touristenfischereischein **79**
Trassenheide **193**
Tüften **57**
Türkissee **171**

u

U-Boot U-461 **184**
Übernachten **74**
Ûckeritz **197**
Ulrichshorst **153**
Usedom (Stadt) **199**
Usedomer Bäderbahn **53, 82**
Usedomer Gesteinsgarten **198**
Usedomer Schweiz **118, 122**
Usedomer Winkel **204**

v

Veranstaltungen **60**
Verkehr **82**
Veste Landskron **111**
Villa Diana **137**
Villa Irmgard **40, 141**
Villa Oechsler **137**
Villa Oppenheim **75, 137**
Vineta **156, 212**
Vineta-Brücke **216**
Vineta-Festspiele **214**
Vorwahlen **67**
Vögel **20**

w

Warthe **165**
Wassersport **70**
Wegehaupt, Herbert **39, 198**
Wegehaupt, Matthias **39**
Weißer Berg **131**
Weißes Schloss **29, 36**
Wellness **84**
Werder **174**
Werner, Rolf **39, 117**
Wisentgehege **124, 170**
Wockninsee **198**
Wolgast **205**
Wolgastsee **152**
Woliner Nationalpark **170**
Wusterhusen **210**

z

Zecherin **205**
Zeesenboot **70**
Zempin **210**
Zerninsee **19**
Ziemitz **196**
Zinnowitz **214**
Zirchow **154**
Zirowberg **105**

BILDNACHWEIS

AKG 29, 47, 48, 138, 181
AKG (c) VG Bild-Kunst, Bonn 2008 38, 119
Amberg, Gunda 11 (oben), 116
Archiv Museum im Steintor Anklam 203 (links und rechts unten), 204 (links)
Archiv Otto-Lilienthal-Museum 93, 108, 109 (links und rechts oben, unten), 110
BA Krüger 65
Baedeker Archiv S. 68
dpa 49
Floating Houses 125
Golf- und Wellnesshotel Balmer See 80, 173
Gutshaus Neuendorf 128
Gutshaus Stolpe 106
HB Verlag / Kirchner 89 (unten), 93 (oben), 141, 209
Historisch-technisches Informationszentrum Peenemünde 11 (unten), 178, 182
Höhne, Wieland 5 (oben), 17, 24, 32, 57, 64, 71, 89 (oben rechts), 94 (links und rechts), 99, 132, 135, 154, 157, 158, 187, 192, 202, 203 (links und rechts oben), 204 (rechts), 208, 213
Hotel & Restaurant Kaliebe 194
Hotel zur Post / Mandy Knuth 85
IFA / Steinberger 95 (oben), 169
Ihlow 25, 95 (unten), 159, 170, 190, 196, 201
interfoto 179
Kampf, Egil 75, 88 (unten)
Knuth, Mandy / www.fotograefinnen.de Umschlagklappe vorn, 3 (oben), 6, 7, 10, 11 (Mitte), 12 (Mitte u. unten), 19, 23, 28, 30, 34, 46, 50/51, 61, 62, 77, 79, 82, 91, 96, 97 (oben und unten), 103, 121, 124, 134, 140, 143, 144, 153, 174, 184, 193, 217
laif / Hoffmann K. 8/9
laif / Kaiser 4 (links)
laif / Kirchner 4 (rechts), 37, 55, 86/87, 115, 151, 162, 180, Umschlagklappe U3
Marina Kröslin GmbH 127
laif / Westrich 13
laif / Zielske 98/99
Nosbers 58, 59
picture-alliance / akg-images 42
picture-alliance / dpa 89 (oben links), 185, Umschlag hinten
picture-alliance / ZB 9, 14, 107
picture-alliance / dpa/dpaweb 1, 45, 51
Seetel Hotel GmbH 3 (unten), 100, 113
Szerelmy / Knöll 26, 53, 88 (oben), 130, 161, 165, 172
Thiele 73
Usedom-Touristik 54, 87
Villa Augusta 12 (oben)

Titelbild: mauritius images / Mehlig, Manfred

VERZEICHNIS DER KARTEN UND GRAFISCHEN DARSTELLUNGEN

Top-Reiseziele **2**
Lage Usedoms in Deutschland **16**
Klima **69**
Tourenüberblick **89**
Usedomer Bäderbahn (Streckenverlauf) **90**
Tour 1 **93**
Tour 2 **94/95**
Tour 3 **97**
Ahlbeck **102**
Anklam: Lilienthals Gleiter (3D) **109**
Bansin **114**
Heringsdorf **133**
Kölpinsee · Loddin **149**
Koserow **156**
Peenemünde **177**
Swinemünde **186**
Usedom (Stadt) **199**
Karnin: Eisenbahnhubbrücke (3D) **203**
Wolgast **206**
Zinnowitz **214**
Rügen (Überblick) **Umschlagklappe hinten**

IMPRESSUM

Ausstattung:
147 Abbildungen, 21 Karten und grafische Darstellungen, eine große Inselkarte
Text:
Beate Szerelmy, Wieland Höhne
mit Beiträgen von Christine Berger, Gabriele Gaßmann, Dr. Hedwig Nosbers, Matthias Öhler und Andrea Wurth
Bearbeitung:
Baedeker Redaktion
(Beate Szerelmy)
Kartografie:
Uta Ziegner (Kartografie Huber, München);
Falk Verlag, Ostfildern (Inselkarte)
3D-Illustrationen:
jangled nerves, Stuttgart
Gestalterisches Konzept:
independent Medien-Design, München
(Kathrin Schemel)

Chefredaktion:
Rainer Eisenschmid,
Baedeker Ostfildern

3. Auflage 2009

Urheberschaft:
Karl Baedeker Verlag, Ostfildern

Printed in China
Gedruckt auf 100% chlorfrei gebleichtem Papier

BAEDEKER VERLAGSPROGRAMM

- Ägypten
- Algarve
- Allgäu
- Amsterdam
- Andalusien
- Athen
- Australien
- Australien • Osten
- Bali
- Baltikum
- Barcelona
- Belgien
- Berlin • Potsdam
- Bodensee
- Brasilien
- Bretagne
- Brüssel
- Budapest
- Bulgarien
- Burgund
- Chicago • Große Seen
- China
- Costa Blanca
- Costa Brava
- Dänemark
- Deutsche Nordseeküste
- Deutschland
- Deutschland • Osten
- Djerba • Südtunesien
- Dominik. Republik
- Dresden
- Dubai • Vereinigte Arabische Emirate
- Elba
- Elsass • Vogesen
- Finnland
- Florenz
- Florida
- Franken
- Frankfurt am Main
- Frankreich
- Fuerteventura
- Gardasee
- Golf von Neapel
- Gomera
- Gran Canaria
- Griechenland
- Griechische Inseln
- Großbritannien
- Hamburg
- Harz
- Hongkong • Macao
- Indien
- Irland
- Island
- Israel
- Istanbul
- Istrien • Kvarner Bucht
- Italien
- Italien • Norden
- Italien • Süden
- Italienische Adria
- Italienische Riviera
- Japan
- Jordanien
- Kalifornien
- Kanada • Osten
- Kanada • Westen
- Kanalinseln
- Kapstadt • Garden Route
- Kenia
- Köln
- Kopenhagen
- Korfu • Ionische Inseln
- Korsika
- Kos
- Kreta
- Kroatische Adriaküste • Dalmatien
- Kuba
- La Palma
- Lanzarote
- Lissabon
- Loire
- London
- Madeira
- Madrid

- Malediven
- Mallorca
- Malta • Gozo • Comino
- Marokko
- Mecklenburg-Vorpommern
- Menorca
- Mexiko
- Moskau
- München
- Namibia
- Neuseeland
- New York
- Niederlande
- Norwegen
- Oberbayern
- Oberital. Seen • Lombardei • Mailand
- Österreich
- Paris
- Peking
- Piemont
- Polen
- Polnische Ostseeküste • Danzig • Masuren
- Portugal
- Prag
- Provence • Côte d'Azur
- Rhodos
- Rom
- Rügen • Hiddensee
- Rumänien
- Russland (Europäischer Teil)
- Sachsen
- Salzburger Land
- St. Petersburg
- Sardinien
- Schottland
- Schwäbische Alb
- Schwarzwald
- Schweden
- Schweiz
- Sizilien
- Skandinavien
- Slowenien
- Spanien
- Spanien • Norden • Jakobsweg
- Sri Lanka
- Stuttgart
- Südafrika
- Südengland
- Südtirol
- Sylt
- Teneriffa
- Tessin
- Thailand
- Thüringen
- Toskana
- Tschechien
- Tunesien
- Türkei
- Türkische Mittelmeerküste
- Umbrien
- Ungarn
- USA
- USA • Nordosten
- USA • Nordwesten
- USA • Südwesten
- Usedom
- Venedig
- Vietnam
- Weimar
- Wien
- Zypern

LIEBE LESERINNEN, LIEBE LESER,

ein herzliches Dankeschön, dass Sie sich für einen Baedeker Allianz Reiseführer entschieden haben. Er wird Sie zuverlässig auf Ihrer Reise begleiten und Sie nicht im Stich lassen.
Natürlich beschreibt er die wichtigen Sehenswürdigkeiten, aber er empfiehlt auch die nettesten Kneipen und Bars, dazu Hotels für den großen und kleinen Geldbeutel, gibt Tipps für Restaurants, Shopping und für vieles mehr, was eine Reise zum Erlebnis macht. Dafür haben die Autoren Sorge getragen. Sie sind für Sie regelmäßig nach Usedom gereist und haben all ihre Erfahrungen und Kenntnisse in diesen Reiseführer gepackt.

Trotzdem: Die Erfahrung zeigt, dass Fehler und Änderungen nach Drucklegung, für die der Verlag keine Haftung übernehmen kann, nicht ausgeschlossen werden können. Für Kritik, Berichtigungen und Verbesserungsvorschläge sind wir Ihnen außerordentlich dankbar. Schreiben Sie uns, mailen Sie uns oder rufen Sie an:

▶ **Verlag Karl Baedeker GmbH**
Redaktion
Postfach 3162
D-73751 Ostfildern
Tel. (0711) 4502-262, Fax -343
E-Mail: info@baedeker.com

Besuchen Sie uns auch im Internet unter www. baedeker.com. Hier finden Sie jeden Monat den aktuellen Reisetipp der Redaktion und das gesamte Verlagsprogramm. Hier können Sie auch lesen, wer Karl Baedeker war und wie er seinen ersten Reiseführer geschrieben hat. Mit seinen über 180 Jahren ist der Karl Baedeker Verlag der älteste Reiseführer-Verlag der Welt.

www.baedeker.com

ZU GEWINNEN: STADTREISE NACH LONDON

Unter allen Einsendungen verlost der Verlag am Jahresende – unter Ausschluss des Rechtswegs – eine Städtekurzreise für zwei Personen nach London.
Freuen Sie sich auf ein spannendes Wochenende in London. Natürlich ist ein Baedeker Allianz Reiseführer London auch dabei!